AF329529

LA TRAMONTANE

ETIENNE BARTET

Chargé de mission

LA TRAMONTANE

NOTES SUR L'ITALIE

Avec Préface de HENRY BIDOU

et 3 Planches hors-texte

DEUXIÈME ÉDITION

PARIS

Société d'Éditions Littéraires et Artistiques

LIBRAIRIE PAUL OLLENDORFF

50, CHAUSSÉE D'ANTIN, 50

—

Tous droits réservés.

A ÉMILE MALE
de l'Institut

prémices de gratitude et d'admiration

E. B.

PRÉFACE

*Le livre délicieux que voici est l'œuvre d'un
jeune historien qui, chargé d'une mission et occupé
d'une étude relative à l'histoire de l'art en Italie,
a noté chaque jour, pour des amis de Paris et
d'Oxford, le frémissement de son émotion, et tracé
la musique même de l'enchantement italien dans
une âme très fine et très sensible.*

*Il n'y a rien de plus exquis que ces livres quand
les âmes qui parlent ont de la délicatesse, de la
pénétration et de la résonance. On en écoute le
concert, et les voix éveillées semblent parler à
chacun dans le secret de son cœur. C'est le charme
des premiers Barrès. La tendresse blessée qui
imprègne un beau livre se ranime éternellement,
comme le sang de saint Gennaro, et par un miracle, qui est toute la grâce des lettres, le même
trouble attendrit le lecteur. Il n'est besoin que de
l'émotion d'un seul poète pour toucher la suite
infinie des hommes, comme il ne faut qu'une lampe*

pour allumer dans les miroirs une perspective de flammes sans nombre.

M. Étienne Bartet a passé son enfance et prolongé son enfance dans la paix familiale d'un village bourguignon. Après le lycée il est venu à Paris préparer une licence d'histoire. Sa thèse de diplôme d'études était relative à Notre-Dame de Paris. On voit à travers l'ouvrage qu'on va lire, la transposition morale de cette jeune vie : la sensibilité accrue par une santé précaire, et développée dans la vie rustique où il y a des ciels, des arbres et des eaux et des jours différents ; la critique aiguisée par l'étude et tournant sa pointe contre l'âme même, enfin le sentiment donné par l'art médiéval d'une vie morale séculaire, singulièrement belle et créée par l'Église.

La guerre advint, qui fortifia dans les âmes le sentiment de l'universel. L'homme s'est apparu comme une partie dans un ensemble —; on s'explique aisément que tant d'entre eux se soient rattachés alors et réunis au centre même de cet ensemble, qui est Dieu. C'est l'éternelle rêverie du prince André à Austerlitz. M. Bartet, à qui sa santé retirait le labeur des champs de bataille, a pendant trois ans, dans un hôpital de grands blessés, fait un service volontaire qui lui a valu une décoration. Attaché ensuite à l'Institut français de Florence, il a séjourné dans cette ville, à Rome et à Naples, et là, notant le soir l'événement du jour, il a peint ces mille tableaux dont chacun est un enchantement. Il y a des paysages, des assemblées, des ouvrages vus par des yeux à la fois très sensibles et très intelligents, des yeux qui aiment, qui comparent, et dont le regard va jusqu'à l'âme des choses. Pour qui sait voir, chaque chose créée est pleine de sens et de vérités voilées. Et les muses ne sont que les apparences que prend la vérité quand elle se vêt. Ainsi, avec une émotion prompte et une intelligence ingénieuse, M. Bartet a su noter ensemble ce qui paraît et ce qui est. Certains portraits florentins qui sont dans son ouvrage, telle visite à Naples dans les ombres où se meut la vie archaïque de l'aquarium, ou telle promenade à Rome sont des prodiges de style coloré et tactile, et de pensée ailée.

Mais il y a autre chose, et tout ce frémissement de critique raffinée, toutes ces heures arrêtées dans leur grâce et dans leur mouvement, tous ces ciels reflétés, tous ces visages qui ornent le livre en dérobent le principe secret. Au fond de l'ouvrage il y a une aventure psychologique. L'auteur, médiéviste, et venu en Italie pour étudier des sculptures contemporaines de celles de son pays, a rencontré d'abord à Pise, dans le Campo Santo, la beauté des sarcophages antiques. « Ces sar-
« cophages, dit-il, viennent d'être pour moi la
« révélation du monde antique. Nulle part sans
« doute on ne verrait l'image d'une vie débordante
« plus naïvement jeune, ivre d'elle et du monde,
« que sur ces pierres vingt fois séculaires qui cou-
« vraient des morts. Une chasse où les cavaliers
« sous leurs manteaux flottants maîtrisent de
« leurs cuisses la fougue de leur monture, une
« danse qui suspend sous les pampres autour d'un

« beau vase le pas des corps effilés, c'est tout un
« monde heureux sans autre soin qu'une agilité
« rythmée, avec plus de mesure ici, et là plus de
« vigueur. »

Ainsi, une fois de plus, les deux mondes s'oppo-
sent et Faust rencontre Hélène. Mais le secret du
livre, et ce qu'il va nous apprendre, c'est que justement, cette opposition du monde antique et du
monde médiéval n'existe pas. Florence, « fille des
dieux, de la nature et de l'Église », est une « féminine et délicieuse Athènes », et à Rome le Christ même
est romain. Ce sentiment apparaît, quoique avec
réserve, dans quelques lettres où l'auteur, son
voyage terminé, revient au printemps de 1919 à
Florence, « grande fleur simple du moyen âge et de
la Grèce ». Et pareillement en Sicile, le génie antique
et l'esprit des rois normands se rencontrent.

Il y a dans toute la nature suite et continuité,
non pas contradiction ni retour. M. Bartet a
montré, dans une très belle page, comment l'art
grec prolongeait l'art égyptien, comment l'homme
qui, en Égypte, est encore engagé dans la pierre
s'en détache dans l'Hellade et, libre, reçoit son
âme humaine. Les êtres, depuis que le monde a
commencé de s'ordonner au fond des premières
ténèbres, s'engendrent et s'héritent, comme si, au
bout de tant d'existences, il fallait que le monde
ait atteint je ne sais quelle perfection inconnue.
Le progrès vers ce but n'est pas uniforme. Il y a
dans l'œuvre humain des divergences comme il s'en
fit dans la création quand de la souche commune
des reptiles naquirent les oiseaux et les mammi-

fères. Mais l'attrait du but est si fort que toutes les branches tendent vers lui; et se rapprochent, et sont enfin pareilles. M. Bartet a montré de jolis exemples de similitude, ainsi entre l'art alexandrin et l'art japonais... Oui, en vérité, Faust rencontre Hélène, au fond des temps, au delà des rivages; il se penche vers la reine étrangère et lui trouve les yeux d'une sœur.

Henry BIDOU.

PROLOGUE

Ces lettres auront été le délassement d'un voyage
d'études. A la fin des journées fécondes, lorsque la
fatigue engourdissait en moi une saturation, elles
furent, presque chacune, un effort parfois cruel,
pour fixer net au cours de la nuit ce que le lendemain
pourrait ternir. Aujourd'hui, la course étrangère
achevée, elles apparaissent en son souvenir les relais,
et comme la détente, d'une tribulation ; elles évoquent
ma chambre nocturne, ouverte sur l'eau ou sur les
fleurs, le repos des choses et des êtres, — cette paix
du Sud, — le beau sommeil criblé d'étoiles où mon
esprit stillait goutte à goutte enveloppé dans l'harmonie du monde.

Paris. Saint-Michel, 1919.

PREMIER GROUPE

BOBOLI

Allor Si mosse, ed io gli tenni dietro

Dante. Inf., I. 136.

SAN GIORGIO DE DONATELLO

A Henri C...

CHAMBÉRY.   *In Nativitate Domini*
Et mane videbitis gloriam.

... Hier, au crépuscule prolongé par la neige, le train, fatigué de l'altitude, sommeillait près d'un village savoyard. Quelques ombres, une charrette, des arbres nus, et des sapins fonçant le gris des nuées. A travers ce camaïeu d'air, le sol prenait un éclat secret, une lumière propre qui le faisait ressembler à un grand visage : on sentait naître la nuit de Noël. On sentait que depuis des siècles, le peuple d'ici, la troupe des petits ramoneurs et des charmeurs de marmottes, vient cette nuit à travers ses montagnes, s'agenouiller dans les pauvres églises. Le sol du moins a gardé la candeur des Noëls d'autrefois. Que la terre est fidèle ! *Domini est terra, et plenitudo ejus : orbis terrarum et universi qui habitant in eo.* L'histoire est plus grande quand c'est le climat seul qui la rappelle. Pendant que j'écoutais à la vitre ouverte en pensant aux Anges du vieux temps qui, vers la fin de la nuit, annoncèrent aux bergers, l'Angelus a tinté, si juste et sobre, avec une limpidité de timbre aussi belle que le silence environnant.

Les toits groupés pour la veillée ont paru couverts d'une neige plus épaisse J'ai senti que l'Enfant cheminait aussi sous les flocons parmi ceux qui allaient venir à minuit.

A Henri C...

Turin.   Saint-Étienne.

Beati immaculati in via.

... La traversée des Alpes est une splendeur. L'express glisse sans bruit en pulvérisant des jets de neige le long de ses flancs noirs. Entre ce rideau pailleté et les flocons de vapeur, le paysage intervient et fuit, blanc sous le soleil. Des traîneaux labourent les routes avec une rectitude si parfaite qu'après leur passage elles ont l'air taillées dans le marbre. Des saules leur font bordure, parfois des peupliers, des platanes, ou de charmants bouleaux argentés aujourd'hui par la neige. A travers sa fourrure la vallée de Maurienne laisse percer des touffes de roseaux dont le plumet blond se balance. En Bourgogne, les tilles sauvages en font croître de pareils, qu'on nomme des balais doux, et que les petites paysannes vont cueillir pour se les passer sur la joue. Les vignes en espaliers s'alignent sous le vent dans le sens de la vallée, où les tisses ressemblent à des toupies plantées dans le sol par leur tête. La rivière serpente, rousse-glauque, entre d'énormes cailloux. Sur les chemins vont les chars de paille traînés par des bœufs dont la robe beige pose un ton merveilleux sur la neige. Un Savoyard les accompagne, en blouse, avec le chapeau de feutre. Les enfants, sur leur tête large, portent le fier béret des Alpes.

... La descente sur Turin fut animée par une dame italienne : elle avait, paraît-il, de la parenté dans quelque station intermédiaire, sans savoir au juste laquelle. Pour acquérir des précisions, elle se penchait à chaque gare et sifflait un air de famille propre à faire surgir les siens. Premier indice de l'Italie; un pays où les sentiments se mélodisent dans leur naturel; — l'antidote de Paris. A Turin l'innocente siffleuse a détaché d'une touffe de gui un brin en manière de présage. Sur ce premier sourire d'alliance, je vous dis adieu et bonsoir.

A Henri C...

PISE.   29 décembre.

Flores apparuerunt in terra nostra.

Je vous écris à la fin d'une après-midi de loisir dans le silencieux Campo Santo de Pise. Les dieux m'ont fait ce don : que rien n'a troublé la solitude pendant ces heures d'amour. Le temps d'hiver était exquis, d'une fraîcheur saine et caressante ; par moment le soleil, aussi pâle que les marbres, éclairait le réseau des arcades et venait toucher le bas des fresques. L'hiver en Toscane, même dans un cimetière, n'est que la préparation du printemps. L'air vivement léger spiritualise les sensations. Il trouble à peine, et il éveille.

D'heure en heure les cloches tintent : leur timbre est haut et leur battement rapide comme les voix des enfants à la prière. Les danseuses des sarcophages païens semblent tourner aux sons du campanile. Leur grâce un peu frêle s'anime à cette vibration. La pelouse est un îlot de nature antique dans le cloître. On trouve sous les pas des dalles cisterciennes, et, sur les parements, les saints ermites que nous connaissons déjà : leur robe a la couleur des murs de leur petite chapelle. Benozzo repose au bout de son œuvre sous une inscription. Quatre cyprès gardent les angles. Au centre, une colonne élève une mince croix de fer rouillé ; autour de son fût un rosier ouvre des coupes blanches... Le réalisme moralisateur d'Orcagna s'efface sous une telle pureté au cœur de la mort. J'aurais aimé, cher ami, cueillir pour vous une de ces roses qui viennent d'éclore.

A Henri M...

Pise. *Capo d'anno.*

Terribilis ut castrorum acies ordinata.

Vous me faisiez pressentir la jeune Italie. Il y a eu hier sur les pelouses de la place du Dôme un merveilleux spectacle : une revue de fin d'année avec exercices accompagnés de la musique militaire ;. toute la garnison sous l'œil du général commandant la place.

J'étudiais au baptistère, heureux de la lumière sous la coupole où l'écho semble monter par zones concentriques à travers les neuf chœurs des Anges. Une vive musique de cuivres sourdement scandée par des tambours a soudain fait gronder la voûte ; et, dehors, plus d'un millier d'uniformes gris-vert sur les gazons : une vaste pelouse vivante entre des monuments de marbre éclairés par le soleil d'hiver. Chaque chef de section commande l'exercice qui s'accomplit docilement et sans rigueur : à travers toute la hiérarchie on sent une charmante indulgence. Tous veulent servir, mais en beauté. Ce soin donne aux attitudes des jeunes chefs, à leurs gestes, à leur voix, un style dégagé qui vise à la noblesse, — aux hommes le sens du groupement et du rythme. On voit la vivacité dans l'ordre. École d'honneur plastique, d'élégance virile, d'harmonieuse fierté ; école de sentiments civiques dont le plus fort semble bien être le culte de la cité, — ce qui fait de l'armée nationale une collectivité de milices. La garnison de Pise sur la place de Pise est une unité vivante. Mais pas école de force; on y évite les besognes, — et la souffrance préparatoire; l'activité ne s'y prend pas à la matière pour la soumettre; elle est seulement une mise en jeu de l'homme; à dire vrai, on ignore l'effort. Trop artistes pour être durs soldats.

L'exercice est détaillé par les fifres qui font courir l'armée au pas gymnastique. Le caporal interrompt ses *Uno due* pour souligner de son corps qu'il balance le mouvement musical : tous ces gentils soldats ont désir de danser. Déjà leur marche est une danse : pour clore l'après-midi, quand les compagnies au repos sont rangées autour de l'orchestre, une valse s'élève, les piou-pious verts s'invitent, la manœuvre s'achève en gala. Oh! que les Français sont rudes à côté d'eux! Autour de leur danse, il faut mettre la foule écarlate et noire, le grand mur crème du Campo Santo qui chauffe au couchant pâle les vieux os de ses morts et, sous le lin du ciel, les créneaux de Pise où le lierre déborde la pierre usée. *Mutabis eos, et mutabuntur; tu autem eadem ipsa es, et anni tui non deficient.*

A Henri M...

PISE.   3 janvier.

Exiit sermo inter fratres...

Avant de quitter Pise j'ai passé au Campo Santo des heures délicieuses, la crainte du romantisme m'empêche seule d'écrire des heures d'ivresse. Mais cet élan, à ma grande surprise, n'était pas inspiré par les fresques ; leur ensemble m'a déçu, et les plus renommées d'entre elles, sauf la charmante que voici [1], me choquent. Ce qu'on attend moins et qu'on trouve, c'est un cloître encadrant le cimetière d'arcades à meneaux qui rappellent l'armature des plus beaux fenestrages gothiques et semblent prolonger le recueillement de la pelouse dans une élégante perspective, — puis sous les galeries une suite de sarcophages qui viennent d'être pour moi la révélation du monde antique. Nulle part sans doute on ne verrait l'image d'une vie débordante, plus naïvement jeune, ivre d'elle et du monde, que sur ces pierres vingt fois séculaires qui couvraient des morts. Une chasse où les cavaliers sous leurs manteaux flottants maîtrisent de leurs cuisses nues la fougue de leur monture, — une danse qui suspend sous les pampres, autour d'un beau vase, le pas des corps effilés, c'est tout un monde heureux sans autre soin qu'une agilité rythmée, avec plus de mesure ici, et là plus de vigueur. Dans la nature environnante le même détachement fleurit : au milieu

____

1. *Gli anacoreti.*

de la pelouse un rosier enlace une colonne : ces roses de janvier qui viennent de s'ouvrir ont la couleur de la neige. Venez au printemps, nous ferons ensemble, voulez-vous, le voyage du Campo Santo, pour le plaisir de l'art et le premier souffle d'Ionie...

P.-S. — Ce soir, au cinématographe : un ermite intervient au plus sombre d'un drame pour combattre le mal et rendre à la vie un moribond. L'orchestre, très discrètement, joue le thème de la *Marseillaise*. La mélodie s'élève seule, et lente, avec une simplicité et une pureté qui surprennent une oreille française. Sur la toile on lit soudain dans un gros livre :

Ego sum via veritas et vita.

S. Giovanni.

La *Marseillaise* s'éteint au milieu d'un silence où la foule des capes vertes dans la pénombre met de la grandeur. Preuve que pour eux nous sommes la foi soudée à la révolution. D'un peu loin, ils nous voient juste.

A Henri C...

Florence.

In Vigilia Epiphaniæ
Lingua mea calamus scribæ velociter scribentis.

De Pise à Florence quel exquis voyage, à travers une campagne trempée de soleil; le train s'empresse — un train italien qui fait beaucoup de bruit et beaucoup de besogne — entre des rideaux de roseaux secs; l'on voit seulement des prés et des prés dont les haies, en tous sens, sont, de pampres appuyés sur des érables. Cette union végétale fait aussi le charme du val de Rivière entre Saint-Gaudens et Valcabrère. En Toscane la sveltesse des branches et leur élancement lui donnent une nerveuse beauté, celle des nus bronzés de Ghiberti. Au Campo Santo de Pise, dans un angle des galeries j'ai vu debout autour d'un vase antique trois jeunes femmes que leurs bras réunissent; dans la campagne les lianes de la vigne groupent ainsi les arbustes. De loin en loin les villages font bloc sur leur colline au pied d'un campanile à créneaux, mince et droit comme un beau cyprès; mais les cyprès qui s'éparpillent au travers des champs, sont d'amusants petits cônes sortis, semble-t-il, d'une boîte à joujoux et plantés sur un pion. Parfois on frôle une ferme, où des génisses blanches patientent, — le mufle contre un mur : au passage du train et du vent la marmaille et les linges font une agitation bariolée. Puis le calme des vignes

se mire à nouveau sur la verrière du couloir;
quelques paysans bêchent; au loin les collines
tachetées de neige ou peintes d'ombre bleue suivent notre course en lui prêtant l'attrait de leur
modestie et de leur caprice. On touche le fleuve;
une motte-forte y plonge son reflet; tournée, elle
paraît entraîner à sa proue la courbe d'un méan-
dre... La plaine avec ses cases blanches devient
un jeu de dés; San Donnino, la porte de Florence;
le hasard autour de la beauté.

Cher ami, vous avez mon premier repos, près
de la fenêtre, au soir; sous vos yeux les maisons
éclairées de la rive sud se dédoublent dans l'eau;
à gauche les constructions du Ponte Vecchio
depuis une extrémité jusqu'aux arcades centrales;
devant soi le dôme et le campanile de San Spirito
dont la cloche voilée sonne gravement les heures;
vers la droite l'Arno plus large découvre les verdures des Cascine et à l'horizon, sur la ligne du
fleuve, les collines toscanes colorées en mauve
par le soleil couchant.

Pourtant je regrette ma chambre de Pise,
l'échappée sur l'eau trouble entre les murs d'ocre,
le vieux clocher rose de San Frediano que le
soleil aime comme il aime les vieilles gens... *Dum
medium silentium tenerent omnia...*

A Henri M...

FLORENCE.   *Epiphania Domini*
Leva in circuitu oculos tuos et vide.

... Les premières heures à Florence ont été pénibles. L'activité d'une ville moderne à laquelle on se trouve mêlé en arrivant par les soucis d'installation, la lutte pour conquérir une chambre agréable font cruellement douter de la demi-solitude et de l'atmosphère de loisirs nécessaires aux villes d'art. On regrette Pise, la courbe de son quai, sa cathédrale champêtre assise sur une pelouse, le campanile qui tinte dans le soir frais par-dessus les créneaux. Le premier jour, au dîner, une Trentine réfugiée ayant requis mon impression sur Florence, j'ai confessé une préférence pour Pise, ce qui a fait scandale.

A Pise le milieu est purement italien, favorable aux Français. A la gare, Paris-Rome-Armée d'Orient, on s'efforce, avec un plaisir de cœur, de les renseigner dans leur langue. — Ici les influences cosmopolites sont multiples et il y a conflit d'opinions; il faut prendre une attitude combative. Pour un début quel ennui! On sent dans la foule, et même dans les milieux commerçants, tour à tour des bienveillances et des hostilités. L'opinion publique est foncièrement pacifiste; en présence de ce sentiment, l'étranger, quel qu'il soit, fait un peu figure d'oppresseur; l'âme neutre bute à l'hostilité universelle; ennemie de la violence elle centralise tous les chocs, les absorbe et n'y répond pas. Voilà sa force. Le graffito *Abasso lo straniero* — qu'une main courtoise a dénaturé en le complétant par *tedesco* — voisine sur les murs avec les *Abasso la guerra* — *Evviva la pace*. De cette épigraphie semble bien résulter que le tempérament florentin répugne au conflit par les armes. Ce matin, à la première sortie, je fis bien volontiers ma trêve avec Florence; ce fut à l'Annunziata, un peu avant midi. A travers la pénombre vert-pâle de l'atrium, le soleil, avivé par un panneau de briques brunes, venait toucher, au bas des robes, les fresques d'Andrea del Sarto. Ces bures qu'il a peintes au temps de sa jeunesse, gardent dans leurs plis, comme un souvenir, la pâleur d'ombre de frère Angelico et près d'elles les tons rose-orangé de sa maîtrise dégagent une couleur vaporeuse où le regard s'enfonce comme la main dans un léger velours. *Tunc videbis, et afflues, mirabitur et dilatabitur cor tuum.* C'est un plaisir.

A Henri C...

FLORENCE.   *Epiphania Domini.*
Vidimus enim stellam.

Je ne voudrais pas achever loin de vous la journée des rois Mages. Elle s'est passée tout entière dans les églises de Florence : c'est grand'fête.

Il y eut à l'Annunziata une messe en musique; par malheur les choristes se dissimulent derrière l'autel dans la rotonde de Michelozzo : le son gagne au lointain, mais les yeux sont privés. L'organiste par contre trône en hauteur sur un côté de la nef comme à un premier balcon; du sol on suit le jeu de ses épaules : l'orgue perd son mystère : il est sans profit d'entendre passer à travers la cantate les soupirs de la soufflerie et les vibrations de l'air aux lèvres des tuyaux. Le morceau terminé, descend une vaste toile peinte; l'orgue prend l'aspect d'un tableau de maître au-dessus d'une balustrade. C'est comme au théâtre quand le rideau tombe.

Les voix italiennes, surtout celles des enfants, donnent aux mots latins une sonorité plaintive et mouillée qu'on surprend quelquefois en France dans les *Alleluia*. Mais du doyen capitulaire au plus juvénile choriste, il y a tant d'entrain intrépide à chanter et à monter que la mélodie sacrée abandonne à ses serviteurs un peu de sa décence. L'émulation accélère les voix jusqu'à l'assaut du « finale ». Oh! belliqueuse sainte musique! Où les dons artistiques s'échappent à profusion, l'exécution de l'œuvre risque d'être cursive. L'abondance de l'invention et des moyens nuit au style. En France le sens du rythme religieux conduit les maîtrises, une discipline d'humilité artistique range les voix, les compose en chœur; entre l'âme du chanteur et son chant il y a l'accord. Ici le timbre est presque profane, les nefs sans résonance. Un thème de plain-chant sous les voûtes d'une cathédrale française est une des grandes harmonies du monde.

Ce soir, après m'être attardé au Dôme, je rentrais : il faisait presque nuit ; à l'angle d'une rue l'ombre d'un édifice carré, dans le noir d'une niche une figure guerrière s'élevait pleine de fierté : Or San Michele, la réplique en bronze du Saint Georges de Donatello. Joie de reconnaître, et de nommer, une œuvre qui faisait déjà partie de ma vie ! Malgré l'ombre le front restait éclairé, et l'épaule ; en mourant le long de la poitrine, la lueur indiquait l'élégance un peu distraite de l'attitude, équilibrée par le haut bouclier debout. Pour bien voir l'œuvre à ce dernier reflet du jour il fallait occuper presque le milieu de cette rue, qui surtout le dimanche est passante. *Et ambulabunt gentes...* Aussi longtemps que je suis demeuré, les cochers par une courte pression sur les rênes ont détourné leurs attelages en arrière. Quel meilleur témoignage de la courtoisie d'un peuple que ce respect public autour d'une émotion solitaire.

Dans l'église, malgré la nuit, à la faveur de quelques cierges, — lueurs et vent de sa parole — un chanoine prêchait. Aux militaires qui l'écoutaient nombreux, il a dit : « Nous fêtons un triple mystère : la transfiguration du Christ ; notre patrie n'est-elle pas transfigurée par le sacrifice et les douleurs ; — le voyage des Mages guidé par l'étoile ; une étoile d'argent brille sur vos poitrines ; elle vous conduira au salut de votre pays et à votre destinée éternelle ; — le baptême du Seigneur et l'apparition de la colombe : qu'elle vienne cette messagère pacifique, car la première annonce après la naissance de l'Enfant se fit par ces paroles des Anges : *Et in terra pax hominibus bonæ voluntatis.* On voit avec quelle compréhension s'exerce en Italie l'influence catholique. *Hæc audientes autem, gravisi sunt gaudio magno valde.*

A Henri C...

FLORENCE.   9 janvier.

Je viens me consoler près de vous d'une journée dont le début fut dissonant et la suite d'un seul coup trop belle. Vous savez la déception, la cruelle déception aux Uffizi. A toutes les places consacrées par une œuvre, un mur vide ; chaque nouvelle absence serre un peu plus fort le cœur ; au bout de quelques salles on ne voit plus rien de ce qui reste ; on se sent trompé, et seul, au milieu des pièces démeublées, il se fait dans le cœur une chute effrayante ; l'élan du voyage est brisé. J'ai déserté le musée et je voudrais oublier y être allé.

Hier, à la pension, un lieutenant dit à table qu'on a transporté par le célèbre passage couvert du Ponte Vecchio les toiles précieuses des Uffizi au palais Pitti. Vite, ce matin, je passe le fleuve et, confondu par cet immense palais, je fais la sottise de prendre un guide. *Nolite errare fratres mei dilectissimi.* Ce sont des êtres sataniques. Ils ravageraient les premières impressions si la fraîcheur n'en survivait au fond de l'âme après qu'on s'est délivré d'eux. — Des terrasses au soleil de janvier, panorama de Florence, si posé, ses dômes, ses auvents, la foule de ses tuiles cintrées abritant des murs jaunes. Au fond deux collines tendent entre elles un pan de terrain, creusé comme la robe de la Vierge entre ses genoux ouverts. Deux blancheurs s'y cachent : d'un côté Fiesole, de l'autre Settignano. La montagne à peine délaissée par la neige élève son ombre dans le ciel. *Suscipiant montes pacem populo tuo*, dirait ici le révérend chanoine. Ne trouvez-vous pas qu'il abuse du latin ?

Dans la galerie le malaise reprend ; chaque salle est comble : exténué par le faste des cadres, l'œil appelle en vain le relais d'une bande neutre. Non seulement trois siècles de peinture italienne s'y mêlent dans un rare désordre, mais les différentes écoles du pays n'ayant point paru assez nombreuses on y intercale des Flamands et des Espagnols : Rubens à côté du Pérugin et Murillo dans l'ambiance d'un Primitif. Une monstrueuse Babel, — une orgie. Par bonheur dans chaque salle l'œil retrouve comme une tonique quelque toile enchantée d'Andrea del Sarto où des buées ocre-rose de nus et d'étoffes forment une gelée de lumière. Savoureuse aisance de cette volupté ! Le plus clair coloris tamisant un rayon de soleil.

Andrea, c'est une chanson florentine au bord de l'Arno dans un beau soir d'été.

Après l'épreuve, au centre du palais, le grand salon. La guerre en a fait pour quelques mois une merveille du monde; là toutes ensemble sous la menace aérienne, isolées chacune sur un chevalet, les grandes œuvres : le couronnement de la Vierge de l'Angelico, la Madone du Magnificat de Botticelli, et son Adoration des Mages, la Sainte Famille de Michel-Ange, plusieurs Madones de Raphaël, son Saint Jean, son prodigieux portrait de Jules II. Dans une salle contiguë, le Saint Sébastien du Sodoma, — Sodoma, peut-être, mais il peignit les plus touchants hommes nus du monde, — et la Vénus couchée du Titien. On n'a devant les yeux qu'une image à la fois et la compagnie des autres, plus loin autour d'elle. Chaque œuvre garde une spacieuse solitude.

Si Frère Angelico ne s'était pas mêlé de peindre, on ne connaîtrait pas le manteau bleu de Marie, ni les cheveux blonds des Anges. Mais il ne compose pas ses couleurs : le contraste et l'union naissent de leur émail sans que l'artiste les ait pensés ; cet accord est donc l'effet de Dieu : il résulte de l'harmonie universelle. — Aussi bien l'œuvre des saints est toujours achevée par la Providence, compensatrice d'ingénuité. L'âme d'un peintre authentique est remplie d'ombre; ici clarté partout; les tons s'usent à travers un rayonnement d'auréoles. Trop de gloire, fût-elle céleste, pour être grand artiste.

De Botticelli ce que pas un livre ne fait pressentir, c'est la pureté, une vraie pureté, dont la profondeur devrait baigner la critique d'art dans le repentir. En adoptant Botticelli la mode contemporaine lui a prêté un raffinement dont la perversion retombe sur elle. Loin de le comprendre, elle le profanait. Les œuvres qu'on voit ici démentent ce goût souillé. Les Anges du Magnificat qui se touchent affectueusement l'épaule et dont les lèvres murmurent la tendresse mirent l'un à l'autre dans leurs grands yeux une candeur surnaturelle. Un tel amour de frères ne peut être puisé qu'aux fleuves du Paradis ; et le charme de leurs corps n'est que le symbole de leur grâce spirituelle.

Les Madones de Raphaël déploient une beauté monotone, un peu morte ; on s'en lasse ; et des oppositions pittoresques d'une platitude un peu criante ; toujours ses portraits ont un mérite : celui du vêtement, mais la pénétration et la suggestion du caractère du modèle par le peintre y est, surtout quand il s'agit d'une femme, fût-elle sa maîtresse, presque nulle. Aussi rien n'est plus intéressant que de rapprocher l'un des portraits, bourgeoise ou princesse, de l'une des Madones : le premier faiblit, le second s'anime, — j'entends les visages. Par la couleur, Raphaël peut donner à des formes *types* : la Vierge, l'Enfant, le Précurseur, l'apparence de la vie personnelle, mais l'opération inverse lui réussit mal : lorsqu'il essaie, comme tout grand peintre, de généraliser un modèle concret, il le dépouille. Il s'ensuit que le portrait de sa maîtresse me laisse à regret un peu trop étranger, tandis que les Vierges inspirées par celle-ci ont un semblant d'attrait. La raison de cet échec est peut-être que la figure d'une femme porte rarement un sens général. Le génie abstrait de Raphaël destine son pinceau à réussir les visages d'hommes, mais son tempérament voluptueux le fait se complaire aux traits féminins. Dans ce domaine, il n'est pas assez particulier pour être psychologue. Sa femme, typique comme une déesse grecque, a le regard fixe et vide des statues ; c'est une dérision de tapir cette froideur sous un incarnat séduisant. Dans la belle chair il faut une âme chaude. Le seul plaisir ici est de quitter les têtes pour se livrer aux trouvailles du costume, à ces groupements de tons d'une audace et d'une richesse inouïes, vraie création, vraie magie, dotant le monde d'une beauté nouvelle qui débilite toutes les autres chromatiques, sauf celles de Titien et de Rembrandt. Penchez-vous, cher ami, sur l'épaule de la Velata, vous en serez émerveillé pour votre vie.

Si le visage de son modèle témoigne par lui-même de la vie universelle, Raphaël devient un grand portraitiste. Deux tableaux le font ainsi connaître dans son œuvre de Florence, l'un et l'autre en la personne du chef de la catholicité : Léon X et Jules II. C'est une forte preuve de la valeur humaine de ces pontifes. Jules II surtout, — celui des Uffizi, est inoubliable. Ici le prestige du vêtement jette enfin son reflet sur le visage : le camail de velours pourpre liseré d'hermine, soutient une rougeur de passion aux joues du vieillard sanguin ; à l'ombre du front hanté par un souci d'héroïsme, les yeux, clairs et déçus, s'immobilisent sur leur propre pensée.

Cher ami, souffrez cette plus longue lettre. Peu à peu, je découvre votre amitié devant les œuvres que vous aimerez.

A Henri C...

FLORENCE.   11 janvier.

Quasi columbam de cœlo.

Je suis allé à San Marco. Personne dans le cloître, seulement le silence d'un matin d'hiver quand le soleil commence d'écarter les nuages. Le grand cèdre nacré, tout fourré d'ombre sous les branches, faisait luire ses touffes d'aiguilles. Les colonnes de Michelozzo l'entourent comme une ronde de blancs fratelli. Sa tête, entre les toits de tuiles et le mur beige de l'église, met une vigueur dans le ciel discret. C'est dans un coin du cloître, et plus haut sur le mur des cellules, qu'on voit saint Dominique à genoux toucher des mains la Croix. Entre deux pénombres le soleil sourit un instant sur sa robe. L'embrassement retenu et profond qui soulève ses bras vêtus monte aussi de ses yeux. Au pied de la croix, aux pieds du Christ, dominé par le sacrifice qu'il met dans son cœur. L'agenouillement est plein d'une craintive droiture. Cette douleur qu'il voudrait guérir, son amour s'y soumet. Il respecte l'immolation, il croit à sa nécessité, sans la comprendre tout entière, car il est presque innocent du mal. Son âme, si juste, comprend le sacrifice dans l'ordre universel; son désir n'est plus de le faire cesser, mais d'y prendre part. L'étonnement et la docilité du regard recueillent la souffrance, simplement, dans une bure blanche, dans une cellule silencieuse où le divin Maître et le soleil sont les seuls compagnons. — Plus encore que la vie de Jésus, c'est la vie des frères qu'on partage dans l'œuvre de l'Angelico. Ce que peut devenir la vie humaine obéissante : une harmonie modeste s'approfondissant régulièrement dans l'infini. Et la candeur se revèle aussi le don suprême de l'intelligence, le don des diacres virginaux méditant l'Écriture. Tout ce qui touche aux frères, leur image, leurs gestes, leurs demeures, met autour du Christ une tendresse d'intimité. On est heureux de voir soudain le même toit rouge peint sur le mur et réel, au dehors, par l'étroite fenêtre, — d'aller sans bruit le long du couloir, sous l'ombre des poutres, entre les murs gris-bleu, de trouver à chaque pas le Seigneur encadré par le cintre d'une porte : par deux frères, accueilli à l'entrée en appareil de pèlerin, — à Florence qui ne se déguise, — il est toujours resté l'hôte invisible du couvent. Si l'on ne rencontre plus de robes pâles le long des couloirs, c'est qu'elles sont près

de lui, — peut-être à la chapelle. Comme elles
offraient le secret de leur vie, elles se sont
cachées. L'une d'elles, il est midi, fait tinter sur
le cloître, un peu rose, les petits coups de l'Angélus. Trois, trois, trois : ce sont les Muses qui
passent.

A Henri M...

Florence.   15 janvier.

Et certamen forte dedit illi ut vinceret.

J'ai passé la journée en votre compagnie, au
Bargello. Les pages très annotées de votre « Quinze
jours à Florence » ne trahissent-elles pas que vous
vous soyez attardé dans la salle grandiose des
David ? C'est presque la seule qui importe et sous
ses voûtes un maître suffit, par quelques œuvres,
à en meubler l'espace : la demeure et l'hôte sont
proportionnés. Lorsqu'on arrive non par l'escalier
d'honneur qui prépare à la majesté, mais par la
porte obscure de la galerie des bronzes, on est
envahi d'admiration : il y a tant d'air sous une si
haute courbure, un sol purement uni, et, par
devant la pénombre des parois, des œuvres isolées
sous un demi-soleil. La clarté du fenestrage,
l'ombre des murailles en se combinant infusent à

l'atmosphère entière le luisant des bronzes. L'espace est de qualité sculpturale. Rien de tel à Paris.

Voici saint Georges et son bouclier armorié de la croix des Prieurs de Florence. La pièce, quoi qu'on dise, n'est pas trop développée : elle masque un écart de jambes que l'intrépidité du saint risquait de rendre excessif ; elle procure au personnage un troisième point d'appui que sa taille nécessitait. Ce qui surprend dans les œuvres de jeunesse de Donatello, c'est la gaucherie du geste. Ses héros, bien campés en corps, ne savent que faire de leurs mains. Dans le David de marbre, frère du saint Georges par l'inspiration, — la force au service de Dieu, — et par la facture, le défaut devient choquant ; les corps sont logiques jusqu'au coude, mais l'avant-bras et la main figurent un surplus dont le sculpteur ne sait que faire. Curieuse incapacité ! Pour souligner son embarras, il donne d'ailleurs aux mains des proportions énormes. Quelle attitude aura David vainqueur, il ne réussit pas à le savoir ; alors n'importe laquelle : un doigt sur la taille, un doigt sur la cuisse, — une pose.

Pour saint Georges, l'Arte dei Corazzai, par une prétention légitime, tendait à Donatello un bouclier secourable. En vain ! une main pend, sans décision, sans arme, pas même celle d'un poing franchement fermé, — geste qui, un peu vulgaire, est toutefois suggéré par la tenue des jambes ; — sans doute elle maintient latéralement l'écu : alors il fallait l'ouvrir et l'appliquer contre la tranche. Mi-close, on voudrait enfoncer la hampe d'une lance dans son vide. L'autre main, l'invention en semblait dictée : un bouclier en équilibre sur sa pointe doit être affermi contre le sol. L'énergie virile de ce visage qui cherche le combat appuiera la main tout entière sur l'arme défensive. Et non, il la retient à peine, du bout des doigts. Donatello concentre sur les visages une telle plénitude active qu'il ne reste aux mains plus rien à dire. C'est procéder à l'inverse de l'art grec qui décapite l'expression pour l'étendre au corps entier.

Excusez, cher ami, cette ennuyeuse critique du saint Georges : c'est que je l'aime beaucoup.

Hors du musée :

A la montre d'une librairie, l'*Enfer* de Barbusse triomphe. *Babbo*, dit une grande écolière en pressant le bras paternel, *eccovi l'ultimo libro francese; tutti lo leggono; vorrei provarlo anche io; ti piace.* — Le papa, *Assai, assai; pero ne abbiamo un altro... quello di Dante.*

A Henri C...

FLORENCE.   16 janvier.

Mors stupebit, et natura.

J'ai reçu vos deux lettres, heureux surtout de la seconde qui m'accompagne de plus près. Fiesole et San Miniato que vous cherchez tout de suite dans la campagne autour de Florence ne m'ont pas encore accueilli. Mais de ma fenêtre, par delà le fleuve et les maisons baignées de sa rive d'ombre, on voit San Miniato al Monte, sa façade, son campanile debout sur l'horizon. Le dimanche à l'heure des vêpres le branle part de son carillon pour se répandre de cloche en cloche tout le long de l'Arno.

Ce matin j'ai vu San Lorenzo, sa solitude, sa pénombre, la *cappella medicea*, prodigieux monument d'orgueil, si vide : quelques sarcophages aux courbes polies ; et dans les niches, sous les inscriptions d'or, les statues même sont absentes. Rien, que des murs de marbre sous une creuse coupole. L'œuvre de Michel-Ange, à quelques pas dans la Sacristie, devrait habiter ce spacieux néant : elle s'y égale. Et la chapelle prendrait un sens en proportion de sa hauteur : elle serait le caveau de l'art italien. L'œuvre de Michel-Ange : des corps qui se tordent et s'enjambent, enchaînés dans un glissement, — un héroïsme anatomique pétrissant des cuisses gigantesques, une violence pleine de caprice qui traduit des procédés de travail incohérents. *Videntes turbabuntur timore horribili.* Tel morceau de corps a le luisant d'une statue achevée et la tête, toute rugueuse sous l'angle du ciseau, sort à peine de la pierre; un vêtement dont on suivait la chute cesse brusquement et, trop en saillie, noie dans l'obscurité une jambe en repli; du front à la nuque les têtes souffrent un aplatissement ridicule. Partout l'outrance, le choc, la contorsion. Et la pose ! *Il pensieroso* : quand on songe si bien à replier un doigt contre sa lèvre, à clore à demi la main sur un mouchoir, à s'affermir négligemment du revers de la main sur la cuisse, à entr'ouvrir les jambes obliquement pliées pour mirer sous la lumière de beaux genoux d'homme, quand on songe à tout cela au moment où la méditation vous accoude, c'est seulement qu'on s'imagine penser et qu'on veut s'en donner l'air. Après un tel exemple qu'on s'étonne si l'affectation des attitudes devient une règle sacrée !

L'admiration, c'est peu dire, — l'idolâtrie de la critique d'art contemporaine pour Michel-Ange est un pesant héritage du romantisme : elle procède aussi du souffle nietzchéen. Cher ami, Florence est belle sans lui. Quand on sait que sous l'influence du tyran l'art italien s'est livré tout entier — sculpture et peinture — à la virtuosité musculaire, et quand on a vu, comme un adieu du *quattrocento*, près de la Sacristie, avant d'y pénétrer, le buste en terre cuite de San Lorenzo, ce visage d'ardeur angélique, dégagé des plis de l'aube, on se sent envahi d'une rancune si violente, à son tour, qu'il faut s'empêcher, pour ne pas graver comme une représaille sur le linteau de la porte : *Hic Caïn occidit Abel.*

A François C...

FLORENCE.   18 janvier.
Adolescens, tibi dico : Surge!

Je vous écris sous l'impression d'une promenade que la fin du jour seulement a terminée. Couvert et très doux le temps ne faisait pas craindre la pluie. Le fleuve sans mouvement avait cette couleur trouble qui le rend semblable à la fonte d'une verrerie d'art. Çà et là des îlots d'eau mauve y reflètent le fond.

En quittant la ville par une poterne, devant soi monte la perspective d'un gradin si étendu qu'on s'imagine au pied de l'échelle de Jacob. Dante y accueille par quelques paroles dans le marbre. Droits sur la plate-forme de chaque marche des cyprès font à la rampe une garde dont leurs cimes transposent l'ascension sous les nuages; entre eux, à mesure qu'on s'élève, se développent des pentes de lauriers, de citronniers ; les fruits jaune-vif criblent de taches rondes le massif des feuilles : fête nocturne aux lanternes. Au sommet de l'escalier les dernières marches font graduellement paraître une église; j'entre. Sur le pavage il y a un cercueil chargé de fleurs entre des cierges éteints : quelques hommes naissent de l'ombre et l'enlèvent; leur pas meurt aussi entouré d'écho; il n'y a plus personne; par la porte, en contre-bas dans le lointain, seul sur le ciel, un campanile de Florence, dont la base s'enfonce dans la tranquille horizontalité des toits de tuiles. Quelques marches mènent dans une crypte : des colonnettes en service aligné s'y tiennent compagnie; contre les parois, à la lueur d'un jour, le cortège des génies funèbres s'accoude, une main pendante autour d'un médaillon. Les arcades de l'abside sont closes par des transparents d'albâtre oriental qui brillent d'un feu nacré : une main à l'approche du crépuscule a placé derrière eux des flambeaux. Pour qui cette ardeur tamisée? Ne voyez-vous pas?...

Dehors, à l'entour, des parterres de plaquettes entre des allées de cyprès. Agenouillée près d'un buste d'enfant, une femme en crêpe lui chuchote à la joue. Un cordelier se promène à travers ce jardin... Les inscriptions rappellent de très jeunes gens : le sort de leur adolescence met entre eux une fraternité. Aucun n'a franchi l'âge évoqué par le nom de leur ami chrétien, San Miniato. Le cimetière a la blancheur d'un champ de neige. Le silence du soir mêle à leur souvenir sa consolation.

A quelques pas, au bord d'une balustrade, Florence tout entière se découvre, empourprée par

ses tuiles sur le couchant gris et sanguin. Et un
autre jeune homme, le David nu de Michel-Ange,
lui fait face. Il semble surveiller d'un sourcil
presque implacable la sourde splendeur de la
ville émue par le couchant. C'est pour lui qu'elle
est belle ; il est son maître, son amant si l'on
veut, amant terrible, capable, par delà le fleuve,
d'écrouler le dôme d'un coup de fronde. Au seuil,
que l'on quittait à peine, de la tendresse funéraire,
cet air farouche dilate le cœur dans la joie. Le vrai
jeune homme, le jeune homme dieu, le voici : ce
n'est pas celui qui reçut la grâce de mourir, c'est
celui qui peut dominer la beauté, la ployer à sa
force, la rendre féconde en nouvelle beauté.

A Henri C...

FLORENCE.   20 janvier.

Quam dilecta tabernacula tua Domine virtutum !

J'ai vivement pensé à vous hier aux Uffizi. Dans
la salle où paraît, effilée, l'Annonciation de
Simone Martini, s'ouvrent aussi les volets d'un
triptyque peuplé d'anges musiciens par frère
Angelico : longs anges flottants sur un bout de
nuage, avec une flamme au-dessus de leurs
cheveux blonds. Du souffle et de la main, ils

animent des buccines, des violes, un tympanon ; l'un d'eux, appuyant de ses doigts paisibles un plectre contre sa poitrine, semble faire résonner son cœur. L'éclat de leur robe intacte chante les tisserands du Paradis. Comme les corps saints du moyen âge, l'œuvre du bienheureux, de siècle en siècle, garde sa miraculeuse vertu. Comment une âme pure ne serait pas éternelle, puisque son fruit humain n'est déjà plus accessible à la mort ?

Entre les fonds d'or voilés de pénombre, le coup de midi a tonné, comme une pulsation de force au milieu d'une solitude. Chaque jour le belvédère de Saint-Georges ébranle ainsi Florence guerrière. Il est grand d'annoncer par une salve de poudre le passage méridien du soleil. Le choc du canon met les cloches en branle : gravement émus, éperdus de volubilité martiale, le bourdon du Dôme et les sonnailles de la Badia scandent et carillonnent l'Angelus.

Addio... De ma fenêtre, le soir, on voit le chapeau d'un carabinier s'encadrer dans l'arche du pont. Sous ma fenêtre habite un petit Mino da Fiesole qui va s'asseoir sur le mur du quai quand il fait tiède, relève un peu sa tête animée par les moires de l'eau et me sourit de ses yeux clairs.

A Jean M...

Et psallere nomini tuo. Altissime.

... Votre mot de Noël est ici, dans une grande chambre ensoleillée où le reflet de l'eau ondoie sur les fleurs du plafond. Par la fenêtre l'air du fleuve élève une tiédeur de début du printemps. La plainte d'un violon retient au soleil les Florentins, passants frileux. Et la voix d'une nymphe oubliée — *non indignanti Arno* — leur confie sa chanson.

Avec vous, ce matin, j'écoutais des chanteurs plus jeunes : ceux de Luca, — et non seulement les aînés que la mélodie grégorienne conjugue ; — les autres aussi, les purs musiciens. La voix des choristes n'étouffe pas le concert des cordes fragiles ; la robustesse que les notes graves impriment à leur corps n'amoindrit pas l'attrait d'une grâce plus touchante.

La ronde des enfants, leur danse, leur plaisir à frapper les tambourins, les cimbales, — le souffle des flûtes et des longues *tubæ*, — cette fleur de joie païenne qui ne doit son innocence qu'à l'âge de ceux qui sont heureux, toute l'animation d'allégresse ramène pourtant les yeux aux joueurs de psaltérion.

Entre ceux qui célèbrent Dieu *in choro* et ceux qui jouent leur hymne de créatures naissantes, *cimbalis bene sonantibus*, l'adolescence est consacrée par le seul amour d'Apollon. Transparents dans leur double tunique, ils écoutent entre eux l'œuvre de leurs doigts ; en la découvrant ils la goûtent ; ils se penchent ensemble sur leur propre accord. Le moins fort appuie sur l'épaule voisine une studieuse tendresse. Le plus inspiré, pressant la cythare contre sa poitrine dilatée, semble contenir sous la loi du rythme le débordement de son cœur. Un maître radieux le touche au visage. *In illuminatione vultus tui.* La religion qui les rend frères entre eux est l'ivresse de leur harmonie. *In psalterio et cythara.* Voici les cytharistes. Un dieu verse en eux sa fraîcheur, comme en trois sources de beauté.

Au seuil de votre vie musicale, accueillez ces enfants : le temps ni les hommes ne pourront rien contre elle, — n'ayant rien pu contre eux.

A Henri R...

Fiesole. 26 janvier.

Ideo adolescentulæ dilexerunt te.

Je reçois votre lettre, de Noël aussi, dans un premier, printemps, et, tout à l'heure, assis sur un mur entre les terrasses des oliviers, en écoutant l'eau de Mugnone, il m'a semblé que la solitude, déjà charmante, s'ouvrait sur un nouveau plaisir :

que j'allais vous voir monter le sentier au soleil.

Au gré de cette promenade toute la vie d'amitié se ranime. La tiédeur de l'espace réchauffe si délicatement le cœur! Tantôt le souvenir hésite entre plusieurs visages, tantôt il choisit : le compagnon secret change selon le paysage, l'œuvre, ou l'aventure. Puis, vers le soir, quand on récapitule, les amis se groupent : ils forment un cortège.

Vous savez comme on vient à Fiesole : dès le matin partez à pied le long du torrent ; l'arche de briques roses des ponts se renverse dans l'eau; un pin parasol tout seul entre les linges pendants du faubourg appuie sur le ciel sa tête sombre. Le chemin se resserre : on côtoie un vieux moulin noirci ; l'eau de son bief, morte voilée de poussière, dessine une marbrure. Entre les parements de la loggia Palmieri où le soleil matinal s'allonge, des arceaux d'ombre ouvrent leurs baies, pleines encore de sommeil. Ah! que l'on y bâillait à l'aise dans l'air vif au temps de la peste!

Puis montez dans les jardins; le chemin tourne, encaissé par des terrasses d'où les oliviers se penchent sur les murs de mousse. Les olives criblent de taches noires le feuillage qu'un peu d'air fait bruire, apportant à travers ce murmure la rumeur éloignée des cloches du Dôme. L'ombre des cyprès, sur les toits de tuiles rousses, s'accuse plus obscure à mesure que le ciel devient plus lumineux.

J'ai croisé des attelages d'ânes, si gentils sous leur couverture orangée qui leur tient chaud jusqu'à terre. Ils transportent des bois de futaies. La charge et la pente les entraînent, ils résistent posément, raidissant leurs pattes pour buter le sol. Cette tâche, fort absorbante, ne les distrait cependant pas de l'épuisette en roseau qui pend à leur cou; leur mufle gourmand s'y enfonce pour disparaître avec satisfaction dans une touffe de foin.

Le début et la fin du jour très frais : c'est le climat des collines méditerranéennes. Mais après midi la chaleur d'hiver devient moelleuse comme une fourrure. On entend les moineaux pépier en sourdine; les pigeons roucoulent; les peupliers rappellent nos campagnes, mais plus grêles, d'une exquise couleur de paille. A la souche des murailles, sous le parchemin des feuilles de chêne, quelques lézards cerclés d'or se faufilent. Encore des roseaux secs, et déjà les rosiers en boutons : boutons roses comme l'aube derrière San Miniato.

La voix des femmes, celle des enfants, semblent les voix du paysage. Enfants inoubliables, aux traits ingénument arrondis dans leur fin visage; les cheveux en suspens, d'un merveilleux gris-roux, se referment au bord des oreilles comme des mains mi-closes. Du coin de soleil où ils jouent à peine, et se reposent sans parler, ils lèvent sur celui qui passe un regard de velours que leurs paupières cernent d'un mince bourrelet de tendresse. *Et deliciæ meæ esse cum filiis hominum.*

Cher ami, accueillez ces lignes paisibles : je ne saurais en écrire d'autres; à travers elles, que le coteau de Fiesole vous appelle, et vous console aussi.

A Henri C...

Florence.   2 février.

Ce soir, après une semaine de silence, je suis heureux de vous écrire. Notre ami est arrivé; malgré sa fatigue, nous avons fait une première sortie, au crépuscule, sur la place de la Seigneurie. Il a été un peu déçu de voir la Loggia privée du groupe triomphal de Jean Boulogne, et du Persée. Les dieux se cachent; les dieux ont peur.

J'avais passé le matin à Santa Croce. Au flanc sud du cloître des blocs éparpillés chargent le terrain. On entend de loin le marteau des tailleurs de pierres; à travers la buée que le fleuve répand sur toute la ville, le rythme des outils fait chanter la joie du travail en commun; les jeunes hommes assis çà et là sur la pierre qu'ils frappent, sont naturels et beaux; les chantiers de nos cathédrales et les artisans d'autrefois polissant une moulure ou sculptant un feuillage, retrouvés ici dans une survivance momentanée.

La nef, rose et sombre, traversée de soleil à travers un toit de briques, comme à travers les doigts de la main; et révélation de Giotto : très grand. Repeintes, fanées, ses fresques n'ont plus d'intérêt pittoresque; la conception et le dessin ne nous touchent que plus directement. A travers le temps l'œuvre s'est épurée. La sûreté manuelle de l'artiste passe en arrière-plan, afin de laisser plus simplement paraître son intelligence dramatique et la majesté de son cœur. Le caractère le plus original de la composition est en ceci : les fonds d'architecture participent au rôle et à l'expression des groupes de personnages. Ils en sont la base. Ainsi, dans la mort de saint François, le saint, allongé inerte sur une civière, a pour fond une bande horizontale, tandis que la perspective des assistants debout est soulignée par des portiques verticaux. Dans l'ascension de saint Jean, les groupes des disciples sont scandés par les colonnettes de l'édifice. Chaque fresque est un acte; le drame s'y centralise dans l'échange d'un geste et d'un regard; la force et la sobriété y sont dignes du génie romain. La Résurrection de Drusiana est sans doute l'égale des plus belles fresques d'Assise.

Je songeais, en revenant le long de l'Arno tout pétillant de soleil, au jour de mai où j'entrerai pour ia première fois là-bas dans l'église haute, par un matin si printanier que la nef close sera parfumée comme la campagne.

Puisque le Vieux-Pont vous intéresse, voici un complément biographique; avant de porter le passage aérien et les échoppes en surplomb qui pèsent sur son âge, il fut précédé, au-dessus de l'eau, par un pont très antique orné en son milieu d'une statue du dieu Mars, témoin des âges romains. L'inondation de 1333, au cours de laquelle les remparts hermétiques de Florence transformèrent la cité en réservoir, emporta, entre autres trophées, le pont de l'Arno : *Turbidine. Limpharum. Multarum. Corruit. Hic. Pons*, dit l'inscription. Et avec lui l'effigie du dieu. — Depuis cet

accident le culte de Mars à Florence, est tombé.
Aujourd'hui, c'est Mercure qu'il conviendrait de
mettre sur le pont.

Cher ami, je vous aimerais à ma fenêtre devant
le beau crépuscule de chaque jour. Vous verriez
disparaître une à une sous les arches les dernières
barques attardées, la coupole et le flanc de San
Frediano s'empourprer à l'entrée de la plaine
comme un bosquet de lilas, — puis le fleuve,
large et noir, refléter dans une onde immobile les
fenêtres et les étoiles.

Ave.

A Henri C.

FORENCE.   5 février.

Sainte-Agathe.

... La peinture vénitienne, disparue du monde,
se cache, dit-on, ici. Pas un palais sans souterrain!
Imaginons des cavernes inconnues, hautes comme
des églises, obscures, où l'odeur de la pierre
emplit l'air envoûté; des toiles qu'on ne voit pas
y sont tendues... Crac... Imaginons, sous la froideur, la plus riche lumière enterrée vive! Romantisme. — Parfois on tire une œuvre du sépulcre :
on la dresse en écran sous les faisceaux obliques

d'un beau jour de janvier; et c'est elle qui réconforte le soleil florentin. Dimanche la salle du Bargello ménageait une surprise : sous le vitrail un tableau résonnait, diffusant à travers cette nef, la plus magnifique des musées de Florence, son éclat, son poudroiement; c'est la toile de Tintoret à la bibliothèque de Saint-Marc, celle où le saint, précipité du ciel en plongée dans un raccourci, délivre de ses bourreaux un esclave terrassé. La vigueur du ton n'y est pas moins irrésistible que l'intervention céleste. Veuille Apollon que le printemps ouvre à Florence une exposition vénitienne! Du fond de ma chambre, la nuit, c'est un peu le pilotis des canaux.

Autre découverte, celle de l'art égyptien au musée archéologique : des fragments de statues en basalte noir d'une animation un peu étrange que la force du style élève au-dessus des attitudes humaines, en même temps qu'ils éveillent dans le silence des salles une très lointaine vie d'autrefois, manifestent quelque chose d'éternel et de présent qui m'attache.

Les vestiges d'un jeune corps accroupi, un talon sous la cuisse, évoquaient la grâce d'une esclave, tiède au soleil où elle repose, et prête à se lever par un glissement qui fera chuchoter sa peau. Un penseur massif comme un cube, un scribe agenouillé étreignant ses registres, — et les têtes aux longues paupières, si naïvement sérieuses, comme appesanties de rêve sous la charge de leurs cheveux, — profondes beautés qui sont de tous les temps, qui prouvent, à travers les civilisations et les époques, l'unité de l'émotion plastique dans le cœur des hommes.

Entre d'autres, que j'admire avec plus de réflexion, un bas-relief m'a séduit : sous le ventre d'une vache dont il presse la tétine, un Égyptien nu, touchant terre d'un genou, s'abreuve. Un trait d'ombre précise la finesse de ce corps; la chute de sa coiffure achève son élégance. Le cou tendu, le bourrelet des lèvres pressées, le bras ramené contre la poitrine par une inhibition d'instinct qui pousse le haut du corps vers la source du lait, tout le mouvement trahit, dans sa fraîcheur, le plaisir d'être désaltéré, le plaisir de boire encore. On sent le lait couler en lui. Il est le vase délicieux d'une sensation : un vase de granit gris et rose. En voici l'image, et puissiez-vous l'aimer !

Si vous saviez quel agrément de soleil, ici, au milieu du jour ! Le Lungarno est une muraille chaude. A plat ventre sur le trottoir, les marbriers flânent dans la poussière, *Belle mammole*. On vend aussi des oranges, des noisettes — *nuciolinc* — des olives, des amandes agglutinées de caramel brun : les *croccanti* — scandez bien — qu'il fait si bon broyer sous les dents au bord du quai, entre les maisons blanches et l'eau.

A François C...

FLORENCE.   7 février.

Nemo adolescentiam tuam contemnat.

Quelques heures après midi aux jardins Boboli évoquaient une promenade que nous avons peut-être faite au Luxembourg, ou que nous y aurions pu faire. Un ciel plein de nuages reposait les yeux de trois semaines de soleil. Les pavillons du palais Pitti, leur couleur ligneuse mariée au ton des sables, s'affirment devant une arène dont voici les gradins. Un obélisque auprès d'un bassin gris en aiguise la solitude. Le cirque de chênes et de pierre est coupé par une perspective où montent des pelouses, tachées de loin en loin par une statue blanche. Un engourdissement d'hiver fini règne sur ce décor d'urnes et de verdure.

Dans les tunnels de sycomores, on s'enfonce vers un cintre de jour qui s'ouvre tout au bout sur un monument florentin. L'attrait de ces images est que chaque œuvre, beffroi, coupole, campanile, s'isole au milieu des branches. On ne voit de Florence qu'une merveille à la fois.

Puis les yeux reposent sur des bassins où l'eau, peuplée de baigneuses de pierre, s'enfonce verte comme les draperies de Henner.

Au déclin du soleil, j'ai trouvé à l'écart une retraite : un carré d'herbe entouré de buissons de lauriers. L'air est frais, les feuilles luisent, l'ombre sent le printemps. Au milieu du gazon, sur un socle, un jeune homme nu chevauche un aigle ; son corps et les ailes de l'oiseau s'enlèvent sur les feuillages. A son côté, le rideau végétal s'écarte, et dans la baie, on découvre Florence éclairée par le soleil couchant. Le Dôme, le Palais, envoient sur l'asile aérien la lueur de leurs murs d'or et de leurs tuiles rousses. L'art moderne, si vaste semble-t-il, n'est, au fond, qu'un lumineux décor ; et le charme vivant, le mystère, plus proches, viennent de cette nature ordonnée autour d'un mythe antique.

Cher ami, ayez la joie : la beauté du monde est inépuisable et vous y avez part.

CERTOSA.   9 février.

Plenitudo legis est dilectio.

Monté ce matin à la Chartreuse. On quitte Florence par une allée de sycomores et de cyprès qui dresse entre le sol luisant de pluie et le ciel gris une force nocturne... Le premier lieu s'appelle Gelsomino.

Un glacis, au pied des murailles, mène à la porterie ; les oliviers curieux débordent la pierre rose ; à travers leur ramure veillent quelques créneaux ; délicatesse et sauvegarde ; le manteau d'un ami flotte au loin dans la perspective, encadré par le cintre d'ombre de la porte voûtée. De cette paroi de forteresse qu'on longe à pas montants, s'échappent aux fissures en touffes sèches, d'un blond de champagne, les tiges du *caprifolio* dont les chèvres sont friandes ; elles s'arc-boutent contre le mur pour les en arracher.

Au sommet de la pente, un mendiant centenaire implore en tremblotant une pièce de monnaie que sa main laisse choir aussitôt avec indifférence, car les derniers désirs du monde meurent à la porte des couvents. Un frère barbu lui remet une assiette de soupe aux lentilles, grenue, d'un fumet plein de santé.

Derrière lui, le cloître s'ouvre et nous recueille : *chios tro verde*, ceint de claires arcades, tacheté de mousse sur les pavages de briques. Les murs sont crème comme la robe des Pères. Sous les galeries, dans les cellules, dans la chapelle, partout, la robe éveille de la lumière en passant. Le regard des Pères a ce même don de reflet. Ce sont les Chartreux de Saint-Bruno. Ils disent : « Oh ! vous pouvez parler français. » Cette joie, si vraie, donne un choc dans le cœur.

Leur cimetière est un jardin. On y respire des buissons de lavande, des iris que la douceur de l'air fait naître avant l'avril, des pivoines closes, des rosiers. Il y a le silence, le concert lointain des basses-cours, le bruit d'un char franchissant des cailloux, l'Angélus à d'autres campaniles, — toute une activité paysanne qu'on devine autour du cloître, un échange de salubrité rustique et de sagesse évangélique.

La visite s'achève par la pharmacie. Que j'aime

ces officines! On y sent une confiance si naïve, si peu magique dans la vertu des plantes, — une prévenance pour ces herbes qui, par le soin des moines, offrent à l'homme leur réconfort médicinal ou leur parfum. Choisir quelques liqueurs et, parmi les flacons noués de rubans, une eau des lavandes dont on fleurait tout à l'heure au jardin la verdure, et une essence de rose, de ces roses du val d'Ema, dont l'arome trahit la pâleur monacale des corolles...

A Henri C...

Florence.   12 février.

Sæpe levi somnum suadebit inire susurro.

J'ai peur de vous fatiguer par des lettres trop fréquentes ; mais notre promenade, aujourd'hui, m'est si chère, que vous voudrez y prendre part. Et je ne vous écrirai qu'un tout petit mot.

Nous sommes montés à Fiesole. La place, un peu contrariée à la fin du jour par le mouvement des touristes, demeurait ce matin dans l'ensemble du paysage. Vue d'une balustrade, au seuil du palais prétorien, elle est à la fois modeste et spacieuse : le sol et les murs ont la même blancheur. Un dialogue équestre au pied d'un obélisque,

équilibre la fierté du campanile. Quelques voitures de promenade, leurs chevaux couverts d'un
drap, se chauffent près de la cathédrale, et
attendent. Qu'il fera bon sur leurs coussins! Quel
soleil, condensé dans du gros drap! Du côté de
l'ombre, des ormes dressent un fourré de tiges
fauves. Le ciel nuageux, d'un gris varié, couve
une tiédeur où tout se colore et s'épanouit en
paix. Le silence intimide les moineaux et les bambins. La colline semble un printemps de paradis
où tout repose dans une mansuétude aérienne.

Le peuple participe à la douceur des choses.
Ignorant la lutte, même avec le sol, il se laisse
porter par la nature. Nul pays si célèbre et si
visité, n'est resté plus candide. Le peuple montre
pour l'étranger une curiosité qui ressemble au
début d'une sympathie ; il reste simple devant
lui ; on le regarde ; il regarde ; l'échange a la
lenteur de la sincérité : derrière les yeux on sent
un rêve plein de confiance. Le don d'hospitalité
fait partie de ces âmes contemplatives. De leur
coteau, elles enveloppent le monde, qui les vient
connaître, de cette atmosphère tempérée à travers
laquelle, chaque jour, elles voient Florence. Par
ce trait, et par la paix de ses jardins, Fiesole est
monacal. La joie, qu'on trouve ici, c'est que la
candeur survive à l'enfance, c'est que tous les
âges témoignent de la *nature* humaine : rien ne
tarit ces âmes d'artistes : Fiesole qui les fit
naître, ménage et renouvelle leur limpidité, —
Fiesole reste leur berceau.

Nulle colline n'a plus de sentiers : ce sont les

meilleurs guides ; sur chacun on cueille un plaisir ; une vieille au foulard rouge qui demande quelques sous sans mendier, et rend grâce avec une dignité courtoise ; immobile, des enfants rassurés vous encerclent comme pour une ronde et, gravement, vous envisagent. Des couples de bœufs, d'une robe solaire, tirent des haquets chargés de barils; plus vives que les bœufs français, plus sveltes, ces bêtes de montagne héritent la nature antique : leurs cornes évoquent l'arc de Diane. Au long des murs le suc des olives suinte par plaques odorantes. Sur les pentes, le mimosa, de son élégance poudreuse, jaune et grise, allège les cyprès.

Descendu chacun seul, notre ami et moi, nous nous sommes retrouvés à San Domenico, portant l'un et l'autre une touffe du romarin bleu qui fleurit aux murailles sous le murmure des premières abeilles.

A Henri M...

FLORENCE.   20 février.

Major autem horum est caritas.

... Le lendemain de votre départ les premiers flocons de neige dansaient au-dessus du fleuve,

au soleil, comme des moustiques blancs. Le long
des rues, le long des quais, au courant de l'air,
leur chute mouchetait les visages ; il fallait bien,
pour début de Carême, voir Florence poudrée...
Mais le masque de la nuit prenait une froideur
cruelle. Le *scaldino* reparaissait au bras des dames
empressées. *Fevraiut pies de tut* s'exclamait sous
les plafonds sonores la signora Grif, ma commen-
sale, en son jargon friulan.

Depuis, la magnifique lune nouvelle vient
adoucir les soirs. On se promène de place en place,
de portique en portique, parmi les ombres, sous
la lueur des lampes espacées, jaunes comme des
oranges. La lune dessine sur les dalles le contour
des monuments. Un ciel de drap bleu et la pénombre
de velours revêtent la cité du manteau militaire.
Le Dôme, et San Lorenzo plus encore, avec leurs
coupoles, évoquent l'Orient des mosquées. L'ombre colorée par la brique et les marbres, le clair
de lune en fil de soie sur les parements, le ciel
autour des masses aériennes, unissent à la beauté
de l'architecture celle des nocturnes méditerranéens. Et, plus libre qu'au jour, le vieux Palais
dresse son col crénelé sous les étoiles.

Savez-vous, cher ami, que la petite maîtresse de
pension, invisible et présente, s'est avisée de reven-
diquer notre lampe verte. Il a fallu livrer bataille,
à travers un débordement volubile, où s'accélérait
sans cesse le refrain : la *lampadina alla padron-
cina*. Et prouver à ces Florentines que le langage
français ne recélait pas moins de fléchettes. —
Pour autre nouvelle de notre palais, vous saurez

que la perte de Loulou, le fox, est concertée par un comité occulte dont la signorina Grif a cueilli la présidence : il a si mauvais caractère! On le débarquera d'une fenêtre après minuit, la lune couchée, en parabole jusqu'à l'eau discrète ; cloc, et c'est tout ; — qu'un nouveau compagnon d'infortune vient depuis hier partager nos repas ; son air d'ahurissement très abscond et sa calvitie donatellesque font, hélas! soupçonner en lui une sénilité précoce. Il parle toute la nuit, et toute la journée ; toutefois nul n'entend ses propos. Nous l'appelons *Ramolino*, car il est gentil.

Adieu, cher ami : le moyen de plaire aux Florentins, c'est de leur ressembler.

A Henri M...

FLORENCE.   23 février.

Il vient de se produire à Florence un phénomène incroyable : l'inauguration d'un Congrès national de résistance, dans le salon dei Cinquecento. Vous connaissez cette salle immense, ses fausses tapisseries, ses fresques, son plafond. Des chaises multicolores, fort nombreuses, constituaient la partie la plus pittoresque d'une assistance que l'ampleur du réceptacle faisait paraître réduite ;

l'édilité, l'armée, plusieurs sociétés florentines, et l'intellectualisme patriote. Une seule tache claire : quelques rangs de collégiens. Près de l'estrade un foisonnement de « cittadine » au profil dantesque : ce sont les femmes, aujourd'hui, qui ressemblent au « poète national ». Entre ces murs, la musique militaire est une force brillante, et moelleuse : toutes les bannières gentiment balancées aux cadences de la marche royale rappelaient la vivacité des soldats de Pise sur la pelouse. Dans la floraison des discours, deux furent beaux : celui d'un Friulan, celui d'un Florentin, lequel toutefois ne sait pas comprendre que ce qui maintiendrait la grandeur de Florence, c'est sa « résistance » au patriotisme italien ; il ne sait pas voir dans son isolement volontaire le signe de son éminence. Deux fois, en l'adjurant, les orateurs jetèrent son nom sacré à l'écho de son vieux Palais ; leur voix se flattait de réveiller son âme au cœur de son histoire. Un souci de réhabiliter les Florentins dans l'opinion italienne les portait à plaider contre une inculpation d'indifférence. *Quid vobis opus est justificari?* Quand on a vu le Palais sous une nuit de lune, on le sait supérieur aux passions d'un jour, et on ne comprend tout à fait sa fierté qu'après avoir senti l'air de ses salles vides aussi libre que l'air nocturne.

Il y eut un frisson de joie : l'orateur célébrait l'Italie trois fois mère du monde : par le droit, par le Christ, et par l'art. La noblesse de cette tradition faisait battre sa voix. Alors, chez les jeunes gens, l'applaudissement s'est envolé comme un essaim de papillons : leur pays n'est pas formé — qu'ils le rêvent une quatrième fois chef de la vie du monde. On ne peut s'empêcher de voir leur dessein un peu disproportionné aux moyens effectifs. Peut-être s'exposent-ils pour leur part aux désillusions qui les impatientent chez leurs aînés. Mais, dussions-nous un jour être dévorés, que cet appétit fait plaisir !

Il est tard, nuit profonde ; mon voisin égaré chantonne et gronde ; pour l'apaiser je frappe à la porte vitrée. *Avanti*, fait-il, comme une invite à la folie. C'est le beau silence de l'Arno qui répond. Vive Shakespeare, cher ami, vive Shakespeare à Florence.

A Henri M...

FLORENCE.   25 février.

Nous sommes en plein Congrès. Pour marquer son caractère moderne, — quasi sportif serait une inconvenance, — l'assemblée délibère au-dessus d'un garage d'automobiles : celui des sociétés F. I. A. T. (*Lux* sous-entendu). On sent flotter dans l'atmosphère du débat un parfum d'acétylène et de caoutchouc.

La politique extérieure s'oriente vers un impé

rialisme à la romaine, déclarant son *droit* de conquête. L'Autriche étant la seule ennemie publique, — l'auditoire s'ennuie au nom de Germania, — on la disloque ; la soif du débat demande l'Adriatique : Spalato, Fiume, les bouches de Cattaro, — et qu'on refrène la jugoslavie.

Le principe des nationalités ne sert qu'à démembrer l'Autriche, à faire corps avec les nations incomplètes ou subjuguées ; il couvre d'un honorable prétexte les ambitions balkaniques de l'Italie qui veut, d'un seul effort, plus que s'achever : s'agrandir. On parle de frontières naturelles : or, les nautoniers savent depuis des siècles que les épaves de la côte orientale sont déversées par les courants marins aux bords du Veneto et de la Romagna. Grande loi géographique où se décèle l'inclination de la Dalmatie. Aussi nous avons — presque — dénoncé le pacte de Londres, qui nous mesure la côte un peu juste. Quand on est retenu *sul Piave,* toucher de son désir les frontières d'Albanie, c'est une belle force d'illusion.

A l'ordre du jour, l'élan de fidélité pour les Alliés parut excessif dans les termes ; plusieurs voix affirmèrent que le concours de l'Italie rencontrerait plus d'estime s'il modérait son expression. Ah ! vive cela ! voilà leur cœur, comme nous l'aimons. Ceux qui ont le mérite, et le bénéfice, de s'être engagés librement, réservent l'indépendance à venir : la protestation d'alliance *éternelle* fut sagement écartée. Cette économie de promesse est de bon augure.

Après-midi, au Palais vieux, le groupe parlementaire nationaliste — *il fascio* — faisait le siège de Florence. Il a besoin, pour l'emporter à Rome, de publier qu'il est vainqueur ici. Chez certains esprits imagés, Florence apparaissait « le berceau du défaitisme ». Herculéens, ils y sont venus l'étouffer, et retournent à Rome proclamer la volonté du peuple. Le succès vient à qui voyage. Mais le peuple, spectateur de l'invasion parlementaire, restait au dehors, sur la place, à goûter le soleil. En ce pays les mœurs démocratiques n'ont pas profondément pénétré : le citoyen ne prend qu'une part lointaine, et respectueuse, aux affaires publiques. Il flâne à la porte, et s'y plaît. Dans la cour des Offices la musique militaire faisait miroiter ses cuivres, et parfois son talent. Sanglés d'une jugulaire, les pompiers coiffaient le casque noir timbré du grand lis d'or. La seule participation florentine était celle d'un peuple artiste; et son hospitalité n'est pas sans faste : il prêtait le palais communal.

Vers le soir un cortège s'en vint lentement devant la statue de Dante incliner les bannières. Des gradins de Santa Croce, on voyait le manteau du poète et les ailes de l'aigle; — au bas, dans le rectangle, une arène vide autour du monument, et un peu de foule. Les pelotons entraient, par masses carrées, au pas court, entre des bornes de carabiniers. En files où dominait le rouge, les bannières pendaient, pincées aux hampes; parmi elles une plus grande, aux tons purs, se mit à onduler seule aux notes scandées de la *Marseil-*

laise. Le visage de celui qui l'élevait, rose d'ardeur, en semblait le reflet. — Un peu contraint par la cérémonie, le naturel italien prit ensuite sa revanche. Les étudiants s'élancèrent en chantant des hymnes. J'ai suivi aussi notre porte-drapeau à travers les rues florentines. — Place du Dôme, ce fut superbe : l'immensité monumentale s'appuyait sur un couchant d'ocre qui faisait obscure et vivante la foule des gens et des maisons. L'enthousiasme allait à l'extrême : des demoiselles, dangereusement penchées, lançaient par les fenêtres des touffes de papiers multicolores, — *sottoscrivete*; lisait-on, — un emprunt ; nous sommes à Florence ; la signora Grif baisait des banderoles ; le pas de la manifestation s'accélérait frénétiquement. Si bien que nous avons le corps rompu. Quelle vie! et que ce déplacement météorique sur les dalles de la cité, ressemble peu aux méditations promenées! Mais il y a une légère griserie à repuiser au fond de soi assez de jeunesse pour suivre les jeunes gens. La fraîcheur est dans leur sillage. Quand, à bout de souffle, on s'est dispersé, au début de la nuit, au pied du vieux palais mirant les lampes jaunes, quelle joie, quelles délices de joie, à sentir tant d'ombres animées dans ce décor d'une grandeur d'autrefois.

Cher ami, bonsoir ; mon fantasque voisin vient de partir manger son pain au clair de lune.

A Henri M....

Florence.   27 février.

Un mot rapide. Le congrès s'est heureusement terminé par une réunion « sans cérémonie » à l'Institut français. Conversations et tout petits discours. L'ensemble tranquille, et amusant. L'enfilade des salons, avec des portières gris-saumon, rose-mauve, amarantes, d'un charme intime ; l'éclairage idem. M. L.... parle l'italien avec une élégance qui s'achève en timidité ; *velociter currit sermo ejus* ; ce langage ne prend toute sa séduction que dans les voix françaises. Coupes en main, — le champagne un peu rêche, — on a fait autour de lui un double cercle ; nos Français très sérieux, émus : un voile de larmes sur quelques regards et les *onorevoli* — à foison — attentifs, un peu souriants. A cet entretien amoureux, la France expose son cœur avec une sorte de pudeur qui vient peut-être de ce qu'elle souffre de ne pas se sentir, à ses yeux, tout à fait digne d'être aimée autant qu'elle aime. L'Italie se laisse courtiser, et se regarde : elle se trouve belle.

Une après-midi printanière, une de ces heures de soleil où toutes les promeneuses portent des touffes de fleurs, la signora Grif, ennuyée, a fait le conte de sa vie dans le cadre de ma fenêtre : « N'êtes-vous pas mon ami » ? L'attrait des femmes italiennes est que leurs confidences sont des demi-mensonges. C'est Carnaval toute l'année ; les doigts les plus habiles ne saisissent jamais que le masque de l'amour. A la première ombre du soir les propos sont envolés. « Monsieur, au revoir. » Un soupçon de révérence.

La chambre reste ouverte sur le beau décor nocturne. On pense aux jardins des villas royales, à leurs jets d'eau...

> Scaramouche et Pulcinella
> Gesticulent noirs sur la lune.

Addio.

. . . .

D'autres jours, plus calmes, la signora descend un instant dans ma chambre : un peu émue parce qu'il fait soleil jusque sur les tapis, elle chante, d'une voix qui fut souple, des chansons napolitaines — canzonette — mélodie si chaude, lamentable et vive, pleine de peine et de gaieté d'amour.

A Henri M....

FLORENCE.   1er mars.

Ecce nunc tempus acceptabile.

Le concert après les discours : Rome, Florence, Milan. Promenade sonnante destinée à « populariser » l'Angleterre ; pour régir ses alliées il lui faut leur plaire. Cette mission diplomatique est déférée à la musique des « Royal Guards » au complet, escortée par convenance de quelques orchestrants panachés.

Hier, elle jouait, à Rome, au pied du monument Victor-Emmanuel, le *God save the King* : l'ampleur religieuse de l'hymne a soulevé l'âme romaine. L'enthousiasme fut tel, dit la presse italienne si expressive, qu'à son départ de Rome, la *Stazione era affollatissima* ; à bout de ressources, les dames de la Croix rouge comblèrent leurs hôtes d'eau minérale. Sachant cela, on n'est plus surpris de leurs frais visages, au débarqué, clairs comme les murs de Sainte-Marie nouvelle. Sanglés jaune, tout de suite applaudis, malgré l'état de curiosité silencieuse propre au peuple de Florence. Les drapeaux, rares, — aux façades des banques et des hôtels. Ici plus que partout la guerre est une affaire. D'ailleurs aurait-on beaucoup de peine à montrer que la domination séculaire de l'Autriche par l'intermédiaire d'une grande famille florentine fut particulièrement propice à la Toscane : elle y goûta la volupté de s'endormir. Quelque chose de la somnolence viennoise câline encore ses Lung ' Arno. Le clergé de Florence est le plus austrophile de toute l'Italie.

Eppure, de telles fêtes trahissent à quel point Florence est anglaise. Cette nuit des voix britanniques chantaient leur langage sur le calme de l'Arno. L'abondance des jonquilles et des mimosas parmi les fleurs répond à l'uniforme beige parmi les passants. Ce soir à Boboli, dans l'amphithéâtre, ce fut très beau ; les musiciens s'y firent conduire par groupes, en automobile découverte, en tenue d'apparat : les pantalons noirs rayés d'un passepoil lilas, la veste rouge aux brandebourgs d'or, aux garnitures de cuir blanc, et l'énorme bonnet qui fait de leur tête l'ombre des grenadiers napoléoniens. A leur passage les mains crépitaient, on les criblait de fleurs. Espacés en demi-disque autour de l'aiguille égyptienne — l'heure britannique de Thèbes — ils « sonnaient » flamboyants, entrevus à travers la ramure des chênes verts, campés un peu comme saint Georges, la taille marquée, la tête agrandie par l'incroyable bonnet dont le poids semble menacer toujours leur équilibre, — l'air petit, et raide, et bonhomme, de pioupious de bois peint plantés sur une pelouse. *Viva l'Inghilterra!* On imaginait un parc anglais, une pompe royale, la majesté enfantine des manœuvres. La variété de leurs moyens musicaux est égayante : cris d'ensemble, chant — mâle et naïf — cuivres (admirables les cuivres sur les aiguillettes), triangles, tambours, planchettes et clochettes. Une bacchanale méthodique. Ce peuple du Nord est bien coloré. Les merles de Boboli, piqués dans leur amour-propre florentin, se mirent en lutte avec leurs fifres et, ne pouvant les surpasser, ils les sifflaient ; c'est de la mauvaise foi. D'ailleurs ils furent les seuls. Sur les gradins la foule, émaillée de dames anglaises plus bleues que jamais, se levait pour accompagner la marche de départ d'une clameur de sympathie et de triomphe. A ce peuple, qui ne connaissait même pas Tiperary, l'Angleterre venait de révéler quelque chose de sa *beauté*. C'est ainsi qu'on prend l'Italie. Les jeunes filles jetaient leurs dernières fleurs. Il y avait une convenance entre ce doux chant guerrier et la tiédeur de l'arène, comme il y en a une, magistrale, entre les accords de leur hymne royal et la colonnade d'un temple romain.

Cher ami, un renseignement de la dernière importance. Prêt à visiter la Sicile, il faudra vous prémunir et savoir prononcer comme un véritable Italien le mot *Ceci* (pois chiches), sans quoi, dirait l'expéditeur Maurel, vous n'en sortirez pas vivant.

A vous, tout effrayé.

A Henri M...

FLORENCE.   2 mars.

Ne unquam offendas ad lapidem pedem tuum.

Pour me disculper du crime d'indifférence, j'ai accepté l'invitation d'un philosophe, qui aurait pu, lui aussi, naître poète. Aux fenêtres de son salon qui découvrent Florence toute blanche, on parla de ceux qui la hantent, M. M... leur reconnaît un don : l'intelligence, une curiosité universelle, — mais spectatrice —, une adaptation spontanée à tous les problèmes, et la faculté d'exposer brillamment ce qu'ils ont si vite assimilé. Mais leur esprit fournit rarement l'effort d'une élaboration : il est trop détaché. Cette impuissance, ces dispositions se trouvent caractériser aussi l'intelligence israélite.

Leur tradition n'est pas une nourriture pour le dedans de leur âme, mais un miroir où leur visage se réfléchit avantageusement. *Un objet* d'art unique, façonné voici cinq siècles, est devenu entre leurs mains l'instrument de leur parure ; seul un petit nombre s'inquiète aujourd'hui comment le miroir fut fait.

Deux barrages traversent l'Arno : l'un où il atteint Florence, l'autre où il la quitte. A l'intérieur les Florentins sont à la ressemblance du fleuve ; un bassin clos. L'eau s'y étend et ne s'écoule qu'en mystère, par-dessous — car leur inconscience ne demeure pas sans profondeur ; la surface papillote au soleil comme une pluie de grosses étoiles. Ah ! cher ami, jetons des pierres : c'est si triste de n'être pas tout à fait mort.

Une force sauve les Juifs : leur sensualité, saine dans sa violence, celle qui, bondissant du corps, ébranle et renouvelle par sa poussée le cercle des voluptés mentales. Pour sortir du plaisir fermé, le Florentin n'a pas cette ressource. On le croit austère parce qu'il est lucide et que son élégance sait voiler son désir ; son esprit, bien plus aiguisé que le tempérament n'est impérieux, contrôle sans cesse la nature, et l'égare. Son goût, trop achevé sans doute, le sollicite vers les rêves qui tentaient

Léonard. Les gens informés disent qu'ici le milieu passionnel est étrange. Cette suprême recherche de l'amour mettrait le sceau à la stérilité.

Voilà, cher ami, les idées de cette conversation que je souhaiterais confronter à votre propre sentiment...

Broutilles :

Au Cinquecento, vaste concert de voix, de cuivres et de cordes : la Symphonie légendaire de Godard. Lugubre et frais, impeccable, très beau. Atmosphère de nature stylisée et d'histoire maléfique : c'était Florence au cœur de ses collines. Et d'ailleurs dirigée par le maître Mugnone. N'aimez-vous pas que les musiciens aient des noms de rivières ?

J'ai conquis un manteau bleu-obscur chez le seigneur Tarim, turc de nom, juif de race, et florentin de résidence ; c'est beaucoup. Aux Français, il fait payer le plus royalement ses étoffes : la France lui semble riche, il la considère. Ajoutez, pour son mérite personnel, qu'il possède l'art, en vendant ses draps, de paraphraser Boccace.

A Henri C...

FLORENCE.   3 mars.

Quasi morientes, et ecce vivimus.

Vos nouvelles ne sont pas rassurantes. Venez en Italie vous guérir pour toujours : le vrai printemps va commencer.

Vous qui vivez d'images, pour que rien ne vous dépayse, vous retrouverez ici, sur le quai, sur le fleuve, au cintre des ponts, la tranquillité de la Seine, le ciel de lin d'Ile-de-France. Et seulement une tiédeur plus intime, une tiédeur du Sud, un air d'avril où passe le manteau bleu des officiers. Puis, quand vous serez prêt, soudain un jour de soleil, l'impression ocre et brune de la ville arquée par l'Arno qu'elle mire sur ses murs, le choc d'une cloche de bronze sous un ciel plus foncé, une subtile et forte odeur de feuillages, vous éveilleront dans un monde nouveau où l'on sent Rome antique et la Grèce.

Masquée du côté de la ville par un palais à créneaux, ma chambre s'ouvre seulement au passage du fleuve et au silence sonore d'un beau pont. Du lit, par un miroir, on voit rouler les équipages. De la fenêtre on voit glisser les barques, rares, encadrées un instant sur un fond de jour par l'arche qu'elles franchissent, leurs canoteurs vêtus d'un maillot blanc, leurs deux rames qui s'immobilisent ensemble au-dessus de l'eau après un temps de caresses plongées — semblables en tout à l'insecte posé qui laisse tendus ses élytres. Après midi, dès trois heures, les chauves-souris papillonnent dans la lumière de l'eau. Et le soir l'humidité s'empourpre. La nuit, sous la lune grise et le ciel nuageux, on perçoit le bruit des deux barrages : celui d'amont frémit comme une cascade, celui d'aval est sourd. Le fleuve, qu'on n'entend pas couler, pose un mystère. On songe à ses noyés passés et à venir, à l'oubli qu'il couvre, au suaire sans fin tissé par le fil de l'eau. L'oreille cueille de furtifs clapotis comme un coup de langue mouillée. Piero, dernier passant nocturne, éveille l'écho des belles arches qui ne parlent jamais le jour. Il dit *Addio.* — *Addio*, chante aussi la pierre.

Cher ami, voici un brin de muguet blanc, comme on en trouve en France dans les bois de Cézy, et dans la forêt de Saint-Germain.

A Henri C...

Settignano.   5 mars.

Ecce nubes lucida obumbravit eos.

Comme vous êtes avec moi ce matin! Depuis une semaine le temps capricieux ajournait cette promenade. Ici, comme partout, Mars a méchante humeur ; il vient de transformer le bel Arno en un simple *caffè-e-latte.*

Je suis quand même parti : les prophètes du campanile auguraient quelques heures de soleil ; les nuages et la lumière s'entrechassaient sans cesse ; l'air était frais, la campagne voilée ; le brouillard bleu sur les oliviers fait un ravissement. Si la terre et ses feuillages portent déjà la floraison toscane, le ciel changeant — un de ces ciels qui font aimer le manteau dont on se couvre, l'air qu'on aspire — était français de fin d'hiver, un jour de giboulée.

Settignano, un village plus champêtre que Fiesole, lié à la nature, et lié à l'esprit universel par une double délicatesse. Soudain, au bord d'une arène de cailloux gris, se détache la statue blanche de Desiderio, debout, appuyé contre un bloc, solitaire sur le fin brouillard, devant le bassin de Florence dont les mille rectangles de bosquets et de maisons éparpillent un grand jeu de dominos. On ne voit de lui que sa tunique et son mol *berreto* de velours sur une belle chevelure courte. Son œuvre semble naître derrière lui pendant qu'il envisage l'espace ; il est au centre de l'étroit plateau ; en face de lui le Dôme est au centre de la plaine. C'est une grande synthèse d'isoler une statue vis-à-vis d'une civilisation. Desiderio signifie seulement la part que son village a prise, voici presque cinq siècles, quand on créait Florence, à l'ensemble qu'il regarde achevé, et intact.

Sur le flanc du coteau, le souvenir de la cité s'écarte : on entre dans la pure campagne. Si, par endroit, dans la baie d'une vallée, l'image florentine se retrouve, c'est au loin et pour un instant la figure monumentale dont nous savons les traits, l'illusion de la ville d'autrefois, en ce qu'elle a d'essentiel et de passé ; elle traverse les âges, ridée par un sourire. La nature, pour la parer, lui prête un peu de sa propre vie ; par elle on voit la brune Florence, sur le fond bleu-forestier des collines à travers les branchages d'aubépines sans feuilles chargés d'une neige de fleurs. La campagne, en ses tons, en ses demi-voix surtout, semble, comme un Mécène, accueillir l'art et la pensée. On s'y sent disposé à éclore. Les premiers chardonnerets chantent avec les cascades ; la taille du sécateur dans les jardins de vigne entrecoupe les silences. Il y a des gazons, comme en France, des pâquerettes, des renoncules d'or, des ronces grimpantes. De jardin en jardin les vagues du vent de mars font ondoyer les têtes des oliviers : frisson gris vieil-argent, coloré çà et là par des pêchers mauves. Assis dans la fourche d'un arbre, on oublie ce qui n'est pas la simplicité et l'amour. On sent l'âme humaine à sa place parmi les choses créées. L'infini est sous la moindre trace de pensée. Connaître les plantes, les insectes, par leur nom, dans leur vie, serait une immense grâce du Maître divin.

En revenant vers l'église, je songeais que si le poète d'Annunzio mérite la sympathie française, ce doit être moins pour ses ardeurs fastueuses et son héroïsme clinquant, que pour avoir élu, et préféré quelques années, entre les villages de l'Italie, celui-ci, où la grandeur se fait aussi discrète que l'hospitalité.

Adieu, cher ami, la petite église est grise. Les jeunes filles y fleurissent les autels de touffes de mimosa piquées d'iris. J'y ai salué, à votre commodité, sainte Lucie de Settignano.

A Henri C...

Florence.   7 mars.

Colligite fragmenta, ne pereant.

Settignano est un village français de Toscane. Son église tient debout en quelques lignes avec une façade jaune pâle, du même ton que le sol. Le campanile, tout d'une pièce, penche un peu ; ses deux cloches aussi ; l'œil de sa flèche est le séjour des tourterelles. Au sommet s'effile une mince croix, semblable à celles que le *quattrocento* met aux mains de saint Jean-Baptiste.

Le village au-dessus de ses oliviers est comme une barque d'ombre sur une cendre de lumière. Aux côtés de l'éperon qui le porte en avant et en haut, le terrain se meut avec facilité. Autour de lui silence clair ; des jardins monte le bruit de la serpe sur les oliviers qu'on ébranche. Le calendrier des cathédrales enseignerait ici que Mars

est la récolte des olives. On abat les fruits à coup
de perche pour les chercher ensuite au travers de
l'herbe et les recueillir dans des paniers de paille
élégants comme des vases. Assis sur un mur
bas, il est facile de suivre le travail; le paysan se
prête avec simplicité à l'attention d'autrui. Mêlés
aux ramures que la taille a détachés, qu'on brûlera
plus tard, qui donneront aux champs leur poussière, à l'air le parfum de leur fumée, des enfants
les égrènent, et de temps en temps ils chantent
une villanelle, d'une voix claire et mouillée,
pleine de voyelles comme celle des cascades. *Sicut
novellæ olivarum filii tui Domine.* Derrière eux le
gazon disparaît en pente dans une perspective de
troncs rapprochés où s'entrevoient des tisses.
Point de hâte, la cueillette semble une forme du
loisir champêtre, On dirait que la nature, éprise
de l'homme, ne lui ménage d'autre tâche que
d'agréer ses présents par un geste heureux.

La paix règne entre les créatures ; les bêtes
sont sans arrogance — même les chiens ; ou sans
effroi, — même les poules, dont l'œil, partout
ailleurs, est vif d'inquiétude. Et les hommes sans
violence...

Au nord de Settignano s'élèvent des plantations
de cyprès arbustes. Les premiers papillons, couleur d'aiguille sèche, s'y envolent sous les pas. Le
coteau voisin moutonne sous un ciel bleu-pur une
toison de pins verts. Plus avant, au seuil de la
véritable forêt, un cirque solitaire peuplé de trois
demeures ; vestiges de plaisance comblés de
sapins noirs ; un hameau de fermes avec son cam-

panile perdu au loin comme un secret d'Orient;
et Vincigliata, la forteresse, dont les créneaux
ont l'air de guetter sans relâche quelque chose
d'invisible; les bois sont roux; le printemps de
cet après-midi ressemble à quelque ancien automne. Sous la tranquillité du site survit, comme
un fantôme, un passé inconnu; dans les chansons
de geste aussi on sent la crainte au cœur du
charme.

A Henri M...

Florence.   13 mars.

Lætatus sum in his quæ dicta sunt mihi.

A la Pergola s'ouvre une saison de musique italienne : de vieilles œuvres allègres de Donizetti
et de Verdi forment la corniche où festonnent, et
pendent, les motifs voluptueux du *maestro italia-
nissimo*, Puccini. De celui-ci on a commencé par
« monter » l'œuvre la plus récente : *la Fanciulla
del West* — (far). Sans doute, par régression, on
atteindra les classiques. De l'actualité à la source.

La grande première fut samedi soir, en l'honneur de l'Italie, et peut-être aussi de l'Amérique.
Le spectacle précise, dans la conscience populaire,
une image de l'alliée qui n'est pas moins inatten-

due que l'alliée le fut elle-même. A l'écart du nouveau monde, nous l'apercevons ici tel qu'il put
être, voici pour le moins un siècle. L'information
de la pièce remémore les romans de Fenimore
Cooper. C'est dire que les citoyens de l'Union y
figurent sous un sinistre jour, que le beau rôle
échoit aux Indiens — l'imagination florentine
risque de devenir, qui l'aurait cru ? le dernier
refuge des Peaux-Rouges. On avantage aussi les
chercheurs d'or, les aventuriers mexicains. Par
bonheur cela s'entend à peine, à cause de la
musique. Et ne fallait-il pas que ce fût le sang
espagnol, le « sang latin » qui mît l'incendie aux
veines du héros ? Que reste-t-il, en tout, d'américain selon les conventions internationales du
théâtre ? Le lieu du drame, — ce serait peu, — et
une ambiance de liberté passionnelle, où la générosité se mêle au crime, où les caractères se
heurtent avec une force de jeunesse sauvage.

L'agrément est de voir en scène, sur des fonds
brun-sourd, le va-et-vient des blouses rouges cein-
turées à la taille. On observe, jusque dans la figuration, une docilité spontanée à l'orchestre, un
goût de bien faire, de ne rien gâter, d'avoir l'attitude et le geste qu'il faut pour compléter le tableau
musical par une plastique sentimentale exacte. Le
groupement des lignes et des couleurs ; l'art de
l'isolement fresquiste, et sculptural, d'une figure
parmi les groupes ; l'art de délier ces ensembles
et de les enchaîner à d'autres au gré de la mélodie, tout ce mouvement si juste, dont chaque
pause esquisse une œuvre, révèle un peuple doué

pour dégager, à travers tous les moyens d'expression, et par leur concordance, la beauté, vraiment inépuisable en lui, de la forme humaine.

Les acteurs, on sent leur naturel tout proche sous leur jeu. C'est pour cela qu'on les aime. On sent très bien qu'ils jouent, mais c'est cela qui est agréable, car leur action n'est pas de feindre les sentiments, mais d'être appliqués à les bien traduire. Elle est une probité au lieu d'une tromperie. Chez nous les acteurs sont bien trop sûrs de leurs moyens, et moins sincères. Ils jouent le public plus volontiers que la pièce. Leur sûreté même procède d'une conscience artistique moins profonde dont elle marque les bornes. Ici, les sentiments des personnages qu'ils s'appliquent à être, puisent en eux de la fraîcheur. Sous prétexte de nous figurer des damnés de Californie, ils ne font que montrer leur propre et charmant naturel d'Italiens : une fierté accessible à la tendresse ; une vie du cœur si vraie, sans feinte, sans restriction, soulevée par des élans de force, et tempérée par l'instinct d'écarter la souffrance. Puis, sur tout cela, le gentil souci de servir la beauté.

Entre tous, l'un d'eux est notoire : il les représente. C'est Amedeo Bassi, le ténor — comme son nom ne l'indique pas. Il a ce don : une voix qui éveille l'impression de verdure éternelle. En Toscane, vous le savez, cher ami, les adjectifs sont aussi prodigués que les fleurs, et c'est ainsi qu'on loue. — L'intelligence luit sur le haut de son visage. Il vient au public, et, bien debout, tout clair, il lui donne, par-dessus l'orchestre, la

jeunesse de sa voix; le murmure de saisissement
qu'il fait naître dans l'assemblée lui inspire le
désintéressement de la ravir davantage; il ne
ménage plus sa renommée; la force déborde la
prudence sans que la voix cesse d'être pleine.
Devenu l'écho de ceux qui l'écoutent, il a besoin
d'eux pour achever son chant. On sent l'Italie
vivre. — La pièce finie, il s'approche, on est déjà
levé, prêt au départ; la Pergola semble un vaste
salon; lui vient au-devant des mains pour les faire
battre, — Florence, gâtée, est peu démonstrative, —
et il sourit, souhaitant qu'on lui témoigne le plaisir qu'il a donné.

Cher ami, puissions-nous retrouver plusieurs
fois dans notre vie ce sourire de chanteur heureux.

A Henri C...

FLORENCE.   14 mars.

Percussus sum.

Vous savez le plaisir des messes matinales
quand on part le long des quais tête à tête avec le
soleil levant. L'eau donne aux premiers bruits sa
fraîcheur, aux première rayons sa transparence.
Le soleil touche au front les maisons endormies.
Florence, vous le sentez, goûte les longs repos;

l'aube même y paraît tardive. Seule une cloche, de sa voix engourdie, — a-t-il fait bien froid ? — bat posément. Puis des clochettes, puis des oiseaux, de nature entreprenante, encore timides : le jour, la saison ne font que commencer. Déjà l'église est ouverte ; il n'y a qu'elle. A l'heure où l'on ne peut rendre visite aux Florentins ni à personne d'ailleurs, le Seigneur reçoit. Savoir accueillir le matin, quel merveilleux savoir! Sentir en même temps le soleil et la grâce réveiller la création!

J'aime Saint-Marc, grise d'aube et de fresques éteintes, — et San-Spirito, toute rose, même en Carême.

Mais j'aime aussi le coup de midi, sa violence ramassée et bondissante, révélant dans la tranquillité sans limite une force qu'on ne soupçonnait pas. Savez-vous que les dernières bombes font dans la conscience publique un choc admirable? Elles provoquent, au repoussé, un élan d'amour défenseur, un peu tragique, où le cœur des jeunes Italiens pour l'Italie découvre avec empressement sa noblesse. Non que ce soit à parler franc le sort de Naples qui soulève le fond des âmes : l'*onorevole sindaco* de *Firenze* vient de télégraphier au *sindaco* de *Napoli* qu'il prendrait des mesures vengeresses au prochain attentat. On dit de Naples que sa paresse adoucira son infortune, qu'elle n'a jamais frémi au pied du Vésuve, que les chansons, la danse et le macaroni lui composent une insoucieuse éternité. Ce n'est pas non plus le sort de Florence dès longtemps garantie. Une autre cité est chef de guerre. C'est là que l'ennemi doit avoir la tentation de porter sa menace, pour ébranler le sort, et consacrer sa barbarie. Pour cette ville surtout, en dépit des autres, la presse élève ses craintes et ses précautions, — pour sa beauté qu'il est impossible d'obscurcir : *non potest civitas abscondi supra montes posita.* Les nuits de printemps et d'été, on voit du ciel l'ombre du Colisée, et l'ombre du château Saint-Ange; on voit luire la coupole de Saint-Pierre et la cavale abondamment dorée de Victor-Emmanuel. Voici que les Romains font la tortue sous l'égide de leurs œuvres d'art.

Iusuccès : à Santa Maria del Carmine, la seule église de Florence qu'on ne voit de nulle part. Même l'intérieur, les fresques de Masaccio, échappe : rigueur militaire. Ce n'est rien. *Et invisibilium.* L'anneau de Gygès bague cette pieuse demeure. Le *frate torzone* m'a mis dehors avec satisfaction.

Vers le soir, au milieu de l'universelle flânerie, la coupole du Dôme, couleur de colchique, sombre, remplie par la chaleur de cinq siècles d'étés; auprès, d'étage en étage, le campanile montant du soir au jour, dégrade un ton d'eau verte comme un reflet des prés.

La nuit, quand vibrent de loin en loin les coupés des dernières soirées, parfois s'éveille seul sous ma fenêtre, le grêle tremblement d'une mandoline. Chansonnette... chanson, — le fleuve horizontal, le fond noir des maisons doublé sur l'eau, le ciel fourmillant d'étoiles, tout un rêve de printemps devenu si visible et si fort qu'il ne pouvait plus ne pas se dire. Un frisson de lune embaumé. Italie, jeunesse de la France ; elle vient à nous de plus en plus à mesure que nous savons l'aimer.

Addio.

A Henri M...

Florence.   *De Passione.*

Sæpe expugnaverunt me a juventute mea.
Etenim non potuerunt mihi.

Hier soir *Madame Butterfly* à la Pergola. Le rideau s'est tiré sur un décor au naturel de bambous, et de branches d'amandiers. Mais ce n'est pas sur la scène qu'on trouvait les vrais Japonais : ils étaient aux fauteuils. Les Italiens sont bien curieux quand ils jouent à l'Extrême-Orient. D'une part leur don d'imitation, le tour d'esprit qui les porte à se plaire et à exceller en l'art de singerie, communiquent un attrait d'exagération judicieuse à leur trottinement, à ce frétillement de lignes télégraphiques ensoleillées que leur satin fleuri propage, aux mille petits gestes aigus qui leur filent du coude à l'index, à cette mousse de sentiments épeurés, éphémères comme un battement de chasse-mouche — relevons, voulez-vous, au passage, l'éventail de Mademoiselle Mallarmé. — Mais aussi quand la phrase amoureuse monte de l'orchestre aux lèvres des chanteurs, alors, d'un trait la plastique italienne écarte cette minutie ; elle fait irruption et les corps, gainés par la robe brochée, bizarrement raidis par les ceintures, s'inclinent pour moduler, s'allongent pour faire jaillir la voix ; le teint s'empourpre ; les yeux foncent ; la chevelure est noire ; le rire naît radieux ; les bras se lèvent nus et meuvent en avant des pans de manches rectangulaires comme deux bannières de la Passion. C'est Tosca au lieu du Cio-Cio-San.

Le second acte, conçu tout entier, musique et décor, pour déployer une seule artiste — l'Italie terre des individualités — est soutenu ici par une femme harmonieuse en même temps à tous les sens, cœur compris, la soprano Balthazar Tedesche — en français.

Une particularité que les théâtres étrangers atténuent peut-être, qui, en tout cas, ne livre tout son sens que dans le pays d'origine, est que, fréquemment, la scène devient vide ; restent le paysage, la musique, un chant lointain ; en même temps qu'un achèvement c'est une sollicitation à l'auditoire ; — ou bien, au cours du drame, les protagonistes, après un essor, restent silencieux, sans geste, figures significatives spiritualisant le tableau. A ces temps, l'orchestre reprend en *mezzo-forte* le thème de la scène finie et la salle, invitée, soutient à demi-voix le silence des acteurs. Cela donne un frisson. Car de cette participation l'assistance n'est pas indigne. Le maître savait qu'en ces instants l'âme des personnages passerait dans le public, — et que celui-ci mieux que le nôtre est naturellement capable de bien chanter. Il l'appelle à l'œuvre.

Mais la sensibilité ambiante surprend. Les Italiens goûtent beaucoup de plaisir là où nous sommes encore réservés, pressentant quelque chose de plus essentiel. Quand ce que nous attendions se produit et nous étreint, ils paraissent en distraction. Ainsi le moment où, s'achevant les préparatifs pour fêter le retour de l'ingrat, à l'empressement de toilette succède l'attente nocturne de Butterfly, si fidèle sous la lueur des transparents, et comme baignée d'une tristesse qui s'approche à travers la nature endormie, ce moment d'une paix infiniment angoissante, — ils le trouvent long, rien ne bouge, ils s'impatientent. Plus tard, de la prodigieuse joie maternelle où naît la force du suicide ils ne sont pas frappés. Nous n'écoutons pas de la même manière. Eux reçoivent surtout les sons et nous surtout ce qu'ils évoquent. Tant que le sentiment court et se joue, l'accord est établi; mais quand il se fixe et s'approfondit, — quand la musique devient moins abondante, pleine de silence, et que vraiment le créateur est grand puisqu'il a su nous conduire à ce deuxième cercle où notre âme est devenue déjà si mélodieuse qu'elle a moins besoin de sons pour être touchée, alors paraît la double nature. Nous atteignons le seuil d'un monde nôtre, nous sommes au foyer de nous comme dans une cathédrale quand l'orgue vient de se taire. Mais eux s'écartent, et nous voilà seuls. Non, pas seuls. Près de moi, deux lieutenants anglais, la main le long de la joue, les yeux clairs, écoutaient de tout leur visage immobile.

A ma pension, coup de fortune. Le colonel Turano vient de nous arriver de Karlsruhe, après quelques difficultés. Aussitôt le palais Sambenelli s'est transformé, comme par un prestige : nappes éclatantes, carafes de verre gravé au chiffre de la signorina, service de style, — sans qu'on sache bien lequel, — du sel, des viandes et du pain. Le temps des vaches maigres n'est plus qu'un souvenir biblique, et superflu. La signora Grif est ravie.

Même voisinage, toujours : le fou est satisfaisant. *Dæmonium habes?* — Mais le garde-fou sème l'épouvante : il éternue de minuit à l'aurore. *This tedious old fool!*

Quand je sors le soir pour le théâtre, on dépose en mes mains la *chiave del portone*, qui ne le cède pas à celle de San Pietro et surpasse en opulence les prévisions des plus larges tailleurs de poches.

A Henri M...

FLORENCE.   Gabriel archange.
Ecce vir Gabriel cito volans tetigit me.

Les Alliés viennent de rouvrir à Boboli l'ère des jeux olympiques : sous un ciel bleu, déjà brûlant, blanchi aux crêtes de l'horizon par une dernière lueur de neige. Une fois de plus les Anglais font de Boboli l'amphithéâtre de leur triomphe. Le peuple est touché, la force l'intéresse. Présentés à l'assistance de soldats — toute la garnison — d'employés, d'ouvriers — d'ensemble communal, — par une cornemuse écossaise dont les fugues inattendues enchantèrent l'esprit public, ils ont vaincu tous leurs alliés en détail dans un championnat militaire de tir à la corde. Leur tir rythmique est une merveille digne de Sparte — tous, les talons en terre, ponctuels au signal du chef de manœuvre, tirant à eux d'un seul mouvement pour gagner, et s'immobilisant aussitôt pour maintenir. Ils ne cèdent une demi-brassée que pour reprendre trois pas. Leur jeu confirme l'Italie dans l'art de vaincre en reculant. Ils ont le prix : la médaille d'or du Roi.

Les Français trouvèrent leur succès très naturel : tant mieux. J'étais content de sentir que leur supériorité nous est supportable, presque chère. Nous savons la voir, et nous y plaire. Quel progrès nous avons fait ! Florence, depuis Shelley, reste la conquête la plus attachante de la Grande-Bretagne : on y apprend à aimer les Anglais.

N'y ont-ils pas colonisé la tradition d'un romantisme délicat, plus profondément charmeur que le nôtre ? Sur le coteau de Fiesole de jeunes Anglaises aux costumes pâles viennent passer le printemps. — L'équipe victorieuse était plus colorée.

Or, en cours de lutte, l'amour-propre italien commençait à se dépiter. Aux lauriers du jardin, les

bouches agacées mordant quelques feuilles, goû-
taient un peu d'amertume. Peuple gentil, qui se
sent une grandeur irréalisée, et qui, loin de le
reconnaître, devance l'avenir, veut croire sa puissance déjà faite, veut qu'on le croie avec lui.
Quand l'échec vient, il se le voile ; il est ingénieux
aux motifs. *Troppo disparità*, jugeait-on quand
l'équipe adverse était amenée à la corde par la poi-
gne anglaise. Et une voix particulariste : *I Fioren-
tini non assai numerosi*. Que vaudrait l'Italie
sans Florence ?

A l'*ultima gara*, le lieutenant anglais qui faisait donner le *Hop* aux hommes passa en bandou-
lière une écharpe tricolore. Exquise prudence.
Les gradins crépitèrent. Quelques instants plus
tard, quand la *marina reale*, après une belle opposition, fut amenée à son tour, par la « devise »
beige, ce fut donc une grande victoire italienne :
le public se félicita.

Excusez, cher ami, cette légère méchanceté :
je me florentinise.

Addio.

Chronique : le soir de la nouvelle lune, Ramolino s'est esquivé. Minuit sonnant, deux carabiniers perspicaces l'ont déniché dans un gratte-
ciel.

A Henri C...

FLORENCE.   Gabriel archange.

Et ministros suos flammam ignis.

Le matin, quand l'aurore s'éveille un peu bâillante sous la voûte des ponts, en quittant Florence par le Sud-Est, on voit se grouper sous le ciel Santa Croce, beige comme les sables de l'Arno et le Dôme, mauve comme les montagnes. Derrière un repli s'ouvre une modeste vallée où j'ai pu cheminer pendant les plus claires heures le long de l'Ema, plus brune que la Tille, transparente aussi sur ses cailloux. Sous les pas, le marbre affleure ; son teint rappelle la patine des vieilles statues. Le temps ramène les œuvres humaines à celles de la nature.

La rivière s'avance parfois à découvert, mais la plupart de son cours anguleux se déploie entre des rideaux d'acacias accrochés de pointes vives. Ainsi les jeunes Florentines... ou bien, haute sur ses berges, des touffes de tiges, sèches et crissantes, oscillant ensemble, s'évasent dans le ciel bleu. On comprend que les fables des Nymphes aient pour théâtre un décor de roseaux. Parfois ils trament une haie où les pinsons, perchés et bienveillants, font des saluts à perdre l'équilibre. Holà ! retenez votre courtoisie.

Les petites fleurs ont l'air de boire la vie dans leur calice ; elles se montrent nombreuses, mais assez discrètes pour que le vert de l'herbe ne soit pas altéré. A mi-carême, déjà les pâquerettes, —

les anémones, rouges au cœur noir, sœurs de nos coquelicots ; les pervenches ont le bleu poudré d'un regard de marquise ou d'un ciel matinal quand la buée s'y dissipe. Il faut ajouter les violettes. Et une profusion de singulières fleurs vertes, très végétales, répandant le parfum du sureau. Pas un n'a su me les nommer, car les gens du pays ne connaissent ni la nature ni la langue. Au bout du pied l'herbe frissonne en serpentin sur une fuite en éclair : beaucoup de lézards peuplent la Toscane, si vifs à s'inquiéter. Et des grenouilles, *rane*, cloc. Même une sauterelle volante, gigantesque, — la première de ma vie.

De jardin en jardin, aux abord des villages, des tourterelles battent à travers les papillons blancs ; dans les amandiers les fleurs et les abeilles sont balancées par l'air ; sur la ruine d'un mur au soleil, remue l'ombre d'enfants indolents. Au labour des couples de génisses font quelques pas entre les érables, tandis que le *contadino* appuyé sur les mancherons de bois enfonce un soc conique dans la terre sans résistance. Aux femmes est dévolu l'arrosage d'engrais par le moyen de tonneaux en ellipse que l'on promène à deux, une perche sur l'épaule. L'âne noir du charroi et les vaches s'empressent de pâturer dès qu'ils le peuvent : un tintement de clochettes sous leur cou trahit le jeu de leurs mâchoires. Sagesse bientôt imitée : l'homme vient goûter près de ses bêtes les dons de la nature, et laisse la terre travailler seule.

Je m'assieds aussi, pour le déjeuner, en tête à tête avec une jonquille. L'écho du coup de poudre

vient par-dessus les collines animer les clochers.
Rappelons-nous, cher ami, le campanile fluet de
Sainte-Marguerite — si fluet qu'on l'ignore —
parce que ce matin de Saint-Gabriel, à midi, sur
les collines ensoleillées de l'Ema, il a sonné, pour
la nature et pour l'esprit divin, les versets de
l'incarnation. *Et verbum caro factum est,* la parole
à travers le monde des images.

Le retour finit à Galuzzo dans les cloîtres où
l'inspiration élégante de Brunellesco a guidé
l'architecte, et dans la pharmacie des pères, voilée
de pénombre comme une sœur grise, fleurant les
aromates, — où l'on verse au voyageur pour lui
ôter la fatigue un *fiaschetto d'alkermès* dans un
verre d'eau glacée.

A Henri C...

Florence.   20 mars.

Ogni pena m'è dilletto.

Ce matin, je suis monté dire adieu à Fiesole.
Temps voilé, d'une bourdonnante tiédeur allégée
par la brise. Les tamaris et les rosiers remuaient
leurs fins rameaux pendants. Les pétales d'amandiers neigeaient lentement par-dessus les murs.

A San Domenico, adieu dans la chapelle, et dans

le petit cloître où l'herbe est constellée de chènevis en fleurs.

La file des cyprès de la *via Vecchia* met une solennité au bord de l'espace. Son rôle, qu'elle tient, semble de fixer par une terrasse étroite les glacis du coteau où de vieux remparts rasés s'exhument : chaque olivier a pour socle la souche d'une tourelle. Jusqu'au fort de l'été, l'ombre des grands arbres conserve au parterre d'herbe une verdeur merveilleuse où les romarins et les mimosas forment en ce moment d'exquis buissons soufre-azur. Du côté de la vallée, entre les troncs sombres, on voit moutonner au loin sur l'horizon bleuté les nuages et les collines. Au bas des yeux, à l'aise dans la plaine, la cité. Florence est belle à travers les cyprès. L'arbre et l'œuvre font un mariage immobile. Il faut la voir ainsi les derniers jours.

Sur la place Mino, la petite cathédrale était close et le sol sans tache sous un instant de soleil. Près des ormes, une femme rangeait en étalage de légers objets de paille : des cornets, des *fiaschi*, des paniers de jeunes filles, des éventails, des parasols ; elle m'en proposa, sans insister, avec la discrétion hospitalière des paysans d'ici. *Un altra volta,* dis-je, *quando tornero*. Elle a souri comme si je ne devais plus revenir.

A Henri M...

FLORENCE.   Saint-Benoît.

Super mel et favum.

La musique de la garnison de Florence vient d'exécuter à Sainte-Marie nouvelle sur les gradins du grand autel un concert religieux. Auditoire et concertants, au long de la nef verte et grise, toute l'armée musicienne était là. Entre le soleil sur la croix, et les rideaux violets de la Passion tendus contre les œuvres d'art, l'orchestre cuivré semblait un orgue d'or.

On commença par un caprice, mais pastoral, et de Frescobaldi : la gaieté des pâquerettes dans l'église ; le junévile pasteur du Latran dans sa tunique alexandrine, sa brebis sur les épaules, et ployant le genou.

On a donné de Perosi les trois préludes de la Passion selon saint Marc. C'est une Passion trop littéralement humaine ; il y manque cette sorte de sereine nécessité qui donne le frisson de la volonté divine. On n'y sent pas assez régner la sagesse et le destin. Elle est d'un temps où les hommes ne cherchent en Dieu que l'écho agrandi de leur trouble sentimental et n'atteignent aux dogmes que par les déceptions individuelles. C'est peu d'aller au catholicisme seulement pour la raison que le Christ paraît avoir souffert. La musique religieuse devrait éviter de faire de la foi une sympathie instinctive pour l'homme dieu.

Dans la Cène, les qualités de Perosi sont l'ingéniosité expressive et la figuration plastique du drame. La protestation du *Numquid ego, Domine?* va mourir au bout du cénacle dans une angoisse d'amour. Mais le don eucharistique est lent, presque sans courage ; il manque de lyrisme ; il manque du lyrisme de la certitude et de l'accomplissement. L'agonie des Oliviers, si belle dans le récit de saint Marc, — des silences entre les versets, — débute par une mélodie de la nuit suggérant la nature orientale. La frayeur divine, plus intense dans l'Évangile à mesure que la lutte intérieure s'accroît — jusqu'au grand repos qui suit l'acceptation, — ne fait ici qu'élargir le paysage musical. L'originalité de cet art consisterait en ceci : accuser un caractère dramatique dans les circonstances où le cœur prend l'essor ; et un caractère lyrique dans les moments de conflit. C'est un peu l'art du contre-temps.

Dans la messe du pape Marcel, dès les premières notes du *Kyrie*, Palestrina donne la rectitude héritée du chant grégorien, qu'il rajeunit et qu'il accentue à l'inspiration personnelle. Il est une âme douée vivant sa foi, une voix d'amour dans une harmonie séculaire, son œuvre a le timbre d'un orchestre ancien, lui seul est grand. Dix siècles d'une tradition élaborée lui font un art radieux jusque dans l'imploration. Il s'exprime, et surtout il s'oublie ; c'est la force, la lumière, l'ascendante et souveraine lumière, l'*Hosanna in excelsis*. La puissance du maître semble en lui décuplée par la joie des vielles orgues. Quel trésor garde sa musique, quelle fortune sans fond, cachée

dans le silence devient visible au regard intérieur!
Un long mérite universel a produit ses cantiques.
Sous les doigts les plus désenchantés, il fait
encore résonner le bonheur et semble vouloir
pour eux en rouvrir toute grande la source.
*Gloria laudis in ore omnium. Et in laudem Christi
voces tonant per nubila.*

Adieu, cher ami, il est juste de quitter Florence
et son art sur cette impression.

A Henri M....

FLORENCE. *In Palmis.*

Oggi ho visto.
Che quando l'amore è nell' occhio.
Tutto il mondo appare bello
(Giosué Borsi : *Colloqui scritti al fronte.*)

Je n'espérais plus vous écrire de Florence. Mais
une grâce vient de m'y visiter : un sourire d'adieu.
Si je vous la confie, c'est avec le souci que vous y
preniez part, c'est pour que, dans notre union
spirituelle, aucun présent trop jalousement caché,
ne nous écarte l'un de l'autre aux beaux moments
de notre vie intérieure. Je vous conterai donc ceci,
cher ami, simplement, sans vanité, et dans l'abri
de notre affection.

La librairie de Turin qui a édité les *Colloqui* de Borsi en prépare actuellement une traduction française qui comprendra, non seulement les deux premiers cahiers déjà parus en Italie, mais aussi le troisième cahier, celui des *Colloqui scritti al fronte*, inédit, même en italien, pour quelques semaines encore. Le prédicateur français de Saint-Marc m'en a communiqué le texte, et les épreuves traduites, afin que je revoie celles-ci. Cette traduction, dont il ignore l'auteur, est assez bonne pour mériter d'être serrée ; on y relève des impropriétés, des omissions parfois intentionnelles de phrases entières touchant des sentiments que les Français dénaturent ; l'empâtement du style est le défaut formel corrélatif chez ce traducteur timoré : une pâleur voile toutes les images ; une gaucherie, une fausse prudence, ralentissent les élans de foi intrépides, tout débordants de jeunesse, — et ces autres élans qui font monter vers le dieu intime des murmures d'amour.

Ce qui frappe dans ce dernier cahier, c'est que le caractère visionnaire et prophétique de Borsi s'accentue, et, ensemble, peut-être du fait de la guerre, et par l'imminence de sa mort, un pessimisme ardent, presque fiévreux, quant à la vie terrestre, — une volonté de souffrir le plus possible, et de mourir bientôt. Par nature la jeunesse italienne, prompte à la vie, répugne au sacrifice ; elle s'y cabre... Lorsqu'elle l'a consenti, il semble qu'elle ait besoin de s'affirmer avec violence une vie humaine si foncièrement mauvaise que le meilleur destin soit d'en sortir au plus vite. Il y a du désespoir dans son immolation : la nature païenne est vivace. — Aux Français le sacrifice quotidien devient parfois si doux que même la vie terrestre, par lui, peut être heureuse.

La préface et les annotations du chanoine Magri répandent un zèle engageant. Soucieux de sauvegarder à la fois l'intégrité dogmatique et l'admiration que lui inspire Borsi jusque dans ses beaux excès, le chanoine exerce de page en page sa diserte et prudente bonté. Ce qui est admirable, c'est qu'on n'ait pas redouté de publier tout entière la pensée de Borsi : tout le monde comprend que ses outrances ne sont qu'un surcroît de jeunesse; on l'en aime davantage, et l'on se prend à estimer davantage aussi un catholicisme qui ne craint pas de mettre au jour ses meilleurs enfants et ne relève leurs exagérations généreuses que pour préciser la juste doctrine. Il y a là une double probité pleine de courage.

Mme Borsi m'attendait hier après-midi. Toute blanche avec des yeux très noirs : elle parle beaucoup, — cela fait un peu souffrir. Il ne reste qu'à l'écouter, au milieu de ses petits salons remplis de petits meubles. Ce qui frappe, c'est de l'entendre dire *Giosué* avec l'accent ardent et fin sur la dernière syllabe. Elle m'a ouvert les cahiers, ceux de Florence, — celui du front d'une couverture bleu-sombre, tachée de gris, c'est un peu de terre et de pluie. L'écriture menue est d'une régularité que n'interrompt aucune rature. Chaque colloque est une inspiration. — Dès la première visite, elle fait connaître la chambre de son fils : cela est angoissant d'abord, ensuite non. Sous le grand portrait une tenture, d'un bleu vif et limpide — tel qu'on ne le retrouve que dans les draperies de Poussin — suspend en panoplie les armes et l'uniforme où luit une seule médaille. Près du lit brûlent de petits luminaires... On entr'ouvre l'exemplaire ancien de la *Divine Comédie* dont les feuillets, autrefois brunis par le temps, le sont aujourd'hui par le sang de son cœur.

Voilà ma joie, c'est d'avoir touché un sanctuaire de la jeunesse florentine. Cette dernière nuit à Florence m'est grave, je n'y suis plus un étranger ; le séjour finit par un accueil. Comme le cadre de ma fenêtre est vaste ! Si je pouvais vous dire le bonheur qu'il y a devant une nuit si belle, où le fleuve semble aussi large que le ciel tout bleu de lune et de printemps, où les deux campaniles veillent sur le sommeil des maisons bien droites, le bonheur de sentir que mon passage ici vient de recevoir aussi son harmonie, qu'une signification s'en éveille dans le paysage nocturne. L'impressionnante immobilité de Florence masque des cœurs, je crois, dont le frémissement ressemble à celui des étoiles.

Adieu, cher ami, grâce à Dieu. La France est en pleine bataille. *Fiducia in Francia! Cum oraret Job amicis suis, addidit Dominus omnia quæcumque fuerant illi, duplicia.*

A Henri C...

SIENNE.   Jeudi-Saint.

Ita et vos faciatis.

Un petit mot ce soir dans l'illumination de ma chambre au soleil couchant. Oh! le charmant éclat, si pur, sur le marbre de la toilette et les meubles roses : un jardin de pêchers fleuris. Le repos des prés et des champs bruns du fort Sainte-Barbe porte les premiers appels d'oiseaux. Et il y a ce silence champêtre, immobile comme l'adieu du soleil, un silence qui rend l'oreille heureuse, le cœur paisible, le sommeil des nuits profond.

La belle journée! Ce matin à l'église féodale de Saint-Dominique, le *Gloria in excelsis* à l'orgue, dans l'ample nef vide d'hommes, mais pleine du soleil levant. Et parce que les hommes en sont absents, elle semble encore plus grande ; puisque le Seigneur continue de s'y donner elle reste joyeuse.

Sienne, délaissée du monde, garde le secret du bonheur. Dans les étages presque inaccessibles de son palais communal, elle hospitalise en fragments l'œuvre parée des vertus chrétiennes qui pendant cinq siècles entoura la source verte du Campo. C'est la *Fonte Gaia de Jacopo della Quercia*, la fontaine joyeuse. Joyeuse même aujourd'hui que le Maître divin va mourir, car il a donné le calice, et il ressuscitera dans trois jours.

On a psalmodié les « Ténèbres » *in extenso* à la cathédrale. Jamais le crépuscule ne m'avait paru

si long! L'assistance, mouvante, s'ennuie, et ne
s'en va pas : elle change de place, noire et blanche, comme les assises du marbre de l'édifice.
Ombrée par les grands piliers, la Cantoria baigne
du front dans la lueur des cierges. Surprise de la
trouver peuplée. Elle retrouve son âme, la vieille
œuvre des Pisani, quand un groupe humain couronne son élégance : elle remplit son rôle, on la
comprend mieux. La foule confuse de la vie du
Christ s'y voit dominée par les têtes des petits
chanteurs. Par malheur la *Schola cantorum del
Duomo di Siena* est d'une sonorité plus riche en
son appellation que dans la voix de ses choristes ;
et le registre élevé du petit harmonium s'entête à
faux contre les *soprani*. *Matutino delle tenebre.*
Matutino à l'heure où les enfants goûtent! Pour
ne rien perdre, ils font alterner les notes avec les
bouchées. Oh! que c'est fatigant de battre la
mesure!

Le bon Dieu tira sa revanche : à six heures, le
soleil d'avril fusant sur les piliers à travers les
rosaces fit l'église presque radieuse après l'extinction de la dernière bougie au candélabre de Jéru-
salem. Mais si la Providence elle-même contrarie
les effets de la liturgie...

Ce qui fut sage en cette journée c'est l'afflux
des sœurs de Saint-Vincent-de-Paul, des pension-
nats, des femmes et des filles du peuple, aux
reposoirs des chapelles mêlant les cierges et les
fleurs avec la sûreté d'un goût sans défaut. Beau
spectacle : les aïeules siennoises, robustes et brunes
comme des poteries étrusques, le visage cerné

du foulard de fil rouge historié d'or, les épaules vêtues d'un châle, agenouiller entre les dracénas et les bambous, près des balustrades, la troupe des enfants, et se pencher sur eux, pour leur tracer au front la croix d'un main quasi romaine.

Voudrez-vous dire à notre ami qui trouva la pension de Florence fort mauvaise, qu'ici les repas sont meilleurs; on y découvre un légume : la *dragoncella*, que la langue française appelle serpentaire; le *pecorino*, quoique fromage, a la saveur de la pâte de roses; le vin de table est blond, ou noir, comme le duvet des Siennois; mais il est loin d'avoir leur douceur. Le milieu est aussi vénitien que possible. A Florence le Frioul : à Sienne le Veneto — géographie du *refugium*. Notre salle à manger foisonne en cheveux d'or et l'on y peut admirer chaque jour une des plus notables beautés de Trévise.

Adieu.

A Henri R...

Sienne.   Jeudi-Saint.

Et cogitabat qualis esset ista salutatio.

Sienne, qui paraît de brique au soleil, couleur de framboise, devient sous la pluie une cité de

pierre tigrée. La sonorité des rues luisantes, dont
quelques ombres longent la pente, cristallise le
claquement de l'eau et prolonge la rumeur du
tonnerre. Rien n'est beau comme la brique rose
sous un ciel d'orage. Sur les antiques voitures à
capote qui dandinent leur cocher s'éploient des
parapluies légendaires d'un bleu d'encre fleurant
la foudre. *Senta, senta il cannone*, disent les
indigènes en repli sous un crépitement de grê-
lons. Mais il n'y a pas de victimes : c'est le bon
Dieu qui fait la guerre.

Soudain, à l'angle d'une place, sur une colonne
baguée d'une ferrure apocalyptique — *il bracciale*
— pointent la proue d'un socle et le museau flai-
reur d'un fauve. Siena, fille du fils de Remus, porte la
louve sur ses armes. Et dans son cœur. La voici,
sœur des bêtes gothiques, œuvre d'un rude
animalier. Les pluies du temps passé lui ont fait
un pelage noir qui se lustre sous la pluie nouvelle.
Les pattes écartées, elle allonge l'échine au bas du
ciel, tend les oreilles; un *bambino* se gonfle à ses
mamelles; sous son cou un autre enfant est réfu-
gié. La bête nourricière guette. Voici Rome
idéale : une mère combattive, amaigrie par l'âpre
nature, féroce pour sauver l'avenir.

Après l'orage on voit se détacher sur le palais
communal, dans un éclat lavé, l'écu blanc et noir
du peuple siennois; autour des créneaux du beffroi
un vol de corbeaux crie sous des nuages couleur
de neige. L'œil de la tour et l'œil du palais gardent une fixité cyclopéenne. Sienne redevient
ville-forte quand la nature attaque.

Le soleil paraît le lendemain. Je descends après midi l'escarpement d'une des trois collines. Dans chaque rue des artisans et des chapelles. Les métiers d'ici ont la naïve lenteur, l'air accueillant dont ceux d'autrefois nous ont laissé l'image aux vitraux des corporations. Ouverts sur le passage par des baies vitrées, sans renfermement ni ténèbres, ils occupent des hommes contents de leur sort qui savent besogner sans fièvre et ne font pas mine d'imputer à chacun comme un grief l'inévitable loi du travail. Quand ils lèvent vers le passant leur visage sérieux prêt à sourire, on sent survivre en eux la vieille poésie des métiers. Dans l'air, au-dessus de leur tête et de leur boutique, passent des battements de cloche. Plus d'une échoppe en ville où l'on croit voir à l'œuvre le compagnon saint Crépin et l'apprenti saint Crépinien !

La plupart façonnent le bois ou cardent la laine ; sur les dalles d'un *vicolo* des toisons étendues sèchent près d'une usine qui ne trouble pas l'air champêtre, ne tache pas le paysage. Des peaux sanguinolentes brillent au soleil sous l'avancée des toits ; le cuir neuf-coupé, gardant encore la forme de la bête, balance et brunit ; l'air sent la fumée de bois sec et la tonique odeur du tan. Au bas des gradins, deux petites filles en tablier noir barré d'une raie lilas, sœurs par leur chevelure, et belles comme des pages, gracieusement assises vis-à-vis, jouent aux osselets sur le mur d'un abreuvoir. L'eau repose à leur reflet, encavée par des arcs brisés, — et s'échappe en frissonnant par

un couloir. C'est une source dominicaine. Ces tan-
neries au bord de l'eau, ce flanc de coteau où
l'argile affleure sous la verdure et l'église fortifiée
qui s'affirme en le couronnant rappellent un site
de Bourgogne : Semur-en-Auxois debout sur l'Ar-
mançon.

Quand l'après-midi décline, au poudroiement de
la brique les vitres du chevet prennent la couleur
irradiée des ailes d'insectes. Alors il fait bon
retourner au Campo, pour y flâner comme un
Napolitain, en mangeant au soleil des châtaignes
brûlantes vendues par des femmes sales.

A Henri C...

SIENNE.   Vendredi-Saint.
Sis Ducio vita.

Je voudrais vous parler de l'œuvre du Dôme,
deux salles modestes où l'on est le seul visiteur,
mais le cœur du Moyen-Age s'ouvre dans cette
solitude, comme dans un coin de France oublié
par le temps.

La mélancolie du Vendredi-Saint repose dans les
salles demi-sombres. J'entends au dehors goutter
la pluie. Par les fenêtres à meneaux, grillées
d'étroits vitrages, c'est l'échelonnement des tuiles

décolorées et la tour du guet. Sur le mur la grande Madone au fond d'or, et surtout son revers, la Passion du Christ en vingt-six tableaux.

L'originalité, pour ceux-ci, est dans la notation si juste et discrète des sentiments humains. L'homme n'intervient encore qu'à son humble rang historique et moral, mais quand il paraît son âme est sans effort accordée au drame surnaturel. Or, l'artiste, limité par sa technique primitive, est contraint de se répéter, dans les regards surtout qui procèdent encore de l'aiguë fixité byzantine. Il sait seulement contracter de la douleur au bas des visages. Aussi c'est presque uniquement par le groupe et par le drapé qu'il dit l'essentiel. La foule hostile et curieuse des hommes d'armes et des Anciens d'Israël autour du Christ muet suggère par sa double masse et l'isolement central de la victime, le sens de cette tragédie sacrée dont la conscience est justement en celui qui paraît le moins y prendre part. Au baiser de Judas, la montagne à glacis semble fuir avec la troupe apostolique. Déjà dans l'*Œdipe* de Sophocle la nature entière se flétrit pour réprouver le crime d'un homme. Par le contraste des deux groupes terrestres d'assistants, la Crucifixion est un prodige. Les bons, transpercés de douleur, ont la force, et les méchants, acharnés, le désarroi. Cela est dit par la différente forme amoncelée des deux foules.

Expressif par la multitude. Duccio reste maître en réduisant le nombre de ces personnages : ainsi pour la descente de croix, que les yeux sen-

tent tout de suite en raison de l'importance laissée
au fond lisse. C'est sans doute une des plus fortes
illusions de la pitié qui soit peinte au monde.
Toutes ces âmes ont si longuement souffert de
ne pouvoir alléger les peines du Christ qu'elles
avaient l'endurance de contempler une à une, qu'au
moment où le corps divin leur est rendu, elles
l'aspirent, l'embrassent, le caressent, comme si
leurs larmes, leur souffle, leur amour allaient le
ranimer. Prémices de la résurrection. Au moins
veulent-elles consoler ce corps de ses tortures,
les lui faire oublier, en effacer les traces, le guérir. — Or le Christ s'est tiré seul de la mort : et,
glorieux, son corps a gardé les stigmates pour
témoignage. — La figuration se restreint encore
lorsqu'on arrive au grand mystère. Voici la Résurrection sans le Christ, d'une si haute solennité :
la certitude de l'Ange annonciateur, et l'effroi des
saintes femmes dessinant à peine un retrait. Au
centre le cénotaphe, le vide selon le monde
visible, l'envers de la toute-puissance surnaturelle. L'œuvre prend fin dans une lumière d'aurore
où trois pèlerins qui se regardent montent ensemble vers Emmaüs que le plus jeune désigne au
dernier rencontré. Ainsi l'élément social a été
peu à peu éliminé; la vie du Christ s'achève dans
le mystère singulier des âmes.

Contre les parois de la salle de sculptures, une
série d'apôtres et de prophètes, les mains au balcon de leur baie gâblée comme des prédicateurs
en chaire, s'inclinent et déroulent leur enseignement. Le visage en biseau, et le crâne en amande,

la bouche ouverte par un trépan pour l'éloquence de la prophétie, ils courbent leur cou à tendons gras et montrent les joues renflées de l'hagiographie pisane. Une main gantée par le manteau qui déborde la moulure, une chape agrafée tirant sur la tunique dont l'étoffe blouse un peu, les cheveux et la barbe en bouclettes rapprochent ces apôtres de ceux d'Amiens à la Porte Dorée et des longues figures de la cathédrale de Strasbourg. Les anges décapités évoquent ceux de Reims. Entre eux, incliné dans sa longue tunique, l'archange saint Michel pose ses mules pointues sur le dos d'un dragon qui ressemble à un cygne.

Pour finir, un de ces bœufs siennois, géorgique, à mi-corps, merveilleux morceau de nature, les fanons épais et consistants, l'œil en méditation, le front docile; il lève les sourcils — pour comprendre, il respire la sainteté. Que les bœufs de Laon défendent leur cathédrale! Puis, à mi-corps en symétrie, un jeune cheval si plein de force qu'il reste prêt à bondir en fléchissant pour adorer. Cher ami, soyez, s'il tient à vous, le coursier du Seigneur!

Au revoir.

A Henri C...

SIENNE.   *Post Pascha.*

Nonne cor nostrum ardens?

J'ai souvent pensé à vous cette semaine, et hier avec un peu de crainte. Il y avait à Notre-Dame de Sienne une messe pontificale, magnifique; au chœur, vêtu de fresques et peuplé de chapes d'or, l'archevêque officiait; comme un essaim de papillons près d'une double haie, les mitres blanches se posaient ensemble près des colonnes. Au moment de l'élévation, une lueur de soleil à travers cette luxueuse pénombre est descendue toucher l'autel, les degrés d'officiants agenouillés, les surplis, — et pâlir la flamme des gros cierges. La *Schola* et le petit orgue modulaient sans discontinuer. Oh! un peu de silence, — *per caritã.* Leurs vifs *Alleluia* — délicieux triomphe des voyelles — et le *Gloria in excelsis* d'une vélocité tout italienne — *prestissimo* — dégageaient, par le relief de la mélodie, et par son extension graduée au registre des différentes voix, le mérite individuel des solistes. Le défaut de cet esprit musical est de servir avec un peu de complaisance, au dommage de Dieu, les petites gloires profanes. Aux passages où le chœur des voix mâles et celui des voix enfantines s'élèvent et donnent ensemble, soutenus par l'orgue — particulièrement aux « finales » — on sent un peu de discipline, qualité rare, une modeste application, et la probité artistique du maître de chapelle. Ce sont les vrais moments de chant religieux. La *Schola* n'en est pas incapable. La voici au seuil du véritable grégorien qu'elle ignore, qu'elle connaîtra peut-être un jour : les admirables antiphonaires du xve siècle qui s'ouvrent sous des vitrines à la Librairie du Dôme semblent, encore pour tous, rester feuilles mortes. Personne pour en tourner les pages, et, la page éployée, y a-t-il quelqu'un pour apprendre la vie qui s'y inscrit? *In dedicatione templi decantabat populus laudem. Et in ore eorum dulcis resonabat sonus.* Le bel accord grégorien monte ou s'approfondit selon l'élan de la louange ou la majesté de la prière. En marge l'enluminure des rinceaux et le sens des miniatures répondent aux notes noires que les moines chantaient. Si le parchemin est riche, c'est que les œuvres de l'esprit sont précieuses.

Après la Messe, l'archevêque a prononcé, au bord des marches, la justification des pompes cultuelles. Autour de lui, les ressources de l'art faisaient cortège à sa parole. Il a dit que les arts, païens à leur naissance, se sont légitimés au service divin sous l'autorité régulatrice de l'Église. Idée connue, qui nous rapproche de la papauté fastueuse des Medici. Faire concourir les richesses terrestres à signifier le prix infini de l'être, c'est le sens de la hiérarchie dans le monde des valeurs. Mais ce qui compte surtout dans une œuvre, c'est l'âme de l'artiste, son labeur, — son talent. Et dans l'appareil du culte, ce qui compte, c'est la liturgie.

Puis l'archevêque passait de la métropole de

marbre au diocèse spirituel. Et peu à peu, l'apologie se changeait en admonition. La perspicacité épiscopale dévoilait l'indifférence des cœurs abritée sous la pratique sacramentelle ; elle visait les descendants des familles siennoises qui, amenuisant les traditions en bienséances, font du devoir catholique un simple décor à leur vie sociale. Or ce mal est le revers des grandes figurations romanisantes. Que font-elles, sinon extérioriser la primauté du sacerdoce et conférer publiquement au prêtre un rang distingué? Ministres et fidèles risquent en ces fêtes d'échanger une estime mondaine d'où le Christ, peu à peu, se retire. Trop souvent l'Italien par l'œil et par l'oreille se montre plus sensible que par le cœur.

C'est après l'office que les journaux de Florence ont publié le coup porté contre *una delle più antiche e più artistiche chiese di Parigi* — ajoutant : *Sono rimaste distrutte le magnifiche vetrate di inestimabile valore.* Est-ce vrai ? Puisque l'Allemagne montre sa haine des cathédrales gothiques, on pense tout de suite à Notre-Dame, à sa nef raisonnable et mystérieuse, à ses deux roses, à la rose violette du Nord au ton de deuil si clair. Si cela n'existait plus... Je craignais, bien seul, au soleil couchant, sur la Lizza, à la cadence d'une valse siennoise qui s'envolait sous les cèdres. Le soir, pour fêter le dîner de Pâques, l'hôtesse avait répandu sur les nappes des fleurs de cinéraire, velours de semaine sainte. En entrant dans la salle ainsi parée, il semblait qu'on eût sous les yeux les cendres d'un vitrail brisé.

Mon voisin de table, un missionnaire catholique anglais qui a vécu sa maturité en Afrique australe, entreprit, dans sa barbe brune, l'éloge de la joie sacrée. Et ce matin, pour l'honorer, il me fallut comprendre à ses propos que les Anglais viennent de sauver la cathédrale d'Amiens. A son départ vers Florence, il m'a dit, en adieu : *Our lives have crossed as two ships.* Nos vies se sont croisées comme deux navires. Un mot qui va loin.

A Henri C...

Sienne.   *Sabbato in Albis.*

Vidit suam dulcem natam.

Jusque dans ses rues resserrées Sienne fait partie de la nature, par le soleil, l'air, le silence. Par les arbres aussi; sur les terre-pleins où s'isolent les églises — bâties pour une cité cinq fois plus peuplée — la brique moussue bigarre et chine les premières feuilles; par-dessus les murs des jardins, les néfliers du Japon laissent déborder leur tête alourdie de touffes; sur les promenades les yeuses, vernies de poussière, évoquent déjà l'été.

Je quitte la ville par des doubles portes, aujourd'hui douanières, boucles d'une ceinture intacte où se lisent des blasons de marbre que la brique a rouillée. Dehors, en se retournant — il n'y a pas à craindre la colère divine — on voit, dans la perspective des arcs, monter la rue faubourienne tachée de linge et d'enfants entre ses murs chauds. L'ombre portée des monuments lave des épures d'architecte. La poudre d'argile diffuse généralise la couleur qu'elle rend palpable dans l'air sur une vive tonalité fondamentale. Ces rues déjà brûlantes, où l'ennui des faubourgs devient une moelleuse somnolence, où l'on sent peu à peu un engourdissement de soleil vous pénétrer le corps, les artères, vous faire partager l'immobilité des maisons, où l'esprit sans pensée est content de sa défaite, — ces rues où le bien-être est si bon, semblent comme les couloirs d'une sensualité endormie, trop tranquille pour être troublante, qu'on peut respirer sans vertige, qui fait de Sienne une sœur chaste de Naples.

Tout de suite, au pied des remparts, un plaisir pour les yeux, un plaisir que ne donne guère le val d'Arno ; le décor gris de perle des oliviers sur le bandeau de briques pâli par un long passé de soleil. La route vagabonde entre d'autres murs, couleur des chèvres... les voici : en quelques bonds le troupeau secoue ses laines, guidé par un *pecoraio* mince et hâlé qui répand dans une bouffée l'odeur de ses bêtes — frère tardif de ceux d'autrefois qui faisaient siffler les roseaux.

Avant de passer la première colline, je tourne encore la tête pour voir Siena régir le paysage :

ocres ou blanches, ses maisons répondent à la glaise des champs, à la neige des amandiers et des nuages. Ville vierge de nos chevaliers du Temple en terre sainte. Le temps bleu couvre ses campaniles du manteau de Marie. Autour d'elle le ciel descend, et la terre monte.

Puis c'est la nature.

Décevante d'abord, parce que s'y approfondit ce que j'éprouvais d'avance le long des *coste* et des *vicoli* : l'assoupissement de l'intelligence. Loin que la cité, comme à Florence, ait réagi sur la nature, ici la toute-puissance du sommeil terrestre a paralysé l'œuvre humaine pour ne laisser en signe de vie qu'une paresse dispose, et le cadre vraiment magistral d'un passé au cours duquel le climat fut peut-être moins séducteur, ou les hommes moins accessibles. On ne comprend le prix de la campagne spiritualisée autour de Florence qu'après l'avoir quittée, lorsque, instinctivement, c'est elle qu'on cherche autour des autres villes sans pouvoir la retrouver.

Un autre élément florentin de beauté, intellectuel encore, est la composition des panoramas. La vallée courbe de l'Arno détermine l'arc double des collines. Le regard y sait comment traverser l'espace et répartir les hauteurs. Ici, par contre, l'indécision des eaux paraît sans bornes. Au moindre orage tous les sentiers ruissellent, les champs se gonflent, les prés s'imbibent, la terre de Sienne brunit les torrents. De chaque coteau, on en découvre une infinité d'autres qui ondulent confusément vers l'horizon où se voilent les chaînes plus élevées du Chianti et du Casentino. L'Amiata seule se détache, reine de ces collines courtoises, parée d'un *berreto* de neige. — Les vins du Chianti sont splendides, amers à la première saveur; mais à la seconde ils deviennent parfumés; ils sentent la feuille et la tige de la vigne.

Sur le chemin un groupe de fermes enveloppe une ancienne chartreuse muée en communs par les *contadini;* au centre de la cour, entre les arceaux murés, sous une armature de ferronnerie, le puits à demi descellé enfonce encore son cercle mystérieux. En s'y penchant, on voit au fond le ciel à travers le dessin des plantes de la margelle. Même un saint, aujourd'hui, ne pourrait y puiser sans faire appel au voisinage. L'eau qui ne frissonne plus s'obscurcit. Soudain, au campanile, les vieux moutons raidis gémissent et les cloches se balancent. Une femme sort dans le cloître et dit « ... l'heure de bénir les maisons. » Tradition pascale : un prêtre va signer les demeures rustiques nichées sous les voûtes des moines. Le Seigneur est hospitalier : il accueille à la fois le voyageur qui suit les traces du passé, le paysan qui les dénature. Et les vrais héritiers sont absents.

Au retour on peut étudier, comme à Flavigny en Bourgogne, près de la porte Saint-Jacques, l'installation télégraphique des tisseurs de chanvre, l'art de tordre un câble à trois faisceaux, la simplicité mécanique de ce métier pour lequel une roue et quelque râteaux fichés debout suffisent.

Les trouvailles utiles tiennent en peu de choses. L'après-midi, retenu par les êtres, tarde à s'en aller, se prolonge dans un regret tiède. Les gens ont l'aspect d'animaux frileux qui se rassemblent aux coins préférés du soleil pour humer les derniers rayons, — et les bêtes, les chats surtout, les beaux chats fauves, des airs de philosophes sachant accepter l'ombre quand elle vient. Ce devrait être ici la terre élue des fabulistes.

Addio. Entendu cette semaine à la *chiesetta della Rosa* un *Sanctus* frais et craintif sous un étourdissant carillon.

P.-S. — On goûte à Sienne un *castagnaccio* semé d'amandes et parfumé de romarin. La soif légère qui s'ensuit ne résiste pas à quelques gouttes de Vino Santo, le vin fidèle, ou de Marsala.

A Henri C...

SIENNE.

Je suis arrivé à Sienne le matin de l'Annonciation. A mesure que le train remontait la campagne ondulée du Val d'Elsa, les érables porteurs de vigne se faisaient ténébreux, presque hivernaux; leur taille en godets noueux qui s'ouvrent vers le ciel semblait luire de pluie, ceux du Val d'Arno luisent déjà de soleil. Ce fut mon premier regret florentin.

Ce qui fait Florence vivante aujourd'hui toujours, c'est le génie du Quattrocento et de la Renaissance. Ce qui fait vivre Sienne, c'est le génie gothique. La différence ne comporte d'ailleurs pas d'absolu. L'un est la conquête intellectuelle de la nature méditerranéenne, et de la tradition antique ayant une première fois célébré cette nature, sous les directions du catholicisme, c'est-à-dire dans les formes d'une seconde tradition plus immédiate à l'âme des artistes. L'autre est l'expression de la tendresse d'amour qu'on ressent pour l'exemple du Christ et de ses saints quand le don de la vie intérieure se trouve bercé au dehors par une nature innocente. Le premier est une belle curiosité de l'intelligence orientée par l'iconographie séculaire; le second un murmure du cœur, une reconnaissance au Créateur pour sa création et à ses héros pour leur charité dans la paix de l'église et des champs.

Aussi c'est une autre cité que Sienne gothique, brune et rose, évoque nettement; une cité de briques élevant comme elle ses clochers, forteresse parmi les climats de ceps liés à l'érable, cité de France, monastique et féodale : Toulouse. Et encore une autre : Albi. L'église de Saint-Dominique de Sienne, avec sa nef, haute de l'extérieur et serrée par quelques contreforts, large sous les tiers-points du dedans, — avec sa tour crénelée qui semble se baser un peu en pyramide pour prendre de l'assurance, est à Sainte-Cécile d'Albi ce que la Sainte-Chapelle du Palais est à Notre-Dame de Paris. A Albi, et à Sienne, le Palais épiscopal communique à la cathédrale par un fort passage aveugle, suspendu en plein cintre au-dessus de la rue; la cathédrale est au sommet de l'éperon, face à la vallée.

L'exquise chapelle Sainte-Marie-des-Neiges, si vieillotte — Sienne connaît l'hiver et la blancheur — avec sur la toiture une arche portant cloche, rappelle Notre-Dame-du-Taur, sa façade empourprée des soirs d'avril. A travers les tilleuls, ou les ormes, les palais aux fenêtres lancéolées par trois sous des tympans aigus font souvenir des baies mitrées de la région de la Garonne. Sienne et Toulouse sont dominicaines.

Comme une arène où passent en couples des taureaux blancs aux cornes magnifiques, la place communale creuse son éventail. A la fois c'est un peu l'Espagne et l'enlèvement d'Europe. Des pierres et des gens amoncelés par petits tas, en parsèment l'espace. Le sol dessine des chevrons pourpres traversés de grands rayons. Des bornes régulières et la modestie du Palais public mesurent cette immensité; mais une seule œuvre l'équilibre, la Torre del Mangia qui vient en rehausser l'abaissement par une longue rectitude. Au seuil de la place un vieux carrosse arrondi comme une diligence Louis XV, et bossé comme Pulcinella, jaune de canari, entraîne d'une roue paisible — les gens et les bêtes ont beaucoup de temps devant eux — des paysannes pimpantes malgré leurs cinquante ans. Des foulards multicolores, des chapeaux de paille d'Italie souples et mouvementés donnent à leurs visages qu'ils serrent de pénombre, une naïveté conventuelle. Ames de sœurs dans un champ de coquelicots. On pourrait brider de cette parure les traits des anciennes jeune filles de Jammes. Siena est une ancienne jeune fille.

L'arène est ceinturée de rues où la population tourne le soir (*girare*). Ces rues, déjà obscurcies, laissent voir par des échappées sous les voûtes, ou par de hautes coupures filant du sol au ciel, le dallage de la place encore au soleil, — puis, lumineux seulement, le col de la tour en dégradé; puis son dais, puis sa cloche, dernier rayon. De telles œuvres nuancent longuement les crépuscules. Elles élèvent au loin, près du ciel, un adieu si touchant de l'homme à la lumière qu'elles en tempèrent l'effacement et que le spectateur déjà plongé dans l'ombre voit cette gloire attardée sur l'œuvre de ses frères d'autrefois comme une indulgence et une divine promesse de retour. L'œuvre des vieux maîtres reste aujourd'hui bénie du Créateur.

A huit heures, de près au loin, la voix des petits soldats dépêche dans les clairons, pour le plaisir, quelques phrases bien menées d'avertissement et de bonsoir. Siena guerrière!... Mais j'ai vu, l'après-midi, dans un pan de l'immense cathédrale qui fut rêvée, les meurtrières changées en colombier.

ÉPILOGUE

A Henri C... — Nice.

Florence.   1ᵉʳ avril 1919.
Lætare.

Je suis revenu en Toscane à travers les haies de
nerpruns en fleurs. D'Arezzo à Florence le val
d'Arno est un virginal enchantement. Sans vapeur
le train glisse entre les vergers comme une brise;
il ondule, et les coteaux luisent à ses flancs sous
les ronces nouvelles. Nulle part ailleurs les vieux
oliviers ne gardent ce ton d'argent qui miroite
sous les nuages aussi vif et poudré qu'à leur première feuillée. Une neige d'étoiles, ténue d'éclat
comme un regard florentin, jette sur les haies
d'aubépines sa charge pensive. La pensée, c'est
bien ce même lest sans tache qui porte aux jeunes
rameaux la pondération, le balancement. Leur
grâce est d'être courbés par les fleurs qu'ils ont
fait naître. On se sent léger d'ivresse. Pouvoir
pleurer de joie en retrouvant l'Arno, c'est le signe
qui ne trompe pas : il nous reste un brin de cœur,
un peu d'enfance, un peu de printemps.

Naples qui ne connaît de noblesse que son
nationalisme *generalissime* s'assombrit, s'effa-
rouche. Florence a d'autres titres; les idées du

jour et d'un jour ne réussissent pas à l'effleurer. Supérieure à l'italianisme, fille des dieux, de la nature, et de l'Église, elle sait, comme le Christ, toucher d'abondance, d'où qu'ils viennent, ceux qui l'approchent avec docilité. — Le Persée est rendu à la pénombre de la Loggia et au reflet des dalles de la place; avec lui l'exquis Mercure du socle dont les bras pareils à des anses soulèvent la coupe invisible de l'air; et Minerve, seulement vêtue d'un bouclier : *Quo vincas clypéum do tibi casta soror.* Junon elle-même ne dédaigne pas d'introduire les mortels aux secrets de son état d'âme : elle leur expose la sécurité et la joie qu'elle ressent à éviter son mari. De tous temps les Florentins ont vécu dans la familiarité de l'Olympe.

A l'Académie le David enfin se dégage : même on ne voit plus que lui; son dévoilement aura mis en fuite les cohortes d'Anges et de Vierges du quattrocento qui l'an passé y fréquentaient. Dorénavant ne se tiendront dans la Galerie que les nudités michelangelesques dûment [contrôlées : le pseudo-Génie de la Victoire, beau par la noblesse du vaincu, les prisonniers nostalgiques, le Saint Matthieu, un homme et un livre sortant d'un bloc de rocher — la matière mise en forme par l'inspiration divine. Le frondeur imberbe domine donc cette allée de géants. Corps d'aplomb mais jambes obliques; le bloc de marbre mal équarri exigeait cette feinte. Ce n'est pas seulement au Moyen-Age que l'arête du cube primitif où taille l'imagier a laissé sa trace dans l'œuvre finie. Comme distrait de l'action par la volonté même d'agir, David empoigne et retient évasivement de ses mains excessives le cuir de sa fronde. Mais le front tendu a déjà lancé le trait mortel — celui du regard. On peut dire qu'il a d'avance tué son ennemi par la pensée. En quoi il préfigure la plupart des combattants contemporains.

A la sacristie de San Lorenzo combien Jules de Médicis est supérieur au trop connu Laurent; il est émouvant; on s'attache à lui, — son frère n'est qu'un type abstrait exsangue, dépourvu de réalité. Julien signifie vraiment le prince de la jeunesse florentine : il en a, au front, au sourire des lèvres et des yeux, la majesté et l'enjouement; au menton et dans ses joues osseuses il en a le sensualisme qui goûte un à un chaque plaisir comme le rythme d'une poésie. Le dessin de sa bouche et les bouclettes de ses cheveux impriment à son visage une grâce de souverain. Ce n'est pas un Penseur, et toute la séduction de l'art semble errer sur son magnifique abandon. Que de choses il promet pour ne donner qu'un coup d'épée. Il a le grand cou libre des guerriers de Donatello.

Il est le chef d'une race. Dans la sacristie préliminaire, celle de l'église, saint Laurent, le diacre en surplis, en est le Benjamin. Dix-huit ans à peine... Qu'il a bien su porter dans les ordres l'audace, et même une sorte de désinvolture spirituelle, le tour d'esprit prompt à l'assaut, le goût d'avancer sa foi en défi dialectique, une bravoure précoce où la pureté de l'intention laisse un parfum d'enfantillage. Sa prédication, son zèle témoignent d'un élan de conquête, — le même que le prince Julien fléchissant et méditatif regarde s'écouler de son propre passé avec un peu d'ironie, comme un effort d'embrassement que sa passion volontaire exerce, mais dont il discerne la vanité.

Aujourd'hui je vois net ce qui l'an dernier me sollicitait confusément. Florence, qui résistait déjà aux courants de l'année, à la folie du moi collectif, m'apparaît enfin intimement admirable : c'est *par le dedans* que je commence à me mouvoir dans sa beauté. L'art florentin est le jeu d'une race douée à la gloire d'une foi religieuse. Ici pas d'assise païenne; toute image est du domaine de la vie intérieure. La nature, le naturel, l'antiquité à cause de la nature et de la définition juste, les maîtres florentins ont étudié pour traduire avec les ressources de la main et de la connaissance et avec l'accent de leur pays la vie médiévale qui est restée quatre siècles après eux celle de l'occident méditerranéen, une vie intérieure et sociale accordée sur l'Évangile. A-t-on compris ce qu'est une église de Florence, si, la visite achevée, on ne sent pas un appel et une joie à s'agenouiller entre tant d'autels, près de celui où veille un cierge et, mêlant tout bas sa prière dans le cortège des œuvres d'art à la forte voix des chanoines qui dépêchent complies, à recevoir à travers une vitre, avec autant de gaieté qu'à dix ans, les derniers rayons du soleil dans la fraîcheur inquiète du soir d'Avril?

Addio.

À Henri M... — Oxford.

6 avril.

Illi autem dicebant : Angelus ejus est.
Actes XII, 16.

Heureuse contrainte, celle qui ramène au val d'Arno à travers une forêt d'arbres fleuris. Comment dire l'immense tiédeur de l'air, à peine parfumée, la spiritualité du jour sur les haies... Une jonchée de pétales blancs pare la modestie des coteaux. J'aime surtout le désordre des collines et des vergers, un désordre où l'on se retrouve tout de suite, qui n'est qu'une coquetterie.. Presque pas de feuilles, mais elles rendent blonde la tête des arbres. Vers la fin de ce florilège, quand on commence à s'engourdir comme au fond d'un berceau, les tuiles du Dôme, qu'on aperçoit le premier, cintrant leur ombre brune sous le ciel, disent à l'esprit pour son réveil que l'art florentin apparaissant au sein de la nature n'en est que le couronnement ingénu : Florence, féminine et délicieuse Athènes, éclosion de la pensée chrétienne au souffle de Platon, grande fleur simple du Moyen-Age et de la Grèce. Puissions-nous y vivre un jour longtemps, nous lier à son histoire, à son peuple si accessible aux intelligences étrangères, comme déjà nous le sommes à ses églises, à ses ponts, à ses reliures ciselées d'or, ses draps soyeux, ses parcs où la longueur des crépuscules et leur clarté invitent au dialogue.

Ce qui rend Florence plus sainte au milieu du

printemps, c'est la mort. D'abord on ne le sait pas ;
seulement, à la première traversée, on s'étonne du
silence de ses rues, de la rareté des pas, de la
lenteur pleine de fatigue, de deuil et de prudence
des ombres. Puis un cyclone de poussière, une
odeur de cadavre et de champignon humide insi-
nuée dans les ruelles par le vent de l'Arno, prennent
soudain la gorge, la poitrine ; on s'irrite, on étouffe,
la fièvre commence, on se sent affreusement
chargé par son corps ; un pas, un seul pas, devient
une imagination d'énergie énorme ; partout des
crachats mêlés de muqueuses donnent à percevoir
que des milliers d'êtres expulsent leurs poumons.
A Sainte-Marie-de-la-Fleur, un velum noir fait
flotter sur la nef l'aile d'une mort toute-puissante.
Le triomphe de la Mort, la fresque du Campo Santo
de Pise avec, parmi ses bosquets, les jeunes insou-
ciants proches d'être arrachés à leur entretien
d'amour...

... Pourquoi voulez-vous donc qu'il m'en souvienne ?

On se sent tout à coup percé de peur, d'une peur
physique étrange, profonde, qui descend, descend,
jusqu'aux racines de la vie. Mais que Florence est
belle ! Avoir ainsi vu Sainte-Marie-Nouvelle : son
autel livide et ses vitraux tachetés couleur de cinéraire, éclairés au loin, tout au fond de la colonnade
que le suaire balancé couvre de ténèbre ! Puis, au
chœur de la cathédrale, le vieux Michel-Ange
ployé dans sa pèlerine par sa besogne d'enseve-
lisseur. « La tierce partie du monde mourut », dit
Froissard en témoignage sur la peste de 1348.

L'épidémie dans Florence est pareille à l'inondation : les murailles la captent, la retiennent. Quand un dédale est infesté, ses détours et son repli sur soi y rendent inexpugnable l'ennemi. L'activité se retranche ; les survivants occupent leurs jours à sucer des pastilles. Si j'échappe un toussotement, les sympathies, même les plus affirmées, s'écartent. N'est-il pas assez florentin ce détaché ? *L'a la tossa! Fra un paio d'ore sara un caso disperato.*

La signoria di Firenze excelle à varier la présentation artistique de la cité. Son premier soin à l'armistice fut non seulement à démasquer la ronde-bosse, qui depuis tant de mois restait couverte : mais bien plus, à voiler ce qui jusqu'à cette date était demeuré visible. La peinture par exemple, concentrée l'an passé en deux salles publiques, rentre aujourd'hui dans le mystère des sous-sols et des palais clos. Les *uffizzi* sont inabordables ; on balaie ; l'épidémie aura dicté cette mesure d'hygiène au profit des dieux, des anges et des grands hommes. Par contre la statuaire, intrépide, expose à l'air sa nudité reconquise. J'aurai vu Florence en deux moitiés comme un vêtement de fol.

Il est rare après un temps d'absence d'y retrouver au même lieu telle sculpture ou telle toile. La physionomie des chefs-d'œuvre y fait tellement partie de la vie quotidienne que les Florentins les changent constamment de place pour mieux se convaincre de leur animation véritable. Tout homme de cœur est un peu l'amant de Galatée

On a, hélas! transporté la Judith du Bargello sur la Piazza Signoria, où elle ne paraît plus qu'un bibelot de bronze anéanti entre ses voisins : le David, et le guignol Neptune de Bandinelli. Sa juste place est sous la Loggia en réplique au Persée, à l'abri de la pluie, encadrée et restreinte par une des arcades. Qu'on déménage Jean Boulogne et ses Sabines dont les fesses emphatiques méritent, à défaut d'autres voiles, au moins celui de la pénombre!

Les fresques du Carmine reprennent l'air. C'est la plus attachante illustration de la vie de saint Pierre selon les Actes. La fraîcheur du récit apostolique parle encore sous les palettes roses de Masolino et de Filippino Lippi, tandis que la pondération du drapé avec les attitudes, l'arrangement concis des groupes de Masaccio soulignent la mise en scène d'un trait de majesté romaine. La résurrection où l'on voit Tabithe tirée de la mort par le regard et par la main entr'ouverte du thaumaturge remet à l'esprit celle de Drusiana, tant Giotto, dans le drame, était proche de Rome. Qui n'a pas médité ces fresques ne possède pas complètement le sens catholique de la vie de saint Pierre. L'une d'elles peint l'apôtre assis dans une cathèdre épiscopale, entouré de laïcs et de moines. C'est le plus beau visage de saint Pierre, convaincu, infiniment responsable, rayonnant d'honnêteté, de persuasion morale puisée à l'amour et d'une jeunesse surnaturelle qui nimbent les cheveux blancs; visage d'un maître dont l'intelligence, d'abord ordinaire, s'est affinée et approfondie *par l'opération de l'Esprit* et qui loin de s'enorgueillir des dons spirituels en contemple au dedans de soi la gravité et en retourne l'hommage vers Dieu par l'élévation ; visage de l'homme par qui s'est effectuée la reconnaissance, lui disant : *Tu es Christus filius Dei vivi,* parole inspirée du Père.

On voit encore saint Pierre sortant de sa prison guidé par l'Ange, frère grandi des Anges de la Cantoria, dans un éphod blanc ceinturé de gris perle. De jolis cheveux sans apprêt encadrent ses traits réfléchis. Il réserve ses yeux sous une sagesse céleste des paupières. Il semble méditer cette vie d'homme dont l'apôtre en le regardant cherche en lui la raison. L'Ange et l'Homme ont tous deux à apprendre l'un par l'autre. Dans leur double interrogation il y a le mystère des différents ordres de l'Être, le signe d'une hiérarchie dont les degrés sont l'un à l'autre presque impénétrables sauf par l'amour. Tous deux fidèles à leur mission, le guide et le voyageur sortent d'un pas égal dans la porte toute simple. Au mouvement de leur pied nu on sent la charité qui les rapproche. L'action de l'un sur l'autre résulte de leur commune soumission à Dieu. Ici, après quatorze siècles renouvelée par une grâce pénétrante, la poésie de l'obéissance. Saint Pierre ne s'est jamais refusé à suivre les suggestions divines même lorsque, trop souvent à la vérité, il n'en comprenait pas tout de suite le sens et les effets. Ses actes et ceux de Paul sont la fleur du christianisme selon notre terre. Heureux soyons-nous quand nous retrouvons cette fleur en Toscane, et peut-être aussi dans notre cœur, — peut-être dans le cœur de ceux qui nous ressembleront.

DEUXIÈME GROUPE

LA VICTOIRE D'OSTIE

Taceant, quibus Italia noverca est.

A Henri C...

Rome.   9 avril.

En voyage : les ceintures roses, un peu usées,
de Rapolano et d'Orvieto à travers la vitre du
direct — Rapolano surtout, féodale toute bran-
lante ; — la Paglia, couleur de paille, bave sur
ses cailloux entre des files de peupliers dont les
feuilles naissent comme elles meurent : jaune
clair ; l'avril des peupliers est pareil à leur
automne. Plus loin, au premier aqueduc éboulé,
quand on commence à sentir Rome, les montagnes de la Sabine, bleu d'orage, s'écartent ; le
pré, de plus en plus large, se teinte d'un vert
gris un peu triste et finement lumineux qu'on voit
aussi dans les yeux des officiers romains. Immo-
biles dans l'herbe, des bœufs, prodiges de solennité animale, dernier regain d'Égypte, massent
un poil sombre sans lucur, comme la pierre
noircie des autels antiques. Ils demeurent, nous
passons. Un instant, avant de tourner derrière la
ville sans la découvrir, seule entre deux collines
la coupole de Saint-Pierre, couleur du ciel d'avril.
Qui si ferma.
Rome pourrait être une ville de province dans

notre Midi français. En songeant à d'autres capitales, on s'y sent rassuré par la discrétion de la vie contemporaine. Pas de hâte ; pas de choc ; pas d'illimité en étendue : Rome a des bornes et l'architecture géante y meuble carrément l'espace. A la première sortie, on se dit dans la rue : « Comme c'est facile ! » Puis, il y a des églises, des palais, des portiques, des statues, des arbres, des fleurs, des marchands ; on cherche des ressemblances, des liens entre les images — *et rien ne se forme.* Je me rappelle très bien à Florence la première traversée, l'impression nette : reconnaître, exclure, réintroduire, angoisse pour voir juste, activité. Ici, au contraire, plaisir sourd, savoureux, une promenade de plus en plus lente qui se charge, qu'on ne se décide pas à terminer. Et pas une idée, pas même un mot ; il semble qu'on n'ait même pas d'impression, — l'absence complète d'intelligence. Ne pas comprendre est souffrance quand on sent que c'est par la faute d'un seul élément qu'on manque une partie du réel toute proche d'être saisie ; mais ici, ce qui échappe, c'est une totalité, à la fois dans l'espace, et dans le temps : on est donc bien à l'aise ; au retour, dans la chambre pourtant close encore égaré, on se dit, riant de soi : « Cela va recommencer demain. Quelle chance ! et même : quelle fortune ! »

De cette longue errance, je ne retiens vraiment que d'exquises glycines grappant d'un bandeau mauve des portiques à terrasse ; un *soldatino* ganté, jugulaire baissée, les poignets en croix sur

sa baïonnette. cambrant le genou à la porte du
Quirinal, pendant que la cloche ambulancière de la
chapelle tinte sur son plumet une heure aigre-
lette ; puis ceci très vif : le cortile du palais Doria,
ses magnolias et ses palmiers élevant l'ombre entre
des murs de glaise et de soleil, pour rafraîchir à
leur pied des touffes lilas ou violettes de ciné-
raires et de quarantains.

Affectueusement.

A Mademoiselle Émilie C...

ROME.   12 avril.

Si l'on vous dit que Rome est la cité de la mort,
ne le croyez pas : Rome est la cité du printemps.
La lenteur des êtres, leur demi-silence permettent d'y goûter à loisir la forte tiédeur du
soleil et la grâce des fleurs. Les dernières fouilles
y ont été si fécondes que le foisonnement des
ruines paraît une nouvelle abondance de vie.
Autour des colonnes antiques restées debout, la
nature enlace des rosiers fragiles ; elle y appuie
des bosquets de lilas et de grands parasols de glycines. Partout la verdure d'avril se mêle aux beaux
débris. Nous sommes semblables à ces plantes.
Comme elles nous apportons aux pierres mil-

lénaires la fraîcheur de notre éveil, l'espoir d'une nouvelle floraison. Ne serions-nous pas contents qu'un dieu pût nous dire : « Dans vingt siècles, auprès de votre œuvre brisée, le printemps se plaira d'éclore et des enfants grandis viendront comprendre leur jeunesse ? » Aux marbres renversés, la nature se fait collaboratrice et fraternelle.

Lorsque vous verrez pour la première fois le Forum, je souhaite que ce soit un matin d'avril, sous un ciel couleur des coupoles, bleu voilé de vapeur blanche et de demi-soleil ; un peu d'humidité répandra dans l'air l'odeur de l'herbe ; vous vous promènerez entre les fûts cannelés, entre les chapiteaux, les fragments d'architraves et de frises, les inscriptions de lettres capitales ; en marge des savantes lectures, vous reconnaîtrez la pâquerette, le pissenlit, le coquelicot, le trèfle blanc, le réséda sauvage, des orges barbues, des aigrettes d'avoine, tant d'autres plantes agrestes dont on voudrait savoir les noms — oh! les identifications difficiles, — et, par touffes, nichées dans les fissures, des fleurettes mauves qui ressemblent beaucoup au myosotis ; on les retrouve sur les murailles des villages bourguignons ; nos paysans, bien avisés, les appellent « la ruine de Rome ». Bonheur que la ruine de Rome soit une si simple fleur champêtre !

Partout la nature s'est associée aux architectes. Aux façades baroques des églises — il en est de délicieuses — des feuillages naissants, des tigelles pendantes, estompent les cartouches, les contre-courbes, les oculi coquillés. Cela me rappelle de romantiques gravures sur le papier jauni des anciennes éditions de M. de Chateaubriand, lues autrefois, il y a quinze ans déjà, dans notre bibliothèque villageoise. Chateaubriand a vaincu la mort de Rome en l'aspirant, en la faisant sentir : l'hyène flairant la louve. Aujourd'hui les destins sont inverses : nous avons cette fortune unique, cet incomparable présent du sort — gare à l'éloquence — d'aborder une cité dont le cœur a notre âge et dont le passé, loin de la pétrifier, ne fait qu'apporter à ses traits une parure sacrée.

A Henri C...,

ROME.   15 avril.

Desiderat cervus ad fontes aquarum.

Excusez-moi de ne pouvoir vous donner des « impressions » de Rome ; je suis ensommeillé par le printemps. Les œuvres que je croyais déjà connaître, je les vois comme en rêve, au milieu de tant d'autres ! Je ne les identifie qu'avec un peu de retard, une fois passé. Dès la seconde sortie l'esprit ne peut plus suivre les pas : il s'attarde ; tandis qu'il élabore ce que les yeux viennent d'entrevoir, les yeux voient autre chose. Il en résulte une vie en parties doubles qui, du dehors, doit paraître une perpétuelle distraction voisine de la stupidité. Soudain, devant soi, une galerie interminable avec des bustes; abattement : pourquoi en isoler un, puisqu'on n'a pas le temps de les regarder tous; ce serait arbitraire. Réplique : mais dans la foule des vivants pourquoi ne sais-tu parfois bien choisir? D'ailleurs eux aussi ils se détachent d'eux-mêmes, les plus fermes, ceux qui appellent, qui s'imposent, ceux dont les crânes limitent et jaugent la vieille Rome obstinée, ceux dont les lèvres juvéniles pincent pour toute passion la cupidité ; — les condensateurs d'une race. Tandis qu'on philosophe pour distribuer sa curiosité, la mémoire fait irruption et rendant conscience : « Mais, ce torse, qui vient de tourner devant tes yeux pendant des secondes, et des secondes, et que tu voyais tourner, c'est le torse du Belvédère! » dit-elle. Quoi! pas plus d'émotion? pas plus d'effet? pas plus de reconnaissance? Rien ne m'avertissait. Suis-je profane?... C'est l'impression qui monte, tardive, heureusement vierge de culture.

Et des heures, des heures. Éperdu, un peu ivre — physiquement ivre — je m'arrête pour que plus rien ne bouge dans l'entendement. On oublie, un peu, un peu plus, on oublie... On s'éveille au repos présent; seul, dans un octogone de parements immaculés, où se recueille un délicieux cortile; un parterre en fragments dans des moulures de marbre étend des gazons constellés de pâquerettes; dans la coupe des jardinières

LA VICTOIRE AILÉE

s'ouvrent d'incomparables pensées, plus velou-
tées les plus obscures. Au centre une rose courbe
la tête sous une robe d'eau transparente. Oh! la
surprise de ce tourbillon d'érudition capté sans
qu'on y ait pris garde par un baptistère élyséen.
En vérité cela est le Belvédère; non pas le balcon
proche, aérien, qui s'avance en face de la ville, suspendu dans son atmosphère pour mieux la dominer; — mais ce jardin marbré de blanc où la
nature sertie par l'œuvre humaine épanouit sous
la fraîcheur d'une fontaine des fleurs simples,
presque des fleurs des champs. Divin accueil de
l'Église! Divine humilité qui sème les graines
ordinaires, les fait éclore, et les marie au plus
pur style de la pensée. Ici je dois confesser une
tentation : celle de dérober au Saint-Père une de
ses pensées de velours, visage ouvert aux yeux
fixes, pour vous en faire hommage. Mais toutes
avaient l'air si content de vivre... Pas une qui
montrât de l'inclination à être cueillie. Leur gentille volonté inspirait le respect.

Cher ami, quand vous viendrez à Rome, achevez
une de vos premières promenades, un soir, au
moment de la pénombre, à Saint-Jean de Latran.
D'abord vous traverserez la grande place vide, si
romaine, où l'obélisque, l'aiguille égyptienne,
trace l'heure sur les pavés. Au seuil de la basilique, la tenture flottante qui vous cache encore la
nef reculera devant vous sous un souffle de
vent, comme si Jean de Patmos vous conviait à
entrer; puis, se repliant, au coin, à peine elle
vous frôlera pour retomber muette sur vos pas et

doucement vous isoler du monde, selon saint Jean de l'Évangile. Alors, vous verrez le vieux pavage de porphyre et de vert antique monter jusqu'au pied du dais, à la confession, où luisent quelques lampes, et vers la mosaïque d'or de l'abside. Autour du Christ aux yeux magnétiseurs des nuées d'anges vous tranquillisent; les oiseaux, les fleurs lacustres, les baigneurs embarqués sur un fleuve qui n'existe que dans les livres vous rappelleront les gracilités décoratives de Pompéi, les jeux de l'art alexandrin dans l'inhumation des Catacombes; des cerfs délicats viendront boire sous vos yeux aux quatre sources de Paradis. Cette finesse brillante vous suit au cloître entre les colonnes jumelles minutieusement incrustées par l'atelier des Cosmati; à travers les arceaux, on découvre des touffes de palmes, qui invitent à respirer le vent du soir en y chantant, et qui lustrent leur verdeur sur un mur ferrugineux ou sur la foule des toits de briques. Alors quelque chose de nouveau vous envahira : presque l'Afrique augustinienne; même le sentiment d'un christianisme encore plus reculé, naissant aux bords méditerranéens, exquis de style et d'innocence, fort aussi comme un parfum des forêts, heureux d'une paix champêtre où fleurissent les jeunes martyrs, — le christianisme des disciples de Pierre, celui de Praxède, et de Cécile, celui du diacre saint Laurent.

Voici, en souvenir de nos dernières conversations, l'image de ce jeune Pasteur du Latran dont

les cheveux ressemblent aux boucles de ses brebis. Virgile aurait chanté sa grâce, sa mélancolie,
sa fierté.

A Henri M...

Rome.   Saint-Anicet.

Ut sequamini vestigia ejus.

...La sculpture antique de Rome est connue,
assez judicieusement vulgarisée, pour deux caté-
gories de ses œuvres : les statues en pied, et les
bas-reliefs des sarcophages. Parmi les premières,
une dont on pourrait souligner la valeur, est le
dieu Mars du Latran, splendeur de jeunesse guerrière, la certitude triomphale à vingt ans. Quant
aux sarcophages, produits d'industrie, aucun ne
l'emporte décidément sur les autres : motivé par
la plastique le choix entre eux resterait arbitraire;
il ne se justifie que par l'établissement de séries
iconographiques et la recherche des types de
séries. Sur toutes les cuves foisonnement dramatique où les attitudes les plus violentes du corps
humain affolent l'ombre et la lumière. S'il y a là
une commémoration, on ne périssait donc jadis
que dans les risques d'un combat. L'âme antique
nous signifie que les mêlées, grandes pourvoyeu-

ses de la mort, la nient pourtant par le furieux enivrement dont elles débordent.

Deux autres ensembles, trésor de psychologie exquise ou vigoureuse, ont été desservis par une vogue mondaine à l'étourdie, ou par des principes d'enseignement trop stables. Ce sont les bas-reliefs grecs et les bustes romains. On les connaît. On n'en a pas assez dégagé le sens, ni les meilleurs modèles. Pour les portraits surtout un mauvais goût persévérant va droit au médiocre ; tout ce qui est copie d'originaux hellénistiques on le photographie pièce à pièce, sans rien omettre. Mais quand il s'agit des empereurs à leurs différents âges, des consuls, des tribuns, des généraux, pour toutes ces têtes éloquentes d'où s'élève le témoignage historique et ethnique le plus net, le plus fort, on ne peut se défendre de trouver beaucoup de rigueur, presque de l'étroitesse à la sélection didactique. Pourtant la moindre de ces effigies enrichit l'image et explique les raisons de la puissance impériale.

Le musée, dit profane, du Latran — cette épithète est une profanation : *quod Deus purificavit, ne dixeris tu « commune »* — abrite quelques traits de la fantaisie grecque ; la danse y suspend comme sous les fenestrages du Campo Santo de Pise des files humaines sur la panse des urnes, signes de mesure sur une portée musicale. L'éphèbe armé à l'épaule d'une lance où flotte la peau d'un bélier fait pivoter l'arc de son corps mince aux cheveux de flamme. En frappant des cymbales au-dessus de leurs têtes, les jeunes femmes jaillissent de leur robe ridée qui tourbillonne encore. Les danseuses prirent beaucoup plus d'étoffe en devenant romaines. Puis, devant un cippe, la pénombre des pleureuses, en théorie, dans leurs voiles fins comme l'eau des larmes. Et parfois, déjà, autour d'un autel, les délicats motifs qu'a retrouvés Florence, dix-huit siècles plus tard.

Ici un génie ailé qui suit, comme une abeille, la course d'un char, — un pêcheur phrygien sortant de sa barque casquée d'une voilure ; l'époque s'abaisse ; la tradition décorative de la Grèce passe aux mains romaines. S'aggravant, elle traduit plus de sécurité : une ampleur nouvelle, un peu froide, se dégage, qui paraît dans les bas-reliefs de fontaines où des génies végétalisés dignes d'Ovide déversent l'eau sur la griffe dominatrice des dragons, — dans les chapiteaux, ionique et corinthien de Rome, où les belles volutes, et les belles palmettes, se détachent librement en relief sous un tailloir tabulaire.

Mais c'est dans les bustes que la probité et la vertu civique réussissent à faire, de Romain à Romain, — le praticien et le modèle, — œuvre d'artistes : têtes rases, — le citoyen n'a de cheveux que sur le front ; — lèvres minces sous un nez directeur ; le crâne évasé, d'une densité évidente, au bas duquel les oreilles, héritées des faunes, décrivent deux anses ; un regard couleur de pierre ; et ce cou musculeux qui désigne les peuples chez qui le supplice capital est fréquent. Le bronze des Thermes, un Tibère verdi par le Tibre, est frappant de juvénile ingratitude.

Les beaux bustes de Romaines sont rares ; on sent que la femme importait peu dans la République, sauf au moment du mariage et dans la figuration de la famille ; quelques hauts-reliefs font comprendre la solennité du contrat, et celle du foyer, dont l'enfant mâle, le fils, occupe le centre. La grave Romaine conjugale se couvre d'un voile assez épais qui lui rabat le pavillon des oreilles ; ses paupières ouvertes font preuve d'une invincible et distancière constance. N'y touchez pas. Impersonnelle et précise comme un arrêt du sort, la physionomie perd l'aptitude aux idées par la sympathie ; mais elle atteint la majesté et y réside ; je me rappelle une vieille femme, très éprouvée, qui paraît toiser le destin lui-même avec un morne dégoût. De nos jours on peut, sans être pétrifié, fixer la face de Méduse.

Plus tard, sous l'Empire, elles se firent Alexandrines par le haut du visage et par la coiffure ; mais les pommettes et le menton continuèrent d'élargir sous le fard hellénique les joues substantielles des Latines.

Adieu, cher ami, le chef-d'œuvre de ces souvenirs est Sophocle. Ombre et marbre, on le voit s'avancer de très loin à travers le cadre de pourpre des portes en galerie. Son pas, son drapé, son geste, l'altière sérénité de sa personne, disent que la supériorité de l'intelligence est l'essentiel de la beauté virile.

Nous avons de grandes fleurs : l'arum, le lilas, l'iris... Qui viendra vivre un de ses printemps à Rome pour y écrire en français : « l'iris blanc ? ».

A Henri C...

Rome.   19 avril.

Hic robustis robustus nuncius.
(d'après un antiphonaire abandonné).

Je voudrais vous dire une des vieilles promenades qu'on peut faire dans Rome : à Sainte-Cécile du Transtévère. Gardée jalousement par les maisons pauvres qui s'y appuient, l'église, à peine plus haute, émeut dès qu'on l'aperçoit par ce caractère de tutelle paroissiale. Son ministère est exercé et consenti avec une modestie pareille. Longtemps, avant de trouver un accès, on contourne de près ou d'un peu loin, le clocher, par une file de ruelles entre deux murs, pleines d'herbe, de linge et d'enfants. Les petits Romains du Janicule sont expressifs et silencieux comme le passé. La prodigieuse saleté des grabats se change au soleil en poudre de gloire. Le troupeau des oranges, des citrons, des grenades déborde des trous noirs : il ne se vend ici rien d'autre — sans doute — que des fruits, qui tous ont la forme du globe impérial. Les femmes vêtent un voile de lustrine en pointe dans le dos, — parfois sur leur tête un coussin, une corbeille, dandinement de canéphores plantureuses ; suivant leur âge ou la beauté de leurs traits, elles portent dans les *vicoli* un mystère de Clarisse ou de Bénédictine ; quelques-unes, plus rares, font passer sur les murs l'ombre d'Agrippine.

Un portique franchi, on a devant soi la cour d'une ferme romaine où des fétus de paille se pourchassent sous une brise ; dans un coin, des mulets font le cercle autour d'un tas de foin ; puis, sur un talus latéral, s'élance et s'arrondit, comme le cou des cygnes, un vase unique, de marbre ancien. C'est là ; sur une architrave on lit : *Acquaviva.*

La nef est rose et blond solaire comme une main sur une harpe d'or : on n'y chante qu'une fois l'an, à la fin de novembre, de peur d'altérer par un surcroît la mélodie monumentale. Et le reste du temps, la musicienne protectrice est honorée par le silence. Deux chœurs de religieuses invisibles, qui jettent parfois les yeux à travers leur grillage, alternent chaque jour un rosaire dont les répons viennent flotter à l'autel sur la petite sainte étendue... La palme du supplice, dernier sourire de la nature, s'échappe de sa main sans défaut. Elle entre dans le paradis de la beauté parfaite.

Mieux que le *caldarium* fumeux où l'on dit que suffoquait Cécile, la crypte nouvelle fait comprendre la spiritualité d'un martyre de patricienne. Lorsqu'on en descend la dernière marche, des verres translucides s'éveillent aux appliques comme sous la pression du pas. Une lueur touche les colonnes grises, les stucs d'un plafond pompéien, les parois, visitées en rêve de quatre images virginales : Agathe et Cécile, Valérien et Tiburce, en mosaïques de Venise ; tant de discrétion fut l'œuvre d'un cardinal sicilien. Songez à l'évocation que peut être une messe matinale dans cette cachette, sous une telle clarté, figurative à la fois d'aube et d'étoiles. *Alba nitet* pourrait inscrire en capitales latines la justesse littéraire d'un Byzantin.

En quittant Sainte-Cécile, on découvre soudain, par delà le Tibre, au-dessus des ormes frais, des cyprès et des pins parasols, les murs de Saint-Alexis sur l'Aventin, et de Sainte-Sabine, un peu française, titulaire pour les cardinaux de Paris. Une sainte vieille basilique de chez nous dans un paysage anormal. Puis, en remontant l'eau, un *tempietto* poudreux cerné par des yeuses, sous un toit de tuiles en cône évasé comme un chapeau japonais des champs, et, très haut dans la ville, un Capitole couleur de rouille, tour de guet imprégnée de sang sec. Du parapet aux barques du large des câbles suspendent les filets, fléchissent et les plongent. Un homme rame, un autre marche ; éléments différents, rythme associateur du travail, l'effort des bonnes volontés compensé par un accord nécessaire qu'elles ne cherchaient pas. Ils parcourent ainsi l'entre deux-ponts, et ils lèvent : seul le poids de l'eau boueuse alourdissait le réseau. Déjà lent avant l'insuccès, le travail déçu s'arrête. Le fleuve, la barque et le pêcheur prennent la même immobilité. *Et illa nocte nihil prendiderunt.* Alors on songe que dans ce lieu, presque tel depuis sa vie terrestre, le Christ va paraître comme jadis au bord du Tibériade, que c'est Pierre ce pêcheur mécontent, et qu'il va enjamber la barque pour aller recevoir en revanche sur la rive sa mission.

La promenade aboutit sur une *piazetta* d'un roccoco divertissant ; on y accède par deux souvenirs : l'arche centrale du Pont Emilien, magnifique de résistance isolée, de survie, entre les amorces du pont rompu, dernière figure des Scipion — le temps est plus vigoureux que le Tibre ; — et l'orifice de la Cloaca maxima, cintre noir bâillant sur le niveau horizontal du fleuve comme pour boire sans fin et pour se laver d'avoir si longtemps vomi. On dirait aussi le fil droit d'une épée à travers la bouche calamiteuse des derniers jours. Or la *piazetta* qui s'assied au-dessus s'appelle *Bocca della Verita*. Coïncidence romantique.

Des rocailles, des marbres élimés, rafistolés de briques, des arbrisseaux rabougris un à un, des cyprès qui font penser à des chats maigres, de l'herbe zébrée d'enfants, — gazon et gazouillis. Au centre du vieillot joujou, des tritons-atlas sur un rocher giottesque portent le poids... d'un coquillage. Au fond Santa Maria in Cosmedin : un portique presque aveugle et le pignon de la nef regardant d'un œil, flanqué d'un campanile robuste qui conquiert l'élégance à force d'étages.

Oh ! cher ami, l'impression d'âge lointain, in Cosmedin, à l'heure de la prière ; la Rome du bas-empire et des essais barbares, rapiécée, elle aussi, par Byzance et par l'évêque des Chrétiens après les déchirures des Goths. On voit, à la différence des appareils et à leur raccord imparfait, se joindre sur les flancs de la nef l'œuvre du VIe siècle à l'œuvre du VIIIe ; les colonnes d'un temple romain s'empâtent dans les blocages. Quatre civilisations collaborent à cette réussite. Qu'importe ! Le décor de la nef, repris à neuf, a la minutieuse gaieté, la candeur ombrée des temps évangéliques ; et il rappelle les — coutumes primitives de la liturgie. Une balustrade en marbre sépare le sanctuaire du chœur ; autour de celui-ci la clôture continue, trace les ambons ; du côté droit une chaire, faite, semble-t-il, pour la parole d'un novice, toute menue, stable et laiteuse, s'arrondit par un encorbellement entre des rampes en diamètres ; trois degrés à monter, c'est la grâce qui parle. Partout la mosaïque répand sa fine géométrie colorée. On est surpris de voir — ici et ailleurs — combien le dais gothique de l'autel s'harmonise au décor basilical. Nous et eux sommes un. Ajoutez, de colonne en colonne, les aïeules du quartier, parant d'un mouchoir, ou d'une mantille, leurs cheveux toujours noirs ; et des voix de notre âge, l'accent chanteur, qui détachent dans la perspective d'une chapelle les répons de l'*Ave Maria*. Le soir descend. Dehors la place, qui sent l'humidité du Tibre, est festonnée par le vol des chauves-souris.

Adieu, les siècles ne passent pas aussi complètement qu'on le pense ; ce qui passe, c'est la frivolité des jugements que les générations forment sur eux. Dans la vieille Rome habite encore l'âme des premiers disciples : elle y parle au cœur directement comme un ami ; venez l'entendre ; c'est un acheminement vers la source et vers l'éternité.

A Henri C...

ROME.   21 avril.

Desiderium collium æternorum.

Une des surprises de Rome est que les cons-
tructions religieuses du XIXe siècle, architecture et
décor, ne sont étrangères ni à elle ni à nous. Ces
églises et ces cryptes s'inspirent du style romain-
oriental qui survécut à l'antique pendant le premier millénaire du christianisme. Et cette copie
n'est pas froide, elle est pure ; — ni pâle, elle est
blanche. Les mosaïques d'or vif et les ferronneries
d'or bruni impressionnent par leur éclat ou par
leur discrétion assourdie plus que par leur richesse. La connaissance très sûre du passé, et la
puissance des ressources se voilent sous l'œuvre
finie. Nulle part le goût n'est en défaut : c'est lui,
en dernière analyse, qui rend par une sorte d'in-
faillibilité l'imitation finement vivante. Une sensibilité instruite sait animer l'histoire. Ce qui n'est
pas moins admirable c'est la façon dont la vie
présente est admise dans la création traditionnelle;
elle reçoit le champ libre après s'être pliée au
cadre. A cet égard la crypte funéraire de Pie IX
est un symbole. Sur des parois d'architecture
classique, elle compose les dons de la chrétienté
autour d'un tombeau sobre. Pour que cette humilité souveraine fût possible, il a fallu un long pon-
tificat, et une bien longue papauté.

Cette vie secrète qui échappe à presque tous les
voyageurs, surtout à ceux qui prétendent juger

les œuvres, au lieu de se laisser juger par celles-ci — on l'atteint même à Saint-Paul-hors-les-Murs. *A priori* le regret de la basilique où tant de souvenirs alimentèrent les flammes, — il convenait pourtant que Saint-Paul brûlât, — dispose le cœur à des sentiments réservés. Toutefois la mémoire d'un vieillard disparu ne saurait empêcher qu'on se plaise à sa descendance. Chaque œuvre doit être appréciée sur son propre mérite. Or, quand on ouvre les yeux au bas de la nef, l'ensemble, simple et spacieux, s'impose. Une double colonnade, une architrave à double mouluration rectiligne, un étage fenestré, font perspective sous un plafond caissonné d'or. Aux caissons et aux pavements de marbre, de grandes directrices longitudinales accompagnent vers l'arc triomphal la fuite ascendante des tailloirs et des moulures : faisceau de rayons concourant au foyer. L'arc, plein-cintre, s'ouvre sur une abside en demi-coupole. Deux mosaïques bleues à fond d'or se répondent aussi de l'arc à l'abside. Seul au chœur, le dais gothique; les lampes de la confession tracent à sa base un cercle de lumière et les statues des deux apôtres, en tête de la nef, semblent introduire à l'autel. Une lueur de soleil suffit sur les marbres aux tons complémentaires pour que l'espace du monument commence de vibrer. *Circumfulsit eum lux de cœlo.* N'est-il pas beau d'avoir transposé l'ardente attestation du Saul en horizontalité romaine sans faire tort à l'apôtre de sa grandeur?

Je me suis promené dans le cloître aussi long-temps que plaît la solitude. Des rosiers y fleurissent entre des bordures d'iris blancs; chaque bouton s'épanouit, isolé, au milieu de ses frères; au centre seulement, une voix chuchote au nom de la communauté : celle d'un fin jet d'eau qui jase la prière. *Hic nitet interius monachalis regula turbe : hic studet atque legit monachorum cetus, et orat.* L'air remue sans bruit les feuilles; le ciel, comme un gai préau, est sillonné par les hirondelles.

Vers le soir, à l'abbaye forestière de Saint-Paul trois Fontaines, on peut attendre l'*Ave* dans une église de Cîteaux, en songeant à la lointaine Bourgogne, à saint Bernard, à l'abandon de l'abbaye mère, si recueilli qu'il enseigne encore Dieu, — et, plus loin, à l'apôtre Paul dont la tête ici rebondit trois fois en faisant jaillir trois sources nouvelles. A travers les plaques de marbre perforé qui ferment les fenêtres à la manière arabe, le crépuscule étend sur les murs de la nef le reflet vert fluvial des eucalyptus, des aloès, des figuiers d'Inde et des palmiers géants. L'encens et la térébenthine en se mêlant font une odeur de myrrhe. Comme on sent alors ce qu'était l'Afrique romaine quand le génie survivant de saint Paul y vint frapper saint Augustin.

La Méditerranée, berceau parfumé du christianisme, voilà notre demeure; notre temps, celui où le monde antique lavait sa jeunesse en l'annonce du Seigneur.

Adieu, cher ami. Voici la basilique de Saint-Laurent; l'intérieur en est compliqué, mais n'y songez pas; ne veuillez voir que le paysage de cette façade; son aisance gréco-latine vous fera sentir la probité mesurée, la droiture, qui permettent aux vieilles civilisations, par un retour sur elles-mêmes de créer encore. Les cyprès, gardiens du Campo Verano, et les colonnes claires du portique ont la même cadence. C'est l'église des diacres martyrs. Le clocher, si docile, fait penser à la France; surtout remplacez les cailloux tristes du sol par des gazons, des frênes, des pins; car voici la seule différence entre Rome il y a cinquante ans et Rome aujourd'hui : à tous les endroits où il était aride, le terrain est regagné par la nature; la poussière séculaire a fait place aux fleurs. Que cette constatation positive vous contente. Aujourd'hui, en parcourant les monuments champêtres de la ville pleine de cours feuillées et de jardins, on comprend ce que déjà les païens enseignaient : que le plus précieux attribut de la divinité c'est sa jeunesse éternelle.

A Henri M...

ROME. 23 avril.

Tristitia vestra vertetur in gaudium.

J'ai passé une après-midi d'avril sur le Mont Palatin. Le temps et les voleurs ont fait œuvre de probité historique en consommant de palais en palais la disparition des revêtements de marbres, des stucs, et de presque tout l'ornement, pour mettre à jour un corps de brique étageant en profondeur le dédale des voûtes et des couloirs. Tout ce qui brillait dans la civilisation impériale a peu duré : le moindre rayon supposait tant de cruauté, une torture humaine si affreuse! Mirage de félicité, simple couverture. A la lumière tamisée du Cryptoportique, sous les gouttes d'eau qui filtrent du jardin Farnèse à travers les voûtes pour venir chanter sur le pavage, j'ai détaché un cube de marbre au point où l'on dit que le poignard de Cherea interrompit Caligula. C'est une propitiation d'avoir sous la main la trace d'une tragédie impériale.

Pour être passé de la structure au parement l'empire s'écroula. Derrière lui, en quelques siècles, son apparat s'est éteint. Et ce qui avait fait sa force reste aujourd'hui debout : c'est l'architecture traditionnelle de Rome : pas de marbres, peu de pierre, — la brique, des myriades de briques cimentées. — Les énormes blocs rectangulaires de l'enceinte, seulement comme témoignage du temps des rois, fondements, départ. La république romaine fut donc une énergie d'agglomération. La faiblesse relative des éléments constituants n'importait guère ; ce qui compte, c'est leur nombre, leur unification, leur liaison. Les grands peuples bâtissent de la même manière la demeure de leurs princes et leur empire politique. C'est pour cela que les monuments d'architecture, par leurs fins, leur disposition et leur appareil, expliquent une civilisation plus directement et d'une façon plus synthétique que l'édifice littéraire y correspondant. Il suffit d'ouvrir les yeux sur leur ensemble pour avoir l'impression générale *juste* d'un monde différent du nôtre. On ne parcourt pas en une après-midi la littérature latine de Plaute à Tibulle; en une après-midi on parcourt le Palatin.

C'est ici le règne de la force basé sur l'appétit sensuel. La magnificence exalte l'amour des corps et l'on domine à condition de repaître. L'on domine aussi en sachant se rendre invisible, et quitter le personnage qu'on joue pour tendre l'oreille; ces murs puissants recèlent beaucoup de salles obscures, d'escaliers dérobés : on n'était jamais assuré que César ne surprît l'accord fugitif d'une parole, d'un regard. « Songez que je vous voi ». Cet avertissement néronien est d'une saisissante vérité. L'ubiquité de surveillance faisait de l'empereur le maître des pensées secrètes, l'égal des dieux.

Et la sensualité, forcenée, gigantesque, on en reçoit le choc — un choc si grand qu'il est, lui aussi, une jouissance — lorsque, ayant parcouru tous les palais, on arrive sur le flanc sud de la colline, en face de l'Aventin et du soleil, et que, de la loge impériale, on découvre devant soi le Cirque. Si la demeure des dynasties julienne et flavienne, bordée par le stade où manœuvraient les gymnastes et où se préparaient les courses, accède au prix de quelques pas à ces gradins, ce n'est pas un hasard. Tous les sens et toutes les passions se trouvaient captivés quand, César présent, au sein de cette baignoire magnifique où la lumière du jour coule entre les collines, des biges lancés à mort doublaient les obélisques, des esclaves guerriers luttaient par deux à se détruire, l'immense beauté humaine, déployée, rendue à la nature par une rivalité sans merci, embrasait le spectacle. A mesure que le soleil décline, l'ombre des thermes de Caracalla s'allonge vers la pelouse.

Cette heure est d'un charme invincible. Les impressions nouvelles commencent de s'y étendre et de s'y reposer. L'éloignement au fond du passé devient une promenade à travers le printemps. Toutes les fleurs sont écloses, d'une largeur de coupe et d'une netteté de ton splendides, les fleurs du Palatin, vraiment romaines par leur beauté. De longues orges, des avoines aux grelots robustes, entourent de leur jet des têtes et des oves ; le lierre des bacchanales déborde l'épaule des murailles ; l'acanthe des prairies répare les blessures des vieux chapiteaux. Le Forum paraît un jardin dessiné où les boutons d'or pleuvent sur les parterres, et les bosquets de cytises s'éparpillent entre les colonnes. Le palais de Tibère, aujourd'hui : sur un nombre mystérieux d'étages voûtés un autre jardin, suspendu. La ruine vigoureuse ne fait qu'y élever la nature. A tous les points de l'horizon c'est Rome lentement vivante qui l'entoure. Ainsi, sous les bambous, les yeuses et les lilas qui font aimer les fresques de Livie, entre les haies de roses, on voit monter le crépuscule. Le sol à travers l'herbe, les pans de brique et les arcades à travers la mousse et les feuilles ont la même double tonalité de poussière et de fraîcheur. La sérénité de l'air préside à ce mariage. Voici l'un des lieux du monde où la mort est vaincue. L'œuvre antique et la jeune nature y font un accord éternel. Sans doute, à la fin des journées d'été, quand les maisons et les rotondes sont une poudre d'or, le Capitole, un phare au ton d'orange, reflète sur la ville exhumée de classiques triomphes. Mais dès le mois d'avril, chaque soir, pour un temps aussi long que l'avenir, c'est le soleil tout seul qui rend au Palatin sa pourpre d'autrefois.

Au retour, la nuit presque close, j'ai été suivi de rue en rue par une louve noire. *Ecce duo gladii hic; satis est.*

A Henri C...

Rome.   Saint-Marc.

Inter lupos.

J'ai lu votre lettre dans le cirque où les bêtes sauvages pâturaient les chrétiens. Le silence et la paix s'y déposent, comme dans un cimetière de campagne; la nature étouffe entre ces murs les déchirements dont ils ont été l'écho.

Le Colisée sous le soleil est une rose aux rayons d'ombre : couronne des martyrs. Son triple bandeau semble patiné d'un sang séculaire dont l'asséchement aurait fixé la couleur. Au seuil des prisons pareilles à des chenils où le dos se voûtait — le long du corridor où l'on charriait la chair massacrée, le travertin est taché de plaques brunes : détrempe terreuse, car le sol est humide et mal odorant ; — mais dans ce théâtre athlétique où rien n'a changé, elles transportent l'imagination ; on songe que les pluies de vingt siècles n'ont pas lavé les dalles. Au-dessus de la tête l'arche d'une voûte éventrée conserve dans sa courbe quelque chose du mouvement des beaux fauves.

Dans l'arène on peut se croire au jour où, sous l'impulsion du Créateur, le rythme commençait à cercler le chaos. Toutes les compositions de caractère universel prennent la forme de cercles concentriques. Mis à vif par l'éboulement des gradins, les murs de support soulignent de recul en recul l'évasement croissant ; l'œuvre entière enseigne l'art de s'amplifier en s'éloignant : au niveau du pan le plus élevé, l'horizon cerne un dernier étage sous la rotonde céleste. — Le regard en descente trouve, au lieu de gradins, les chanfreins d'un tuf rugueux verdi par l'herbe, simulant les parois d'un entonnoir volcanique dont le cratère, obstrué, serait marqué par l'arène. Vous savez, ami géographe, que la consécration pour l'œuvre d'un peuple, c'est d'être adoptée par la nature.

A travers les baies on voit de l'intérieur cahoter sur la route des voitures pauvres, courir des enfants dans la poussière. Jeu de fabliaux en marge d'un cycle tragique.

L'exhaussement du sol fait aujourd'hui de l'arène tout entière une fosse. Le gazon, constellé de fleurs radiaires d'or, y répond à l'entour extérieur de verdure. Elle paraît petite, très elliptique ; on l'embrasse d'un coup d'œil. C'est un foyer sur lequel le monument qui l'environne concentrait l'attention d'un empire. La visibilité — pardon — et la sonorité y sont extrêmes. De l'étage supérieur, l'impression d'espace en bas, et de vision complète, ôte de l'esprit toute inquiétude égoïste, toute partialité : on ne conçoit rien qui puisse masquer la vue d'ensemble. Pour tous le spectacle était net, total, synthétique. Le peuple romain s'y voyait lui-même. En lui attribuant l'étage ultime — au sommet les derniers — on nourrissait en lui le sentiment de son rang dominateur. Il avait sous les yeux les bêtes, les chrétiens, les esclaves ; César et les Vestales — vierges implacables ; — la garde et le Sénat, l'aristocratie sacerdotale, les chevaliers, les magistrats, tous les détenteurs de fonctions publiques. Sur lui, un bain de soleil, à travers le vélum, infusait à ses veines la volupté de la paresse. Souverain sans rien faire il était satisfait.

Ce qui lui restait de passion, assoupi par les bains et leur voisinage, était de saison en saison brûlé par un spectaclé. C'eût été folle imprudence de laisser dormir une telle race sans jamais décharger sa force. Pour cela, l'empereur présidait périodiquement à un triomphe de la sensualité ; il mettait à nu des formes humaines et les faisait périr publiquement dans les tortures. De leur goût ancien pour la lutte, qui avait donné la maîtrise à ces guerriers, il était resté au citoyen le besoin de croire à sa puissance : il fallait lui servir des holocaustes comme aux dieux ; et quand le vaincu demandait grâce, il approuvait qu'on tînt le poucé en bas. Au cirque la convoitise plastique, et la virile intention dè frapper, se rassasiaient à l'aise. En quelques jours de jeux toute l'énergie latente du spectateur était tirée — dépensée par la voix, le geste et les yeux. Fatigué, lè peuple allait se rétablir aux bains sans vouloir comprendre qu'il était lui-même en esclavage, puisque à l'exercice de sa force, il en préférait l'illusion. Le despotisme impérial entretenait un mirage auquel il devait d'exister ; pour durer il débilitait sans cesse un peu plus les bases de la société dont il était la cime. C'est au niveau du sol que les piles du Colisée sont le plus atteintes. De cette contradiction interne, l'empire est mort, après toutes ses victimes.

Depuis, le Colisée est resté l'abri préféré des lézards; autour des colonnes couchées, ils forment parfois une bague de sommeil; alors, une troupe d'enfants romains, débouchant en carré d'une galerie, s'approche dans le sens opposé au soleil, investit, et se rend maîtresse par surprise de ceux auxquels un trop moelleux repos interdit une prompte retraite. Longtemps les prisonniers balancent leur robe verte au bout d'un fil de fer qui leur cercle le cou. Lorsqu'ils sont étourdis par l'épreuve, on les livre à quelque chien du voisinage qui joue d'eux comme le chat d'une souris. Par instants, la proie délicate échappe et glisse dans la verdure. Invisible, dernier relais, dernière espérance. Les petits Romains, suivant pas à pas le supplice, s'espacent en une battue qui ramène la victime au bourreau. Le jeu reprend : du bout de la patte et des dents, le chien mord et roule. Par feinte, il laisse encore au lézard un répit pour le solliciter à renaître, et pour que, ravivé, il subisse une nouvelle fois la mort. Mais la longue bête exquise grelotte à peine sur le sable. Il y a un arrêt. Toutes les têtes se penchent. Enfin celle du chien donne un coup de dent décisif. La cohorte des enfants se disloque et chacun d'eux commence à s'ennuyer. Voilà, cher ami, les derniers martyrs; ils n'ont plus le ton de l'épopée; mais la fable est-elle moins cruelle?

Adieu. Par delà les pans de briques, se découvrent un jardin blond de hêtres et de marronniers en fleurs, les chapelles agrestes du Cœlius, et, au loin, sous quelques nuages, la prairie maritime. Entre les joints de l'appareil, dans ses gerçures croissent des résédas sauvages — *amorino* — que leur parfum trahit. En voici deux pinacles. Vous allez cueillir avec eux dans la chaude et somptueuse mélancolie du Colisée un peu de la gaieté d'avril.

A Henri C...

SAINTE-CATHERINE DE SIENNE

Di quella Roma onde Cristo è romano.

... Ici la mort est tranquille, champêtre. Après deux semaines de ce temps sombre qui donne tant de couleur aux nappes fleuries, aux manteaux de feuilles, et couvre la ville d'une majesté sourde imaginez, au sortir de la pluie, la première après-midi de soleil dans les vignes des Catacombes — *cum illud bibam vobiscum novum in regno Patris mei* — et à travers les herbes sages de la voie appienne.

Si la ville peu à peu devient un jardin, la campagne reste une solitude de prés magnifiques, où les chemins antiques, infiniment droits, tracent la ligne des tombeaux. Du mausolée vide où nichent les corneilles, au colombarium où s'abrite encore l'urne des cendres païennes, des arches, des pans coupés, des cintres de murailles, tachent de loin en loin la verdure par leur rousseur rosée. Eux seuls exhaussent le sol, en font percer la teinte, et reflètent comme dans un miroir terni le couchant; en tous ses autres tons, fondus de bleu, la nature paraît matinale.

La tour de Cæcilia Metella fut sommée de créneaux par le Moyen-Age et devint un donjon. Des fortifications féodales ont aussi bouleversé le sol du Colisée; — dont les gradins passés à l'assaillant devaient beaucoup faciliter un siège en règle. Il est à peine choquant de voir l'art militaire des barbares couronner la somptuosité funèbre des Romains : de tout temps les hommes ont su se faire de la mort d'autrui un rempart. — On foule aujourd'hui au creux de la tombe un sol de laves pourries couleur des vieux os, où s'effraient de gros insectes rouges et noirs, — ceux qu'enfant on m'avait appris à éviter sous le nom de gendarmes; mais ici énormes, tout oscellés; c'est bien leur tour de prendre peur. En levant la tête on sent monter autour de soi une spirale feutrée qui finit en cercle de feu sur une échappée céleste. Aux murs des salles externes s'appuient, entre des buissons de houx, les têtes, à présent détachées, des sépulcres de la route; le temps, peine capitale, n'a point rongé leurs traits : il les enveloppe seulement, et les généralise; en effaçant l'individu, il manifeste le type romain, — son vainqueur. Un masque, entre autres, m'a saisi : maigre et l'ossature cave, l'herbe mouillée lui a donné le teint des cadavres. On pénètre ce que demeura sous les modes de la Grèce, la matrone : une vestale des dieux lares; l'homme, par contre, fut séduit aux voluptés spirituelles et, comme la violence de ses instincts lui interdisait de les goûter avec discrétion, il s'y abîma. Ses masques funèbres suggèrent moins les résistances de Caton l'ancien que les facilités de Pétrone. Il convenait donc que cette tombe forteresse, dernier témoin de l'intégrité d'un peuple, fût celle d'une Romaine.

Elle est la tête de file imposante d'une série dont la plupart des unités se tapissent; sur le côté du chemin, de place en place, le bâton ferré qui ponctue ma course délivre de l'emmêlement des herbes, au lieu d'une borne milliaire, une cuve, un socle; si bien revêtus, si bien embrassés par les crinières de gazons! Il semble qu'on puisse aller ainsi très loin sans que rien change : autour de soi les prés ondulent sous leurs troupeaux — *et cognoscunt me meæ*; — les monts Albains, d'azur nébuleux, se dissipent au fond de l'air. Il n'y a plus que cet air et la plaine, une très vieille chaleur dont on s'engourdit, l'étendue d'un silence qui rassure d'abord, et peu à peu devient si grave, qu'à la fin le passé dévoile le paysage, l'absorbe et vous étreint; on le respire; il suggère la force invisible de cette grande nature qui fit l'unité de la terre et qui la maintient; avec lui, dans sa dilatation, entre dans la poitrine la senteur des fenaisons fraîches.

Dans l'enclos de Saint-Calixte, le long des murs s'ouvrent en ce moment des fleurs d'oranger dont le portier offre au pèlerin quelques tiges avant qu'il descende aux cryptes. Il faut que je vous dise quelle visite privilégiée j'y ai faite, sous la conduite d'un jeune Père trappiste, blessé militaire, qui m'a promené plusieurs heures de couloir en couloir, de chapelle en chapelle, et d'étage en étage, tirant d'une inépuisable poche un trésor de petites clés qui faisaient céder toutes les grilles; que de fils de cire blanche nous avons consumés à regarder une à une les peintures pompéiennes de Jésus-Orphée, de Moïse au rocher, d'Abraham orante prêt au sacrifice, de

Jonas échappant au monstre et se délassant de la tribulation sous une *pergola*, de la Cène au poisson, des Saisons fleuries entourées de fruits et d'oiseaux. Une civilisation si délicate ne déméritait pas de survivre : muée par les chrétiens de décor en symbole, elle reçut d'eux une pensée à transmettre et gagna son salut. Le Père Eusebio exposait le sens de chaque image, lisait chaque inscription, s'arrêtant de préférence aux beaux vers damasiens dont les mots et les sons déploient, parmi l'art du labyrinthe souterrain, une imitation virgilienne qui me guidait. Ainsi parée dans son obscurité, la Catacombe n'est-elle pas la figure d'une vie intérieure que le divin Maître habite?

A la différence des temps gothiques, le symbolisme fut ici une adaptation au dehors, un masque social, une prudence. L'image tirée du répertoire païen, les disciples y infusaient une signification nouvelle. Quand une forme naissante doit chercher l'ombre pour se répandre, il lui faut changer les signes courants, seulement en ce qu'ils comportent d'invisible, c'est-à-dire en leur spiritualité. L'art chrétien, à son origine, fut donc immatériel. Il le fut par nécessité sociale avant de l'être par essence. Où le tailleur de marbre funèbre sculptait sur sa demande Hermès criophore, le fidèle des catacombes voyait le bon Pasteur, qui porte l'âme à la paix éternelle. Tout développement cultuel antique débute par une initiation. Faute de quoi le païen ne trouvait rien à surprendre là où le bien-aimé du Seigneur qui allait venir entendait un mystérieux rappel. De

nos jours encore, que de fois on se comprend
ainsi! Jeu divin, esquisse d'une poursuite, mali-
cieuse pudeur de l'intelligence, patrimoine et pain
de l'amour. Indignez-vous, cher ami : nous voici
mûrs pour les sociétés secrètes.

Au cours de la visite, on reçoit d'en haut, par
un lucernaire, un peu de jour : dé loin en loin
d'autres lucioles passent, éclairant les parois
d'une galerie, les baies d'un carrefour; lueurs
intimes et lueur du dehors qui jamais ne se rencontrent. Ainsi les âmes s'entrecherchent. Le
Père restitue à une salle plus vaste ses marbres,
ses mosaïques, ses peintures; c'est la chapelle de
Saint-Eusèbe, son patron, — « la plus belle des
Catacombes » — dit-il avec un regard heureux.
Oh! la surprise de connaître que des saints dont
on ignorait presque le nom soient ici une force.
Fatigué de joie, au bout du dédale, j'apprends
qu'il resterait à parcourir la crypte de Lucile —
petite aveugle selon la chair et délicat porte-
lampe — que le cimetière de Balbine, de Marc et
de Marcellien vaut aussi qu'on y prenne un souvenir... La tradition romaine surabonde. — Le
départ fait gonfler entre des haies de sureau
Sainte-Marie-Majeure comme une barque grise
à deux voiles; puis, seule au bas de la moitié du
ciel, la coupole de Saint-Pierre, merveilleuse
comme un champ d'iris sur lequel il aurait
neigé.

L'attrait de ces promenades est qu'elles éveillent presque toujours, à côté d'impressions auparavant soupçonnées, d'autres sentiments impos-

sibles à prévoir. Il en fut ainsi, pour celle que je vous conte, au déclin du soleil, sur le versant d'un coteau où la voie latine se perd dans les prés. Ayant parcouru ses dalles grises, usées comme des galets que la mer a roulés, j'étais entré dans une brousse d'avoine et de grêle ivraie pour atteindre, en la traversant, l'orée d'un bosquet de pins. Vers l'est, la descente de la plaine très loin était barrée par l'arcade de l'Acqua Claudia, intermittente, et le trajet continu de l'Acqua Felice — *felice anche io* — qu'illumine d'espace en espace le scintillement d'un peuplier. Vers le couchant, sous les arbres, un rectangle de murs sans élévation paraissait clos par une grille abandonnée. Mais un gardien, fort imprévu, la fit jouer et dit en s'écartant : *San Stefano*. Sur la terre des martyrs, la mémoire du premier martyr. C'est une ancienne basilique clairement lisible dans l'herbe : le portique des catéchumènes; la nef et ses ailes; la confession où séjournèrent autrefois des reliques; l'abside cintrée des voûtes en cul de four; des colonnes montent encore... A terre la corbeille des chapiteaux porte une acanthe primitive qui présage la feuille d'arum du printemps gothique. L'ortie, le lierre et la ciguë, l'orge sauvage, vêtent le sol et les soubassements, assiègent les supports, enveloppent les débris d'une prévenance touffue. Feuilles de pierre qui s'époudrent pour renaître en feuilles vertes. En cette parure, l'assemblée des colonnes éternise son témoignage : entre elles, descend la paix romaine du soir, la paix du dernier soir d'avril. On entend chanter la caille : caille, caillette! A travers les parasols une caresse de soleil, un jour, découpe dans l'herbe une tonsure. *Stephanus, plenus gratia et fortitudine, plenus Spiritu Sancto.* Deux rosiers font pleuvoir au pied d'un fût tronqué les gouttes de leurs fleurs.

Adieu, cher ami. La poussière au couchant nimbe les faubourgs de Rome. *Obdormivit in Domino.* Songeons que ce crépuscule a pour len demain le mois de Mai.

A Henri M...

Rome.   *Santa Croce.*

Sed nescis unde veniat
aut quo vadat;
sic est
omnis qui natus est ex spiritu.

..... J'ai passé une soirée agréable à « sentir » *Lucie de Lammermoor.* Curieux qu'une tragédie qui compte tant de victimes puisse rendre l'âme si alerte. Mais les agacements enjoués de Donizetti invitent à ne pas prendre toutes ces morts au sérieux ; ici c'est à travers les palmiers qu'on aperçoit l'Écosse. Les chambres féodales s'ornent de mosaïques pompéiennes, de colonnes cosmatiques, et de poteries étrusques — fausses. L'agreste gravité d'un cor alterne à l'espièglerie des valses flûtées : velours et dentelles ; Arlequin a fait les écharpes. Pour signifier une fontaine tintant près d'une verrière, la harpe et les *pizzi- catti* trament un ruisseau capiteux et limpide comme du Falerne blanc. Si les personnages parlent de disgrâce, l'orchestre s'oblige à un petit air triste, qui ne dure guère. Pour achever le tableau, l'on pistonne, l'on cymbalise, — jus- qu'au *Boum* triomphal. *Viva la musica!*

Ce qui plaît beaucoup c'est le faisceau progres- sif des principales voix, leur incorporation gra- duelle au chœur. On part d'un duo, dont la sonorité de cornemuse rafraîchit à souhait le décor : bientôt une troisième voix s'y vient joindre, puis deux autres, puis toutes, et l'assis- tance par-dessus les chanteurs. Une conquête par généralisation, la genèse d'une vie d'ensemble. Et la surprise de retrouver chez l'acteur ce qui m'a séduit à Florence : l'attention prudente à son art.

Toutefois cette gaieté foncière, cette précieuse gaieté de tempérament que rien ne peut tarir, n'exclut pas les instants de peine : leur ombre passe comme celle des parasols de nuages sur la campagne romaine. Un lumineux ralentissement soutient le cœur interdit ; puis la voix se relève, la mélodie reprend, plus seule, plus chantante. Cela, pour nous, est l'Italie : après vingt siècles de pensée, une générosité légère où l'esprit vient renaître. La tendresse, et l'oubli de ce qui fait souffrir, sont le double secret de sa fraîcheur.

Vous savez comme Lucie paraît après son crime : un svelte fantôme, une folie frisée; deux fins anneaux de gris-céleste veinent ses paupières, sa chevelure sombre croule sur une mousseline de neige que le meurtre n'a pas tachée; ses mains, qu'elle croise, lâchent le petit poignard. On l'écoute : on suit l'âme errante et candide dans la voix qui se perd. Au contraire d'Hamlet, c'est une fois accomplie la libération, qu'elle s'abandonne au rêve; au lieu d'être contrainte par une vision, elle est délivrée par un souvenir. La voici prête à son mariage solitaire, au milieu de l'église que personne autour d'elle ne voit, aux sons de l'orgue qu'elle veut entendre, et dans cette paix fleurie où la raison dépose les âmes qu'elle a quittées. Dans le silence qui l'étonne, la voix de Lucie continue de monter : c'est le *solo* d'un rossignol.

Dehors, l'acte fini, on goûte la nuit tiède, le long de la **via** Pilotta, sous les arceaux, les palmes, et les étoiles.

Parlons, voulez-vous, d'une joie moins nocturne. Ce fut hier, après-midi, à Genzano; on franchit, en quittant la route, le sommet d'une *piazzetta* : une vasque y déclôt sur le fond du temps son calice de pierre d'où tombent des astres d'eau. A quelques pas, entre des ravins couleur de vieux cuivre et l'intense verdure des haies de sureau, le lac décrit d'un trait sous le regard une Méditerranée d'été. Sur l'autre rive, dans une solitude somptueuse et câline, la tour rose de Nemi prolonge le rocher. Au bord du ciel, l'horizon dessine avec la même sûreté un second contour lacustre. Des pentes de hêtres, de coudriers, de genêts, relient ces deux rivages. La brise et les lézards font chuchoter les feuilles; sous bois les premiers cyclamens, les framboisiers, les fleurs de fraises : le modèle, et déjà le style, des beaux chapiteaux à venir. Le lac a ses plages d'eau lisse, et plus grandes, ses étendues de frissons, ayant miré ensemble, penchés d'une galère patricienne, Agnès et Fabiola. Il n'est pas vrai qu'il soit insensible, mais réfléchi. Le battement des vagues sur le pied des arbres répond sans cesse au cœur; quelqu'un arrive; on regarde derrière soi avec un peu de crainte; si le temple forestier de Diane est une ruine introuvable, aussi bien quelque chose survit de la déesse dans le site qu'elle peuplait : sur l'eau une vive pureté d'émail, et la courbe des bords pareille à celle des miroirs grecs; sous les feuilles un parfum; dans l'air une teinte transparente... Ne disons pas que les dieux sont morts.

L'après-midi était chaude et belle, à pic au bas du village le long d'un pré, une troupe d'enfants se baignait. La variété et la lumière des groupes sont d'heure en heure une joie naissante. Debout ils offrent leur corps au soleil ; puis, à pas prudents ou rapides, ils abordent, de haut on les voit plonger et onduler comme des algues roses; l'écume blanchit autour de leurs membres, et leur voix, mêlée aux ébats de l'eau, sonne dans la demi-torpeur des verdures. Le jeu fini, à pas mouillés ils remontent la plage pour s'asseoir en arc le dos au couchant : arme cruelle de la Vierge chasseresse. Sans doute l'Italie du sud abonde en ces spectacles; mais nulle part aussi propres, nulle part d'un entrain si net, ou d'un repos si naturel. Le lac est mesuré à la taille des baigneurs. Qui n'a pas vu ces fêtes ne peut soupçonner les prodigieuses combinaisons de tons, de lignes, de gestes, de sentiments que la nudité collective enseigne, ni de quelle innocence, de quelle santé elle peut être le signe; au creux de ces bois où Diane frémit pour le pâtre Endymion, son éclat ressuscite le génie social de la Grèce. La nudité humaine achève le paysage : elle y fait régner la vérité. Et quand, à l'éveil des fleurs de forêts, c'est l'adolescence des villages riverains qui se dévoile au bord de l'eau, elle y fait régner le printemps.

A Rome, j'ai connu quelques jours une sœur réparatrice, blanche et bleue, un peu verte, exquise: elle reçoit, en pénombre, dans la bibliothèque du couvent; l'on cause: son nom en religion est un souvenir des Pyrénées... De telles Mères font découvrir combien Renan ignora l'amour. A la porte de sa *chiesetta* pour remercier d'une aumône, et pour se préparer de futures ressources, l'aveugle dit : « Dieu vous rende meilleur. »

Figurez-vous qu' « une dame de l'ambassade de France » vient de se laisser inspirer par les statues de la colonnade de Saint-Pierre une rêverie ébouriffante dont le style surpasse l'incohérente agitation de ses modèles. Jœrgensen s'y commet en une préface laudative : les Danois, à ce qu'on voit, poussent loin la galanterie : du moins, ce faisant, ils écrivent en français. Cela s'intitule ; « A l'ombre de la coupole... » Plût à Dieu qu'elle y fût restée !

A Henri C...

Rome.   6 mai.

J'ai plusieurs choses à vous conter, pas très ordonnées. Ma lettre s'en ressentira ; tant pis.

D'abord une visite à Saint-Pierre-aux-Liens. Ce fut le premier mai, le seul jour de l'année où Rome soit rajeunie d'un demi-siècle, et paraisse tout à fait ancienne ; on y voyage en calèche, ou à pied. Un orage d'après-midi me fit quêter refuge dans un passage voûté. L'arche du haut, comme un soupirail, regardait une place gazonnée, sans autre accès, où grisaillait à travers les rais de la pluie, sur un fond de nuages plein de menace, la tour de la Milice. Dans cette retraite campagnarde un portique ; une nef : un beau vide gardé par des colonnes doriques. Vous savez que les grondements de ces dernières années ont dérobé le prophète aux mortels. Mais le sentiment de sa présence reste efficace : il est là ; il habite réellement le lieu-saint. Imaginez le silence de la nef inoccupée; le nocturne précoce qui inquiète, le tonnerre, proche à cause de l'altitude, le Moïse invisible dont on sent la maîtrise, — comme on sent à travers l'édifice la lueur des éclairs, — et, par un fenestrage de la façade un palmier, encadré dans l'arceau du portique, sur un ciel blême de colère. Les beaux vers de Vigny montent à la mémoire. On se courbe avec le peuple hébreu. Contre l'anéantissement d'humilité, il y a du moins pour moi cette force que Moïse reste partout une figure un peu bourguignonne.

Depuis que l'Ange a rompu la chaîne, les liens de saint Pierre nous rattachent seulement à Florence : au retable de la sacristie on reconnaît la mine futée des Vierges de Mino. Déjà, dès l'entrée, le buste d'Antonio Pollaiolo — *Fiorentinus patria* — rappelle fièrement, sous l'étrange fresque de la peste, les services somptuaires et funèbres qu'il rendit à la papauté. — Auprès, debout dans le mur, l'admirable effigie d'un bibliothécaire de Sixte IV, et la dalle gravée d'un Français : Nicolas de Cues — village sur la Moselle; — ce cardinal eut le goût de choisir pour armes parlantes une écrevisse : rare exemple d'une pourpre combative gastronomique et rétrograde. Les Français passent volontiers pour spirituels à l'étranger.

Les mosaïques absidales de Sainte-Praxède ont une réputation de hiératisme; plus d'un enfantillage toutefois s'y glisse, qui les mouvemente; la photographie, en accusant leur disposition méthodique, obscurcit les naïvetés de la facture; ainsi, dans la scène apocalyptique, pour meubler les bras du vieillard d'avant qui à chaque registre s'allongent un peu plus vers le bord de l'arc triomphal, on les garnit de deux couronnes, puis, pour qu'il ne se compte pas plus de couronnes que de têtes, le dernier personnage de chaque file est privé d'attribut. De cette ingénieuse manière, sans trop d'incommodité les dos s'alignent verticalement d'étage en étage, ce que l'artiste voulait obtenir à tout prix. Une loi si gênante aurait pu coûter davantage. — A l'oratoire de Saint-Zenon, dans l'ombre voûtée, on est fasciné. La proximité des têtes cerclées d'or, la dilatation des yeux et leur exorbitante rondeur, la fixité diamantée des regards, inspirent cette sorte d'effroi que devait propager une conjuration magique. Certes ces thaumaturges ont une mine surnaturelle, mais presque maléfique : un air de feu. On sent en eux le pouvoir de l'homme sur le sort.

Partons aux champs. Je suis monté au lac d'Albano, l'un des plus sobres reflets du romantisme. Dans l'entre-deux-lacs, du côté de Nemi, on chemine sous un bois d'ormes et de hêtres, fertile en détours, en allées, en taillis, où le chèvre-feuille, frère sylvain des cytises, verse pensivemeut ses coupes. Entre des faisceaux d'arbustes, de trembles frêles comme des bambous, les sentiers induisent à de petits tertres pleins d'isolement et de tiédeur, reposoirs de la tendresse, où le mystère et la paix forestiers concentrent leur parfum ; les heures de la sieste y sont visitées par la brise ; livré au sourd repos, le corps ne se distingue plus du sol qui le porte, ni du tissu de ramures qui le couvre; la nonchalante pensée est bien alors une simple voix de la nature, silencieuse parmi celles des oiseaux. Le coucou — *cucco* — redit sans fin à l'écho du lac creux le nom d'une montagne voisine : l'après-midi, au bois, en mai, on est bien excusable de se répéter. — Plus haut, sur une clairière, des moutons beiges couleur de mur, des béliers bistres couleur d'herbe brûlée, tondent les pâquerettes avec émulation : un caniche, pas sénile, fait une ronde près d'eux d'un pas de saint ermite. Puis la troupe enfile une percée où les dernières brebis, par couple, lèvent ensemble le cou pour déchiqueter des feuilles. Je pensais à votre image de Pœstum. Les fines bergeries, factices, et pourtant plaisantes, à Versailles, sont naturelles au seuil de la Grande Grèce. L'art antique est l'éternel printemps à condition d'habiter son berceau. Et s'il fut imité partout, c'est qu'il est la nature réfléchie pour la première fois.

Encore plus haut, c'est la vue sans borne, et le lac : une soie fluide au fond d'un vase volcanique. En cette anse du sud où l'on domine sa longueur, la courbe de la rive et l'émeraude ombrée du versant annoncent le miroir de Nemi. Le Mont Cave, la roche du Pape, et la table rase d'Albe, la rivale, en couronnent le cintre ; sous cette armure, les châtaigniers étendent leur exquis apaisement sauvage. Vis-à-vis, sur le ciel, entre des branches, la coupole de Castel Gandolfo, et sa rampe maisonnée imitent, au flanc d'un petit Saint-Pierre, un *borgo* rose. En face de moi, au nord, une simple

crête, un rideau foncé où s'éparpillent des villas
en jeux de dés d'ennui suave. De l'eau à la plaine
cet arc de terrain si mince semble tendu de nuage
à nuage. — Entre ses deux golfes, beaux comme
des boucliers antiques, le lac rompt par un serre-
ment l'unité de son pourtour. La rumeur de la
brise dans cette double conque rend le son d'une
cascade. Les hirondelles et les graines d'orme s'y
dispersent aux courants de l'air. Le bleu de nuée
des eaux à travers les yeuses grises et la verdure,
leur sagesse, leur allongement contre un dossier
de collines font un nouveau portrait de Juliette
Récamier... Une jeune fille passait, toute claire,
une Française; elle demandait son chemin... Mais
je n'ai pas su le lui dire... Elle avait les yeux bleus
comme l'ombre sur la neige.

Adieu, cher ami.

A Henri M... — Oxford.

ROME.   7 mai.

In Liluniis Majoribus.
Et cælum dedit pluviam et terra dedit fructum suum.

Quand on parle ici d'art contemporain, Cosmo-
polis fait la moue. Les gens instruits déplorent
de n'avoir pas été mandés au monde dans le temps
où le vicomte René illustrait la diplomatie romaine.

A Rome, disent-ils, un cœur bien suspendu n'est accessible qu'à l'antique : on ne doit pas sortir du Palatin. Chose curieuse, une petite Marie Bashkirtseff de notre pension professait naguère, en plein salon, — pas d'automne, — ces principes. Je me suis fâché, déclarant à mon tour qu'il fallait au contraire en quittant les Thermes pénétrer dans la salle coquettement cintrée du récent *Corso in Lucina*, pour s'y délecter aux courbes des galeries, et à l'éclairage tamisé des lanternes polychromes, si japonaises ; qu'en procédant ainsi, sans gradation, on se trouvait nettement contraint soit au désaveu, soit à l'acquiescement ; — qu'en définitive il existe ici deux harmonies fondamentales ; faute de les saisir on demeure étranger ; c'est, dans la campagne, la vie à la fois *éternelle* et *antique*, pour être restée toute proche de la nature et selon les formes plastiques d'autrefois ; dans la cité, la vie à la fois *contemporaine* et *antique*, parce que, dans un décor de passé comme il ne s'en rencontre nulle part d'équivalent, se meut une jeunesse, moins disposé à la sieste, que ses façons d'être émue et de comprendre rattachent à l'âme universelle de notre époque.

Pour colorer ma protestation, j'ai visité l'exposition *Amatori e Cultori* qui vient de s'ouvrir dans le palais neuf, *ad hoc*, et cérusén de la via Nazionale. Je m'y sentais d'humeur à forcer la louange ; veuillez ne voir en cet excès que l'effet du climat hyperbolique dont le ciel nous prodigue la faveur, et la volonté de combattre un préjugé ridicule.

La grande sculpture n'existe guère ; les bustes ou les *gruppetti* les plus en vue sont des Rodin amenuisés ; — les autres, de jeunes filles fondantes — que de sucre en temps de disette ! ou d'une mélancolie coriace : *Edera* ; — des portraits d'un individualisme si poussé que leurs modèles auraient mauvaise grâce à y dénier la ressemblance et l'auteur bien mauvaise étoile à ne s'y pas fortuner ; en ces convenances l'art n'a que faire. On est affligé de noter que les dames âgées affectent, par dédain de tout ce qu'elles auront pu voir, de fâcheuses ressemblances avec les « têtes d'expression » crapaudines. Jetons du lest, pour atteindre au Railleur de Gatto — Motteggiaia, — le *monello* de l'Italie du Sud, aux lèvres infiniment plus développées que les paupières, et qui rit des cheveux au menton. Toutes les voluptés de la bouche, y compris le sel des railleries, épanouissent cette chair heureuse ; ce n'est pas en or qu'il paie quand il est content. Du même artiste, un *Suonatore* — ronde bosse, terre cuite — replié sur sa guitare, les jambes nues allongées dans ses souliers, l'œil clos pour accorder le son. Il me rappelait un mélomane rustique de Castel Gandolfo, accroupi contre la balustrade du lac et pinçant trois tringles de fer sur une âme en sapin. *Che bella chitarra !* me disait-il en riant pour prévenir ma moquerie.

Puis un buste de Sivero — terre cuite — toujours trop particulier ; on veut se ressembler à outrance, moi, moi, moi : mais intéressant pour vérifier ce qui survit de l'antique tête romaine dans les crânes d'aujourd'hui : l'ossature large des temporaux, des pommettes, des maxillaires ; le pavillon des oreilles amené en avant au bas des bosses pariétales ; les yeux convexes et la bouche charnue poussés dehors par la plénitude cubique de la structure ; l'impeccable symétrie du visage sur l'axe nasal. Mais le front qui, déjà autrefois, se cachait sous les cheveux, s'enfuit ici sans esprit de retour, en dépit d'une calvitie. Le personnage n'est peut-être pas tout à fait normal. Cette sculpture est un bon document anthropométrique.

Les bronzes historient des scénettes de genre d'une grotesque puérilité. Mais il faut excepter du bibelotage une porteuse d'eau de Cataldi : on est pris de passion pour l'élégante et intrépide nudité de cette villageoise qui, soutenant à deux mains sur sa tête le cratère d'eau des Castelli, semble dire qu'il lui faut moins de force pour élever le vase que pour porter, nue, par le monde, le défi de sa nerveuse beauté.

Passons au « blanc et noir » — fusains, plumes, gouaches, aquarelles. Deux excellents pastels de Stracuzzi, en pendant : le faune et le bouc, le pâtre et la brebis ; la capricieuse luxure et la tendresse ; double source d'églogues. L'un bistre obscur, l'autre jaune vert d'aube. Non moins juste que l'adaptation de l'unité tonale au thème, le concours des formes terrestre, animale et humaine à l'expression d'ensemble, au sens. L'un : une roche en table surplombant un golfe aride, paysage de volcan lacustre, signifiant l'extinction du désir, par l'épuisement du sol et par la tranquillité mortelle de l'eau. Le faune gît, exposé, sur la table rocheuse; il crispe encore ses sabots, s'étire d'une épaule, et râle, tandis qu'au pied du socle un bouc effréné s'use les cornes et se râpe furieusement le dos. Le promontoire géologique butant la frénésie est beau comme une norme de l'univers plus forte que le désordre. — L'autre : la plaine, ses maigres prés, ses roseaux désertés par les nymphes, et, dans cette monotonie, un arbre émacié que le siroco a tordu; le troupeau des moutons masse un soubassement autour de sa souche. Contre un talus le pâtre qui repose reçoit le baiser d'une brebis : les paupières de l'enfant et de la pecorelle se chargent d'une même douceur : *Nostri nec te pœnitet illas, nec te pœniteat pecoris.* Dans l'uniforme pauvreté c'est l'aurore d'un amour. — Campagne et monts Albains, les deux images signifient une double et noble nature, celle-ci ardente, celle-là délicieuse, innocentes toutes deux comme l'instinct des bêtes qui collaborent à leur pathétique, toutes deux fixant une harmonie : la fraternité romaine entre les étages de la création.

Une salle détachée offre un régal de vieil amateur : les *ex-libris* de Guerrini. On y lit les naïades dévorées par les pieuvres sous l'œil d'un crustacé impitoyable et parmi l'indifférence des anémones : *in calma vita profunda.* Cet artiste recèle beaucoup de monstres dans sa mer intérieure. A côté, un squelette drapé, fleuri de roses — pantins humains, serpents, croissant de lune et autres accessoires — près d'un vase d'où s'élève une fumée interrogative; ce philosophe hamlétique consulte le crâne d'un poète ; à son côté le livre de Dante est fermé sous le velum d'une araignée. Au total macabre shakespearien servi par une précision technique acquise à l'école de Dürer. Pas très nouveau, mais fine plume, et tout à fait, « ancienne gravure », à coller sur les gardes d'une *editio princeps* jaunie. Dans le même cabinet, d'autres dessins à la plume, feutrés, superfins, de Septime Bacconi. Excellent pour les ruines.

Arrivons tôt à la peinture. Il convient d'écarter tout d'abord les poncifs de Henner, les Carrière à l'orange, l'impressionnisme phosphorescent, rouge, pourpre, carmin, garance, vermillon, — ultra violet ; — et trop de femmes qui ressemblent à des lanternes vénitiennes. Médiocre cadeau de Paris, ces quintessences assassinent l'œil. Il faudrait effacer cela : grosse affaire.

Et chercher l'Italie. On la trouve, — en une maternité champêtre de Ciardi, et un cheval à l'abreuvoir dans la cour herbeuse d'une ferme, par Lüpo. L'une et l'autre toile relèvent d'une même chromatique, or et verdure, vraie lumière de printemps chez les *contadini ;* la première plus rosée par la chair du bambin et par le serre-tête de la *Mamma :* la seconde' merveilleusement soufre sur la robe du cheval. Toutes deux acquises au Roi. Ce goût fait plaisir. Le Roi doit aimer les citrons. Le même sens de l'art *italien* est manifesté par une acquisition de la Reine mère : *giorno di festa*, de Corelli, où l'on voit, autour de la fontaine d'un village albain, une joie enfantine de petites taches figurant des gens et des mai-

sons; ce tableautin surtout est d'un vrai peintre.

Les pastels de Sartorio ont le mérite d'être des
paysages où l'on ne croise personne. C'est la campagne avec ses herbes et ses fleurs, ses collines
et ses métairies, son eau et son soleil. Solitude et
vivacité. Pas de ruines, pas d'architecture, même
une certaine informité, c'est la campagne en ce
qu'elle pourrait avoir encore de romain sans
l'homme et sans l'histoire. C'est-à-dire la plaine et
l'éclairage, le ciel mouvementé. Tout de même on
ne peut se défendre de penser que ce paysage
n'est plus guère romain; les abords de la Méditerranée offrent partout de telles couleurs, de tels
espaces; pour peindre les alentours de la ville,
il est requis d'aimer l'art de bâtir, l'histoire
ancienne; supprimer un des termes de l'antithèse,
c'est ruiner le témoignage de Rome dont la verdure n'est si précieuse que pour raviver les traces
d'une civilisation.

Une autre *campagna romana*, de Ricci — à
l'huile — n'est pas moins dénuée de vie animale.
C'est une crevasse violette dans un chaume, fon-
dement de quelque mausolée détruit, avec un
cippe encore debout devant l'éclat blanc de la mer.
Cette seule pierre suffit à poser parallèlement à
l'horizon l'ombre de la voie appienne où se fixe au
loin le fantôme élyséen d'un arbrisseau. Ici la
création cesse d'être un simple jeu de formes et de
lumière pour redevenir un symbole. Peindre l'âme
humaine, manière d'être abolie et émotion
actuelle, au seul moyen de la nature qu'on dit ina-

nimée, n'est-ce pas le dernier mot de l'art du paysage ?

Recevez, cher ami, le cursif salut que porte l'art
italien à votre plage anglaise. A peu de frais nous
réalisons l'accord stable d'Occident. *Good bye!*

A Henri C...

ROME.   10 mai.

Quid statis aspicientes?

J'ai passé des heures au musée du Vatican dans
la *Sala degli Animali.* Je voudrais vous dire tout
ce qu'on y voit, — presque tout. De loin ce sera
peut-être monotone, ici, combien vivant! Agrément
par les surprises qu'elle procure, et gravité en ce
qu'elle contient du mystère de la Création trans-
crit par les mains humaines, cette « ménagerie »
des anciens âges est un des trésors du monde.
Toutes les bêtes du cinquième et du sixième jours
y sont recueillies dans la paix de l'église. C'est la
nouvelle arche de Noé.

La plupart de ces animaux se tiennent isolés :
on les voit un à un sous une physionomie typique
et expressive qui les rapproche de l'homme ; ils
ont leur buste : celui du bouc préoccupé qui laisse
pendre sa barbiche ; de l'âne maigre grisé par son

braîment, celui d'une mule intelligente délicatement bridée, — la mule du pape ; — un veau — *il vitello* — ses fanons plissés par une préméditation cruelle, renifle quelque exploit de Minotaure.

Les bêtes de basse-cour sont là, avec les airs qu'on leur connaît ; le coq embarrassé par ses pattes plumeuses et par ses barbillons ; la pintade ; le paon, qui se sent approché, dresse avec un orgueil inquiet son aigrette graminée. Et de benoîtes tourterelles ; — et des chiens, beaucoup trop de chiens, comme partout : de grands braques insignifiants, des lévriers effilés qui se font des tendresses... Une grenouille accroupie se laisse descendre le soleil dans la gorge ; sur d'étroites consoles, des lièvres haletants cherchent refuge ; ils y dominent malaisément ; d'autres, moins fortunés, se dispersent en piteuses mésaventures, tandis que des lapins, leurs frères embourgeoisés, se gonflent de grumes. On voit la vache mère, soupçonneuse, flairer la prairie ; une truie s'ébrase sur sa portée, et grogne ; on voit des troupeaux de chèvres chevrotantes et de « cabris » cabriolants. La brebis arcadienne voisine sans danger avec le mouton d'Ethiopie. Puis, surtout, le cheval, dans cette attitude envolée, chère au peuple qui créa Pégase.

Des bêtes plus sauvages, pourtant familières, viennent asseoir dans le cercle la faune des marécages et des forêts : la bécasse, la poule d'eau, le héron ; un pélican, qui est, à coup sûr, le plus magnifique goitre de Rome. Dans un trou, un crabe hilare, aux yeux pleureurs ne se fait pas à l'idée d'avoir

les pinces vides ; il ne bouge plus, — consterna-
tion ; cet animal est zodiacal. Retournons aux bois :
un cerf solitaire glisse dans la pénombre ; un sanglier perclus aux soies bien peignées, se relève
encore avec puissance : il évoque les dernières
auditions de Mounet-Sully ; à l'entour, nuée de
perdrix, et de cailles, — la faisane aimée des
peintres alexandrins. C'est ici le coin des chasseurs,
on y rencontre Méléagre.

Voici la faune exotique : quelques lions, gueule
haute, contractent leur griffe sur le monde ; — ils
ont un peu l'air de jouer aux boules ; ne le dites
pas. — Une louve lente, attentive, presque gâteuse
à force d'application, quête les jumeaux perdus.
Délaissé, le vautour courbe son crâne de vieux
penseur. De la trompe à la queue un éléphant
s'agite. *Cosa?* — Un singe jongle avec des noix de
coco et des coloquintes, tel un familier des salons
parisiens. Soudain, une tête de chameau, prodigieuse, bassinet entrebâillé des plus belles armures,
promontoire dont le rebord fendu s'ouvre sur une
caverne. Sous la table d'un front batracien, les
paupières disposent un double arc lunaire signifiant
les nuits de voyage au pays des chameaux, lorsque
le cavalier n'a plus devant soi que le col de la bête,
comme celui d'un cygne ou celui d'un serpent,
ombre interrogative qui s'avance sur le sable de la
plaine et sous le sable des étoiles. Ajoutez le cro-
codile râleur, qui louche : une hyène mafflue, à
l'œil phosphorescent qui roule et guette ; on sent
l'Afrique ; tête de vieux notaire. Ajoutez le rhino-
céros et même un obséquieux kangouroo. Toutes

les parties du monde sont présentes. Le pape Pie a bien mérité des animaliers, des fabulistes, et même un peu des philosophes.

Quand les animaux se rapprochent, c'est par un instinct de combat : on ne compte ici d'autres groupes que des rivalités mortelles. En cet assaut, la nature équilibre spontanément les masses et marie les lignes. Ainsi de la statuaire antique se dégage cet enseignement qu'un rythme d'ensemble entre les formes organisées ne peut résulter que de leur opposition. Soyons donc lutteurs pour servir la beauté. Le renard et le coq, la cigogne et le serpent font entendre au passant la voix des fabliaux ; ils disent que Jean de la Fontaine eût ici volontiers distrait sa journée. Mais il y a des duels plus farouches : l'ours avec l'aigle — belle idée montagnarde ; — le lion contre le taureau, le léopard et le jeune étalon. Un griffon des eaux enroule son maigre corps sur la chair lisse d'un dauphin et, dressant l'échine, il le tenaille à la nageoire capitale ; sa perçante méchanceté chevauche la bonasserie exorbitée du gros poisson. Repos.

Pour achever le tableau, mettez, aux quatre angles, une image d'Hercule régissant la nature, et prêt à l'apaiser d'un tour de bras. C'est le plus redoutable gardien de cette salle ; le centaure n'est pas loin, piqué par l'amour. Et mettez au centre l'homme nu, sur le cheval qu'il étreint à la crinière ; le bras droit levé et les pattes au galop font un mutuel départ. L'ivresse de la course est dans l'alliance des deux formes vivantes. L'une plus frénétique, l'autre plus radieuse, les deux têtes, tournées vers le cortile où les marbres fleurissent, montent ensemble au-devant du soleil. — L'homme est aux marges pour assujettir, au cœur pour triompher. L'univers a besoin de son bras ; une force de violence et de désordre habite la Création. Pour en libérer celle-ci, et se délivrer avec elle, l'homme sacrifie : Mithra, le Phrygien solaire, et les Victoires, immolent les plus souverains taureaux. Les premiers fruits, le premier vin et les premiers enfants chargent l'autel des dieux, leur coupe et leur corbeille. Le bélier fécond pend sur un trépied que des Sphinx maintiennent. On voue la vie, la semence de la vie, le membre qui sème la vie, tout un avenir. En vain! Toujours renouvelé, le sacrifice n'est jamais définitivement vainqueur. Mithra, Dionysos, tous les dieux sexuels torturés, c'est fiction ; et leur culte, l'orgie, une impudicité. Il fallait l'immolation réelle, historique, sans souillure, — et que la source de vie revînt, intacte, traverser la matière, son poids de chute, sa mort. Il fallait le Créateur même pour victime. Lui seul sauverait son œuvre : *neque per sanguinem hircorum aut vitulorum, sed per proprium sanguinem.* Cette nécessité fait de la Passion du Christ le suprême holocauste antique. Il est donc juste que l'Église ait rassemblé tous les autres témoins.

Jadis le plus artiste entre les immortels, lui-même se plaisait à détruire : à quelques pas de cette salle, dans la galerie, on le voit, négligent et nu, qui se dispose à clouer d'un coup de stylet une vivacité grimpante. Le Sauroctone, *uccisore di lucertole*, — lui déjà! Le soleil fait souvent périr les gentilles bêtes qui le cherchent. Et les Romains d'aujourd'hui savent imiter les anciens dieux.

Au revoir, l'hermès de Socrate nous congédie; c'est à Esope qu'il ressemble ce soir. *Nolite timere.* Il est sain que nous parlions des dieux : nous saurons les comprendre un jour.

Je vous recommande, en ces études, le catalogue du *cavaliere* Massi, pour son entrain : un motif bachique 'lui fournit occasion de rappeler la *potenza invincibile del vino*. Il décrit ainsi un *gruppetto : capra Amaltea, con la mano di Giove bambino, che la stringe per la barba.* Lisez celà à l'italienne, en tambourinant les r. Figurez-vous le *contadino che va alla fiera per vendervi le oche.* Et, plus haut, cette Géorgique, — il s'agit d'une vache penchée sur une vasque — *la bestia assetata già vi stende ed immerge il muso per bere.* Quand les conservateurs de nos musées pourront se permettre si fraîche allure... la France aura vingt ans.

A Henri C...

ROME.   12 mai.

Te Martyrum candidatus
laudat exercitus.

Un court « message », la main sillonnée par les acacias en fleurs que nous avons moissonnés.

C'est Sainte-Domitille dans la ville du sud, et Saint-Pancrace au delà du Tibre. Nous cheminons depuis le matin sur la *via delle sette Chiese* — petite caravane de France : deux enfants bretons ; ils s'appellent Alain et Gwenaële. Au bruit de nos pas, des files de lézards se réfugient en hâte sous les haies de ronces :

Nunc virides etiam occultànt spineto lacertos.

Alain est sérieux, sensible, avec de rares violences, le bleu du regard à la fois net et lointain comme celui du ciel, aujourd'hui, sur l'horizon de Rome. Il fait songer à « l'Enfant qui prit peur ». Cet accord celtique-méditerranéen me ravit.

. . . .

Du coin où nous « siestons » à présent, on voit se détacher, à travers les troncs d'une allée, sous un ciel meublé de nuages baroques, la porte Saint-Sébastien, pleine de volonté féodale, et le cintre épars des murailles ; — proche, le parc d'une villa, et ses parterres d'œillets d'Inde au-dessus desquels les papillons oscellés semblent des pétales détachés par la brise ; tout à nos pieds, sur la route, passe de quart d'heure en quart d'heure un *baroccio* avec ses tonnelets de vin, sa voilure en croissant tournée de biais, piteuse comme une vieille lune, son *contadino* sale, hébété de soleil et de tout ce qu'il a pu boire, dodelinant, appesanti. Le mulet, à son gré, s'arrête pour tirer plus commodément quelques pincées d'une botte d'herbes à son usage liée autour d'un des brancards. Au *bivio* la bête choisit. Après leur passage bariolé le chemin se referme, et pâlit; les arbres prennent un coloris plus massif, comme dans un Rousseau. L'oreille suit le grelot du mulet mourant dans la tiédeur.

Imaginez, à demi enfoncée dans le cimetière des Flavii, mais le front au soleil, la basilique de Sainte-Pétronille où les chrétiens se sont réunis ce matin pour la Messe. Des festons de roses et de seringas y embaumaient toutes les déchirures. Dans l'abside une jonchée de coquelicots frais, gros comme des pivoines, faisait pleuvoir sur la poudre du sol des gouttes merveilleuses. A ces coupelles de pourpre, les petites âmes anciennes, par groupe, viennent boire, goûter dans la commémoration du sang, une liqueur inconnue. *Visi sunt oculis insipientium mori : illi autem sunt in pace.*

Le long des ambons, le double chœur des séminaristes chante les antiennes : qu'il est fort ce faisceau de jeunes voix que rien n'accompagne, où tant de visages différents sont unis : l'un timide, et débordant d'un amour qu'il ne peut cacher, qui lui fait baisser la voix et les paupières. *Delicias Domini.* D'autres, les sourcils barrés sur une vibration plus appliquée; le groupe entier suspendu au balancement d'une main. La mélodie complète est par un acte du cœur une conquête de l'intelligence. Luca della Robbia n'a pas épuisé la gamme expressive des choristes.

Aux murs les fragments de marbre sauvés : Adam et Ève, gras comme des *putti*, et hauts comme l'arbre qui les sépare; un Daniel élégant entre des lions assis qui présentent la patte; bras et jambes tendus, les Mages vêtus à l'orientale, se précipitent pour adorer; une décollation de saint Achille tourne en bandeau sur une colonnette; dans des outres fraîchit le vin des noces de Cana; à l'abri d'une gerbe dressée le pâtre trait ses chèvres, les agneaux tètent. Les dauphins abondent, d'une courbe fluide et charnue; leur gros œil en bille percée creuse un opercule végétal : toutes les formes de vie s'enchaînent; leurs fanons béants restreignent les naseaux; leur corps est une interrogation glissant sur les vagues et relevant en queue dans l'air marin le pavillon d'une nageoire. Proches d'eux d'agiles amours chevauchent des hippocampes dont ils prennent les guides pour ceinture; menus désirs en équilibre, frères de ceux qui tressaillent en nous. — Il n'est pas indifférent de voir mêler aux thèmes bibliques ce décor de joie vive.

La Catacombe est ouverte, éclairée de loin en loin par des lampes : on s'y promène à sa guise, seul. La lueur frisante des cierges de cire découpe dans les parois l'ombre des alvéoles funèbres, lustrant çà et là des plaquettes de marbre en place. Par un éventrement du sol, le regard cueille au passage une échappée sur la basilique pâle où les files de colonnes semblent porter l'air. — A quelques pas l'ancienne entrée de la tombe flavienne : deux pylones se renversant à la terre qu'ils appuient, comme au seuil des hypogées égyptiens. Son intérêt majeur, semble-t-il, le voici : quoi que disent des archéologues très autorisés, on y rencontre des chambres où il est impossible de relever dans le décor la moindre trace de symbolisme chrétien. Les Flaviens, famille ancienne et illustre, possédaient un caveau privé *antérieurement à leur adhésion au christianisme*, qui suivit les temps néroniens. L'appareil architectural indique la meilleure époque classique. Adeptes, ils ne cessèrent pas d'enterrer les leurs dans les cellules encore vides. C'est alors — vers la fin du Ier siècle de notre ère — que prirent jour, à travers les motifs pompéiens, les figures courantes du Baptême, de l'Eucharistie et de la Résurrection. A cette date, comme les proches de sainte Cécile et de sainte Agnès, ils offrirent à couvert de la loi, sous le titre de cimetière privé, la sépulture à leurs frères en Jésus. Des galeries de plus en plus nombreuses circulèrent autour de leur mausolée; dans la rue cependant le passant continuait à lire en capitales latines au-dessus de la porte d'entrée une inscription de ce genre : *Cœmeterium flavii*. Du dehors le monument gardait ainsi l'aspect païen : il ressemblait par exemple à la tombe des Scipions sur l'*Appia antica*. Son origine garantissait sa sécurité : on pouvait soutenir la fiction d'y enterrer les clients de la gens. Une telle manière d'entendre, rend compte du mode de naissance et de développement de ces cimetières primitifs au sein d'une société dont les pouvoirs publics étaient hostiles à la secte. — Mais qu'on ait pu voir ici un ensemble purement chrétien, chrétien dès la première pierre et la première peinture, n'est-ce pas une preuve qu'entre la civilisation patricienne et la jeune Église, il n'y avait pas d'abîme. Tout au contraire, l'une aboutissait à l'autre naturellement, *pian'piano*. L'alexandrinisme délicat, le suprême détachement des meilleurs membres de la société les préparaient à goûter un amour au delà de la mort. Peindre la mort si riante et si légère sur les murs de la chambre funèbre n'est-ce pas déjà cheminer vers le Paradis? Oui, disaient-ils peut-être, la mort ne vaut pas notre effroi, car la nature est agréable; semons des fleurs, des génies, des oiseaux; nous allons être tout cela. Ce sourire appelait sa récompense : la mort est le seuil de cette félicité, que vous avez la finesse de ne plus espérer; nous vous l'annonçons de toute certitude; Dieu nous l'a révélé; il est mort d'amour; et puis, *il s'est ressuscité; nous l'avons vu*; suivez-le; vous êtes invités à la vie éternelle. Entre Fabiola et Agnès, comme le passage est facile. — Lisez aussi Phocas le Jardinier, je vous dirai ensuite que le Forum est aujourd'hui le jardin de Phocas.

Les Chrétiens nouveau-nés n'abandonnèrent pas les thèmes d'art qui les avaient si bien servis. Et ce ne fut pas seulement par prudence. Mais par goût, par souvenir, parce qu'en réalité le décor de leur vie n'avait pas changé : leur vie seule était renouvelée. Rome demeurait splendide. Leurs âmes étaient la source qui donne un nouvel éclat à toute beauté. Avec une constance qui touche, tant qu'il y eut des artistes pour historier les caveaux, on vit, à côté des symboles, les fins oiseaux d'Alexandrie, tout le trésor des Métamorphoses. Or, cher ami, notre cœur est proche de ces chrétiens, voilà ce qui me passionne. Comme eux, à la limite d'une civilisation condamnée, nous nous réveillons parmi les fleurettes, entourés des mythes éternels où l'humanité, tandis qu'elle était jeune, réfléchit pour la première fois la Création.

Devant l'hypogée s'ouvre le lucernaire de Sainte-Domitille dont les parois, comme celles d'un puits champêtre, cachent leur mousse sous la retombée des capillaires. Une lueur de verdure coule sur les briques de cette rue voûtée. Vers la gauche un autre vrai puits : on se penche ; le lumignon qu'on tient à la main y va briller au fond comme une vive étoile. *Ex tenebris lumen rectis.* Ici le ciel est renversé ; c'est dans l'épaisseur terrestre que paraît s'être abritée la béatitude. A la dernière marche d'un escalier qui me plonge au fond du sol, j'entends filtrer une source. Lorsqu'on est arrivé là, il semble qu'un espace inconnu va nous ôter au monde. Pas un instant l'impression d'être enterré vif sous quatre étages de sépulcres, mais celle d'un frais mystère de grotte — le tuf humide sent bon — où les yeux ne perçoivent rien, où le cœur s'emplit de confiance, comme si une autre source invisible chantait en lui pour un temps bien plus long que vingt siècles.

Au déclin de l'après-midi, j'ai laissé la procession s'enfoncer à son tour dans le bon labyrinthe, écoutant à travers la terre les voix sacerdotales s'éteindre peu à peu en invoquant les trois archanges.

Et je suis venu reposer près de vous, longtemps.

A Henri M... — Oxford.

ROME.   16 mai.

Iste deus qui sit, da, Tityre, nobis.

A deux cents mètres de Saint-Paul-hors-les-Murs, on vient d'exhumer, voilà quelques mois, un ravissant colombarium païen, en appareil réticulaire du dernier siècle de la république. C'est une suite de cellules familiales ; dans chacune les urnes sont rangées, — parfois ouvertes, livrant à l'air leur poudre blanchâtre minéralisée, — parfois closes d'un couvercle d'argile. Accouplées deux par deux sous chaque arceau, ou bien, rarement, seules. De haut, on voit, d'étage en étage, tous ces regards funéraires s'ouvrir, jusqu'au sol où l'on enfonçait dans des vases pointus de terre cuite des restes moins dignes. Les chambrettes —

une par famille comme nos caveaux — sont étroites, fraîches d'ombre au sein de la poussière des fouilles. Une impression de finesse et d'intimité se recueille entre leurs parois. Chacune a son autel, creusé sous un simple fronton, où se niche parfois le tabernacle portatif des diéux mânes. Auprès, le puits des banquets mortuaires, préfigure des agapes. Tout semble prévu afin que des vivants puissent séjourner parmi les ombres, et s'y plaire. Que ces formes et cet esprit nous avoisinent aux Catacombes! Mais les morts tenaient moins de place avant le Christ. Quelle propreté, quel délicat effacement! Entre les baies, la trace des fresques pompéiennes achève d'alléger le repos. On y reconnaît Psyché, son essor, ses ailes de gaze, — c'est l'âme envolée; un génie de l'abondance flotte entre deux cerfs capricieux; sur le bord d'un vase fleuri, un oiseau déguste une goutte d'eau; la perdrix pince un brin d'ivraie et Pégase s'échappe sous un plafond d'hippocampes. Sur le sable, un beau genou drapé.

Tout est encore en place : on voit bâiller dans le sol la bouche des vases funéraires; d'autres urnes, au long col, s'engainent, à demi visibles, dans le tuf qu'elles renflent, sous le carreau de marbre qui les scelle. Ce rideau de terre autour de leur panse apparaît le vêtement du passé.

Un peu plus tard les chrétiens, par soin expressif, multiplieront les scènes et les signes, mais sans jamais proscrire l'élégance élyséenne de l'ornement. Sous ce jeu des oiseaux, ils avaient deviné des âmes fraternelles, prêtes à croire à

l'amour vainqueur puisqu'elles avaient peint la
mort si gracieuse. En ce merveilleux premier
siècle, celui du Christ, le printemps ne s'épanouit
pas seulement sur les prés mais jusque dans
l'épaisseur de la terre comme dernier mot d'une
civilisation antique et premier essai d'une vie
nouvelle.

Recevons le double héritage; loin d'abhorrer
Julien, s'il nous est donné de suivre Théodose,
faisons remonter dans le vieil arbre de l'Église la
sève d'où fleurirent les dieux. A travers la nature,
aux champs, près des ruisseaux, dans les bois,
sur les monts, sur le rivage, recréons en nous,
avec le sol, les plantes et les bêtes, toute la vie
religieuse de la Grèce en sa fécondité. Survivant
aux peuples qui les animaient ces mythes n'ont
pas cessé d'habiter leur terre natale, et toute la
terre. Quand on est devenu sensible à leur présence, on la retrouve partout. Les présages, les
songes, les proverbes populaires, l'imagination
naïve de nos campagnes perpétuent ces formes
antiques. Déjà, l'automne passé, dans le contact
quotidien avec les paysans, j'avais plusieurs fois
senti ce *don d'animation* qui, étendant à l'ensemble
des choses les formes de la sensibilité humaine,
repense le monde à l'image de son auteur; chaque
fois j'entrevoyais des trouvailles; il faut rattacher
ce don, ce don très précieux, au génie méditerranéen; ainsi nous allons vivre en tradition et en
nature. Au milieu de ce bonheur agreste, c'est le
clocher qui reflète le soleil.

Ces fouilles, le plus aimable colombier de la

vieille Rome, sont encore interdites; la commission exploratrice qui en a soutenu les frais tremble de se voir souffler la primeur des résultats. Elle a prodigué les fils de fer, les piquets, les factionnaires. Parfois, sur les lieux, elle déchiffre en corps les inscriptions retrouvées qu'elle s'empresse, après chaque réunion, de faire plâtrer par le menu, afin d'épargner à ces vénérables pierres des lectures incongrues, — sollicitude tout italienne. J'ai opéré ma visite à la face d'un *soprastante* qui scrutait passants et tramways dans l'effroi de percevoir quelque ombre administrative. Il n'encourait pas un sort plus rigoureux que celui des travaux, — lesquels sont suspendus.

A la villa Médicis, j'ai vu l'atelier de M. L..., sculpteur, prix de Rome il y a quatre ans sur un Oreste endormi. M. L.... est venu prolonger à Rome le sommeil d'Oreste; mais il se réveillera, — sous les Erynnies de la critique d'art. Il termine un homme et une femme debout aux flancs l'un de l'autre qui se détournent mutuellement pour un baiser; d'un bout à l'autre de l'Occident Rodin a marié la ronde-bosse. Puis un éphèbe; le corps très beau, la tête intimidée entre la nature et le type. Même hésitation dans quelques bustes. Tout de suite on distingue un vieux Normand « syphilitique, hébété à force de saoulerie, et qui cherche encore à finasser » — c'est la présentation; — empreint sous son crâne voltairien d'un tel caractère que la tête est *naturellement typique*. Ce bronze conçu en Normandie, pays d'origine du sculpteur, permet d'augurer pour celui-ci un

avenir de portraits sociaux. Une fois à Rome, pour
Mlle de B..., pour Mlle Nadia Boulanger, et pour
d'autres dames qu'il n'a pas nommées, M. L.... a
voulu, suivant la conception académique, idéaliser
le modèle. Or si le visage discrètement inexpressif
peut valoir dans la grande sculpture par le mérite
technique de l'ensemble, et par cet argument que
le corps tout entier est idéogramme d'expression,
dans le portrait condamnons-le. La seule manière
légitime de généraliser le modèle c'est de découvrir et de rendre ce que son caractère comporte
de général. Mais qu'on estompe ses traits d'un
voile olympien, ah! comme le marbre pâlit! Pour
cela, hormis quelques exceptions rarissimes —
excusez cet italianisme, — les bustes de femmes
sont l'échec d'un sculpteur intelligent. Une femme
ne porte presque jamais un témoignage universel;
on fait ainsi à son propos de l'individuel sans intérêt,
ou de l'impersonnel poncif. Un homme, au contraire,
toujours par quelque côté, — et il va sans dire un
homme de valeur, — incarne plus ou moins fortement un aspect de la vie. Dès lors le sculpteur a
sous la main une réalité qui peut intéresser tout
le monde. Le problème est résolu. M. L.... a eu la
fortune de le résoudre par la collaboration de
M. Albert Besnard et c'est un bon buste qu'il
achève, où la lenteur charnue et efficace du maître
prend le style et la majesté des bœufs romains.
Puis, quand il s'agit du Directeur de la Villa, un
rien d'académisme enveloppant ne messied pas.
Tout de même le paysan est meilleur: souhaitons,
cher ami, que l'artiste ne perde pas sa Normandie,

car il n'est pas dit que tous les chemins y ramènent.

Continuons : deux mascarons, coulés en bronze, rient et pleurent en faunes fraternels; on trouve aussi de minuscules terres cuites : un *amoretto* attaché, avec un triolet de petits génies qui « le bisquent ». Si seulement on sculptait cela à Frascati... Bonne maquette d'un jeune homme penché, embrassant de plein cœur un personnage assis : souvenir du soir où le nouveau prix de Rome étreignit son père, à réaliser plus tard. Autre maquette : une femme debout, raide, appuyée en arrière : c'est l'attitude que l'artiste a le plus en main, celle de l'éphèbe : pour le nu masculin, il s'applique à façonner des hanches étroites et des épaules larges, un beau vase, à l'égyptienne; pour le nu féminin l'inverse, en suivant le canon grec; toutefois cette femme, le visage en arrêt entre des masses de cheveux courts qui soudent la tête aux épaules, interrogatrice dévorante, prend mine de sphinx; ce sera une fille du Caire. Influence du voyage aux Indes. — Sa Vierge voilée, sa sainte Hélène adorant la Croix rappellent François Rude dans ses essais de statuaire sacrée; ici j'ai laissé paraître mon manque d'enthousiasme : c'est guindé. « Oh! a-t-il dit, je vois bien que vous faites contre l'art chrétien une opposition de principes. » Au total, vocation encore indécise, main dispersée, le temps des essais.

Promenade au milieu des jardins : au centre d'une fontaine Vénus pudique, Vénus source, entre des nénuphars blancs; à travers des haies de rosiers, Saint-Pierre couleur de nuages : parfaite alliance. Dehors, à la façade d'un *villino* voisin, cet exergue : *omnia tunc florent, tunc est nova temporis aetas.* Comme c'est vrai de la Villa, où les allées se nuancent à la profusion des pétales! Et vrai de nous aussi.

Au revoir. Je suis gai. Le soleil de six heures rend blonds les feuillages. Dans ma chambre jardinière où l'on n'entend que quelques cris de passereaux, je vais ouvrir le livre des moines de Solesmes, et chanter jusqu'à la fin du jour...

Dieu dont l'arc est d'argent, dieu de Claros, écoute...

A Henri M... — Oxford.

Rome.   *In Vigilia Pentecostes*

Quia ego vivo, et vos vivetis.

Je dois à la munificence du Prince Torlonia une de ces journées qui de loin en loin marquent les étapes d'une formation universelle. On apprend à la villa Albani la correspondance des arts à travers temps et lieux. Des chambres aux jardins, les meubles et les fleurs dispersent le bizarre enjouement d'une tapisserie Louis XV. Le baroque le plus contrecourbé assortit les lustres aux tables. Dans les petits salons le style empire des crédences et des trumeaux s'appuie au décor pompéien des tentures. Cela ne serait rien, Pompéi étant, depuis plus d'un siècle, la mère avérée du Louis XVI. Mais ce qui saisit de plaisir, prodigieusement, c'est l'alliance audacieuse, imprévue, de l'alexandrinisme romain à l'ornement japonais. Trouvaille ! Sans doute ici l'exécution est un peu faible, l'agencement défectueux : une simulation de laques dans les parois fleuries ; mais judicieusement séduisant le rapport des deux génies décoratifs, selon leur puérile, subtile, nerveuse animalité : insectes et poissons au premier rang : c'est le génie des îles, des campagnes enveloppées de mer, les minuscules fables de Phèdre vues par un minutieux céramiste d'Orient : arachnides effilés et papillons de peinturlure s'accrochent à un brin d'arbuste que l'oiseau des villas napolitaines cueillerait volontiers du bec. Digne de surprendre et d'être réfléchie cette correspondance de style dans la végétation et dans les bestioles, — puisqu'elle ne fut jamais concertée. La forme humaine seule y introduirait une variété ; or elle n'intervient pas. D'un bord du vieux monde à l'autre, il s'est trouvé deux peuples pour ressentir presque de la même manière les mêmes formes vivantes. Or ces deux collectivités qui s'ignoraient entre elles ne se sont chacune inspirées que d'elles-mêmes. Leur ressemblance est donc une loi divine.

Une salle d'antiques montre, à travers les robes raides et plissées de quelques prêtresses, l'art grec naissant de l'art égyptien. On ne saurait exagérer l'importance de cette preuve. Il y eut dans l'antiquité méditerranéenne, procédant l'un de l'autre, deux grand peuples artistes ; le plus ancien nous porte, semble-t-il, à l'âge où le chaos s'organisant par énormes masses prit l'homme pour forme suprême ; partout en cet art, l'homme surgit comme un schème architectural sortant d'une géologie métrique : au pied d'une pyramide, le sphinx triangulaire a visage fixe de Pharaon. Le corps entier, assis, ou debout, se profile par quelques arêtes qui le combinent au support, au siège, au socle terrestre ; personnage de granit, non seulement par la matière et la teinte, mais par *l'expression* : il est l'âme du granit. Les Grecs ont généralisé cette animation du monde. Substantiel et schématique, l'art égyptien possède une force et une hauteur de style que seul Phidias a maintenues sur le rivage d'en face. Avec les Grecs, l'homme a quitté bientôt le support de la nature, il s'est isolé ; il s'est suffi ; il ne se groupe plus qu'à sa propre forme répétée ; il devient l'univers spirituel. Dégagé, la « double nature » s'est en lui manifestée, et la liberté. Il monte vers le salut, vers cette affirmation transcendante dont le Christ viendra couronner l'effort de sa philosophie. Cet âge plus primitif où la matière enchaîne encore la puissance qui lui donne un visage garde pour nous, captifs délivrés, une incomparable grandeur. On y voit l'impulsion divine tirer de l'inerte les géants. Comme la mythologie, l'esthétique comparée trahit aux origines des peuples des traditions et des procédés imaginatifs semblables, à travers lesquels l'histoire et la psychologie discernent scientifiquement aujourd'hui l'unité humaine.

Cette possession de *l'unité*, à la fois sentiment et intelligence, synthèse de nous-même et du monde, sera le bénéfice de nos voyages, de nos études et de nos réflexions, si nous réalisons notre maturité. Imaginez la surprise, en quittant la Villa, d'être soudain en même temps passionné, dans un petit musée, par des majoliques persanes et par un *pozzo* des temps carolingiens, par des candélabres, des brûle-parfums, des lanternes, des ceintures, des étuis de poignards arabes, en cuivre damasquiné, niellé, perforé à dentelle, et relevé, çà et là, d'inscriptions coufiques belles comme l'écriture gothique sur les manuscrits de chant grégorien. Comme l'été dernier au pavillon de Marsan à Paris, mais avec une conscience plus avertie cette fois, je me suis enthousiasmé pour les caractères ethniques dont ce pur décor est le signe, et qu'on peut déchiffrer à son minutieux éclat : Assyrie, Palestine, immense empire arabe, le grand courant de la calligraphie à travers les races sémitiques et son aboutissement chez nous.

Naguère des attraits si divers d'apparence, et qui rompent les cadres didactiques, n'auraient pas été sans désarroi. J'aurais pensé perdre équilibre et voulu me reprendre à quelqu'une de ces idées dont l'enseignement le plus autorisé nous masque parfois le caractère provisoire. Pour ne modifier le monde extérieur qu'à petites journées, j'aurais à demi fermé les yeux. L'édifice aujour-

d'hui peut s'accroître : il est fondé. Ces contacts
de temps et de lieux si divers que sont-ils sinon
le suc d'un « catholicisme » artistique ? le don de
Rome universelle. Ce qu'ils certifient c'est l'identité providentielle de l'âme humaine à travers les
formes sans nombre de ses créations. Les fleurs
de toutes les campagnes ont des airs de ressemblance ; et partout l'œuvre des artistes est un
miroir. On peut essayer de comprendre différentes
notations humaines ; de l'une à l'autre de singulières parentés ne tardent pas à se faire jour. Et
l'active sympathie ne nous laisse nulle part bien
longtemps étranger. La terre est grande, pas trop
grande. *Avanti !* Le rayon de la grâce soit notre
fil d'Ariane. *Quem vidisti in via ?* Nous avons la
souple assurance qui défie les années, qui jour à
jour épouse la vie présente, rend le cœur plus
ferme à mesure qu'il est plus accessible et l'empêche de vaciller sous l'émotion dont il sait
demeurer le souverain.

Ce soir même nous eûmes un terrible fracas
sur le bouclier d'Irminsul. A la gloire des Celtes
et de Rome, *Norma* se donnait. L'orchestre
éclatait à cœur joie, et le choral — *largo* — enflait
encore des druides naturellement bouddhiques. La
force des Romains servait une fois de plus à
magnifier les Gaules. Le temple était colyséen,
verdi par la mousse, frappé d'ombre oblique. Non
moins druidiques les rochers verts de gui, pendants
comme des barbes, et la voix d'Oroveso robuste
plus qu'un chêne. — Les vêtements des hommes

d'armes se livrant, on ne sait pourquoi, à des variations écossaises, agrémentaient de petits Gaulois bruns, perdus dans la forêt du décor, l'œil stupéfié par les tonitruances orchestrales :

Sono i pili romani ancor più forti,

leur assurait-on; l'auditoire ne pouvait que partager leur admiration incrédule.

Puis, c'est le palais de Norma : une architecture régulièrement gigantesque suspend des boucliers solaires; des lances piquent en plafond des peaux d'ours sanguinolentes, ou reposent leur fer contre des tentures de paille impressionnistes, historiées de lunes méduséennes et d'énormes étoiles. Des colonnes à chapiteaux cubiques — style pélagique — gardent une baie sur un jardin de... figuiers de l'Inde. La Gaule est bien acclimatée. Ajoutez deux prêtresses — vestales celtes — dont l'aînée seule eut le goût d'être blonde, fauve même : le gui sur sa chevelure faisait d'elle une sorte de bacchante très sauvage, forestière en latitude nord, un fruit de ronce dans la main d'Augustin Thierry. Sa compagne coiffait au contraire un diadème doré sur les plus opulents cheveux noirs. Oh! le beau couple de Gauloises! Et voilées comme des Réparatrices : la pièce joue sur deux tons, vert opaque et blancheur. Les deux femmes joignaient leurs bras charnus et leurs voix en tierce très justes, d'un timbre frais — on dirait nacré — dans les nuances, avec la force seulement lorsqu'elle est nécessaire, une force sans rivalité qui amplifiait également les deux vocalises au cours d'une même montée et soutenait l'ensemble mélodieux de préférence à la réputation individuelle. A ce point, le chef d'orchestre — *maëstro* Soriente — s'échevelait en emportement sur la double pâleur de ses personnages... Puis les violons s'assourdissent pour espacer le *morendo* des *soprani* par quelques traits d'une discrétion lunaire.

Enfin Norma, livide au grand soleil, frappe lugubrement l'airain, et déchaîne l'épopée. Vacarme où les cuivres dispersent une folie pyrrhique et les chœurs augmentent un bourdonnement sacré qui se ramasse en tonnerre ;

> *Guerra, guerra! la galliche selve...*
> *Sangue, sangue! la galliche scudi...*

Quel peuple nous sommes!

Or, la fille du druide, en s'offrant pour victime, reconquiert l'amour du proconsul. Dans un sacrifice triomphal Rome et les Gaules se préparent à brûler ensemble sur le même bûcher. Toutefois, on ne voit pas le bûcher... C'était un mauvais rêve... Elles ne peuvent pas mourir...

Adieu, cher ami. Pourquoi parlez-vous de mélancolie?

Nous avons retrouvé Eurydice.

A Henri M... — Oxford.

Rome.   26 mai.

Et ego vobiscum omnibus diebus
(Citation indiscrète.)

,,,Dans son dernier livre, Bourget, exposant le mythe de Némésis, a cet aveu : « J'y vois, dit-il, *comme dans toutes les légendes de l'antiquité*, la trace...des grandes vérités de la religion primitive.» « Une autre de mes idées, dit-il encore, c'est que le plan naturel et le plan surnaturel du monde ne sont pas contradictoires. » Il suit que « les païens de bonne foi — *sic* — ont dû pressentir la loi divine en regardant de près le fait humain[1]. » Or que sont les dieux, et leur biographie, sinon les faits de nature généralisés et unifiés dans la forme humaine? — Présentant l'ouvrage au public, Beaunier demande : « Est-ce donc à la sagesse de l'antiquité que nous conduit ce moraliste chrétien[2]? » — Hé! voilà notre route.

Ainsi, cherchons les dieux. En ce sentiment je suis retourné à Nemi. Enchantement toujours, — inépuisable... Le lac est à la fois une réalité et un rêve, un spectacle et une mémoire. Le crépuscule do mai en fait une perle bleue dans un chaton de cuivre antique aux vertes rousseurs. Une barque éloignée y laisse luire mesurément ses rames. Autour d'elle, soir clair. Dans le voisinage aérien de la tour des Ruspigliosi, la cloche de

1. P. Bourget. *Némésis*. Paris, Plon, 1918, in-8°, p. 59.
2. A. Beaunier. *Echo de Paris*, mardi 21 mai 1918.

Nemi récite l'*Ave*. Parmi cette solitude si nettement cernée où l'oreille ne perçoit d'autres voix que celle de la nature, la déesse, pureté sauvage, parfum des bois, ajoute, il me semble, à son ancienne grandeur celle d'être oubliée des hommes. Ce lac dont elle reste l'âme, son miroir, est le nôtre en même temps : notre vie intérieure trace elle aussi, profonde, sous le ciel divin, son cercle de silence; nous pouvons croire, nous avons l'enivrante persuasion de croire que la nature entière viendra, comme en ce lieu, avec un délicat respect, murmurer sur ses bords, que l'innocence y viendra se baigner parmi les feuillages d'avril. Il entre dans notre destinée de connaître cette sereine jeunesse, attribut des dieux, leur parure, dont ils offrent, plus magnifiques à mesure qu'ils sont plus délaissés, de nous revêtir aujourd'hui. Comme j'aime les paysans de Gezano!

Rome vient de frissonner — ses enseignes du moins — à l'ébranlement d'un cortège : les Slaves libérés de Dalmatie et de Pologne. — Juchés sur les combles d'une des églises « turquine » de la piazza del Popolo, nous y avons vu, en plongée, sous le grondement des dirigeables, papilloter les chemises rouges, les aigles d'or, l'aile blanche des cols marins. Au fond de la place, encore vide malgré tant de monde, c'était l'heure de relire sur le cintre de la porte l'inscription capitale : *Felice, Faustoque : Ingressui.* Le soleil de justice faisait son entrée dans la ville à la tête des *bandiere*. Hélas! le calendrier romain qui n'est pas toujours mauvais prophète, marque de prochaines éclipses.

Des princes, à l'âge qu'ils devraient garder toujours, ont porté dans cette fête une fraîcheur de sentiment qui la rendait tout à fait italienne : le prince de Galles, qu'on a vu, embarrassé par la curiosité des dames, descendre un escalier en sautant les marches une à une. Cette décontenance lui a valu bien des suffrages. Et le prince Umberto, en bleu de marine, la veste droite enfoncée dans le pantalon ceinturé haut, le grand col blanc ouvert au bas du cou, — son regard d'ébène et de velours dont ses cheveux soutiennent l'éclat par la densité de leur propre couleur. *Et Lycum nigris oculis nigroque crine decorum.* Le *berreto* dégage sur son front l'air de franchise des vrais marins. C'est l'enfant de l'Adriatique, épouse de l'Orient par l'anneau de Venise. Il a paru tel sur un balcon. Ici la mer est montagnarde. — Ce soir-là, rue Sixtine, une Italienne qui n'a peut-être pas vingt ans, s'enthousiasmait à le dépeindre. Debout près de la table du salon, au milieu des causeries, saisissante image de jeune fille, ses traits nimbaient une douceur large de Lombardie à la buée d'or du Veneto. « Oh! les Savoie! » disait-elle, enivrée par la race, et par la beauté de son prince adolescent. Les historiens savent-ils bien reconnaître toutes les sources du loyalisme ?

Je sors moins en ville, la circulation y est contrainte : on se heurte à des obstacles rotondiques — par exemple, au seuil du Panthéon, une grosse femme qui mord dans une orange. Toutefois ces inconvénients ne sauraient empêcher qu'on fasse visite au signor Petruccio, le peintre, assez peu connu, pour avoir recueilli à travers l'Italie centrale nombre de paysages quasi norvégiens. Sur la porte de l'étage fort élevé qu'il occupe, on lit : *Pulsate et apereitur vobis.* Cette invite évangélique tient avantageusement lieu de sonnette. L'esprit de la maison sera-t-il conforme à la doctrine du maître ? Celui-ci, en noble barbe grise, psalmodie l'incompétence des marchands de tableaux et me propose magnifiquement à cent lires une petite toile — toilette — qu'on estimerait pour quinze. Par bonheur, en cet instant, le regard amateur heurte dans un coin de l'atelier une seconde pancarte : *Vigilate ut non intretis in tentationem...* Voilà un avertissement que maître Petruccio aurait profit à suspendre de dos.

Adieu, cher ami. Le vin blanc de Capri seul sait embaumer les figues.

Heures d'allégresse au Vatican dans les salles égyptiennes. Ce peuple est un prodige de vie ferme, de style, de concision géologique. Aussi grand que les Grecs, osons le dire, aussi grand que les Grecs! Son écriture pleine d'oiseaux, de fleurs, d'instruments, de bonshommes, transporte l'imagination : elle dit tant de choses en dehors du sens littéral qui me reste obscur. Je me sens l'âme des obélisques, suraiguë à percer le ciel.

A Edouard D...

ROME.   31 mai.

Necte, Amarylli, modo, et Veneris dic Vincula necto.

J'ai reçu — déjà — de M. d'O... un billet de
précision, sur les jardins pontificaux, sur le château Saint-Ange, écrit avec une discrète bonne
grâce. En principe on ne peut visiter le château
devenu propriété nationale, que par l'autorisation
expresse du Ministre de la Publica istruzione :
mais au moyen de certaines séductions magistrales
opérées sur la volonté du gardien-chef, l'étranger
parcourt aisément le mausolée-forteresse, du sol
romain que piétinent en ce moment les chevaux
vénitiens de Saint-Marc, jusqu'à la terrasse, près
de la *Campana della Morte* qui tinta sur le cou de
Béatrix Cenci. J'aime tant l'archange de marbre
au milieu des tas de boulets, la mystérieuse chambre à coucher du pape Farnèse, le pape au lis noir,
avec son épinette qui grésille dans le silence. Là-
haut je contemple quelquefois à la tombée du jour,
dans la détente orientale des choses et de l'air,
Rome bouclée par le Tibre, et la campagne, du
beau Soracte bleu jusqu'à la mer. C'est la plus
forte vue de la ville, — la plus certifiante, spectacle d'une domination si « imprimée » que le
sommeil peut descendre, noyer moelleusement
les palais, remplir les coupoles, sans menace
contre l'hégémonie.

Même sur une âme critique, l'impression de
Rome est toute de joie et de vigueur. Dès la pre-

mière minute — cela est exact à la lettre — je m'y suis senti heureux qu'elle existât, et qu'elle fût telle. Depuis, ce contentement, ce prodigieux bien-être, trouvent chaque jour une confirmation, un nouvel aliment; il en sera ainsi sans fin, je le sens; j'y flâne, j'y rôde, je m'y chauffe et m'y frotte aux morceaux de colonnes comme font les chats dans le creux herbacé du Forum de Trajan. Ce que j'ai rencontré : l'antiquité portée par la nature et par l'Église, la jeune Méditerranée aux feuilles compactes et brillantes. Cela, aujourd'hui, fait partie de moi; en peu de temps deux mondes nouveaux réels se sont ouverts : celui du christianisme romain comme rénovateur de la civilisation impériale, et celui dont cette civilisation fut l'héritière et l'abri : la Grèce, l'Egypte, les deux génies antiques, dans la fleur de leur vivacité créatrice.

Mon séjour ici a pris une largeur merveilleuse. La générosité romaine est vaste : les administrations royales et les grandes familles entr'ouvrent aux Français leurs trésors. Les princes laissent volontiers connaître leurs villas, leurs galeries, leurs jardins. Le *Principe Sindaco*, ayant passé une soirée dans notre salon, m'a fait octroyer, en don de joyeuse visite, la faveur d'étudier pendant un mois les collections des deux musées et le palais capitolin sévèrement clos jusqu'à la paix. Imaginez, cher Monsieur, ces heures de libre solitude à travers les salles et les galeries d'une des premières collections d'antiques du monde. Pouvoir être seul chaque jour au cœur de Rome, quelle fête ! Une jeunesse triomphale, un art souverain, vivent et rient dans ce grand silence. Toute la Grèce est là! De corps en corps, de danse en danse, de beauté en beauté, je puise, sans hâte, avec sûreté, ma propre jeunesse inaltérable. Le sourire des compagnons d'Achille retrouvant leur dieu, cet éclair de regard vaillant qu'ils échangent disent aussi ma force et ma liberté. Dans un réduit de ces palais, j'ai trouvé couchée la Vénus : attitude excellente encore qu'inhabituelle. De cette œuvre, parce qu'elle gît en repos, se dégage un attrait plus particulier, vierge des hommages ordinaires, inexplicable comme les préférence des femmes et leurs soudains consentements. Je l'ai regardée, cherchant ce que la déesse ainsi toute proche voulait de moi ; peu à peu elle me prenait ; sans résister, et sans comprendre tout à fait, je l'ai baisée au front. De nos jours, peu de mortels aurontosé cette grâce redoutable.

Adieu ! cher Monsieur, vive Rome. Son Christ est la plus grande force du monde. Et il n'y a que la force qui compte.

A Henri C...

FRASCATI.   4 juin.

Lucosque sonantes.

... Je descends d'un panorama et voici, à quelques pas du sommet, le théâtre gréco-romain qui le présage. Que si la courbe des gradins vous paraît s'amplifier avec un sûr équilibre et les colonnes fragmentaires tendre devant la scène une parure rythmée, vous aurez senti le vrai témoignage de Tusculum ; à l'abri sous les chênes-verts, allongez-vous à côté de moi dans les foins pleins d'odeur pour voir à l'aise les dalles antiques reposer au soleil ; le boqueteau et ses clairières vous paraîtront ceints d'un bandeau de marbre, lustrés, riants à ses reflets. Et Mnémosyne chantera dans votre oreille une pure période cicéronienne ou quelques vers d'Horace.

Plus haut, vous adossant à une grande croix maigre, toute seule sur le ciel, vous recevez l'immensité ; le dévalement des oliviers, comme au flanc de Fiesole, captive un instant par son chatoiement poudreux ; les vignes aussi, cloches de verdures autour des pieux en faisceaux. Puis le regard s'élance. A lui la plaine romaine du Soracte jusqu'à Terracine, une plaine où les moissons revivent sous la mélancolie de l'espace, blonde de graminées mûres, et pourpre de coquelicots. Plus loin, comme des flocons blancs découpés sur une nuée d'orage, les maisons confondues de Rome, au ras du sol, dans la pénombre de leurs parcs. La coupole de Saint-Pierre couleur du temps, émerge seule, et creuse autour d'elle. C'est elle qui impose à la ville indistincte une configuration. Le grand arc voilé des Sabines aboutit à ce point. Vers le fond, dans un lointain qui semble répondre à vingt-cinq siècles d'histoire, quand la plaine et le ciel ont mêlé leurs teintes, entre eux brille un horizon suspendu. Irréelle et précise, mirage d'Orient, une merveille se dessine. D'abord on se demande quoi... C'est la mer; la mer du vieil Énée, celle par où l'on vient des rives de l'Iliade; arc de lumière immobile digne de la main d'Apollon. Malgré la distance j'y vois nettement finir le Tibre. Contre son échancrure d'argent, le phare d'Ostie dresse l'ombre architecturale d'une marine de Claude Lorrain. C'est la mer qui donne à l'horizon de Rome sont trait universel. C'est sur l'éloquente clarté de l'eau que vint à la ville sa double fortune : l'héritage d'Athènes et la nouvelle évangélique, aujourd'hui Capitole et Vatican.

Ce paysage, et l'éclat d'infini qui le nimbe, réalisent notre accord intérieur. En le quittant, j'ai bien senti que je l'emportais. Voici notre mesure : pour tout ce qui est douleur, la force puisée au sacrifice du Christ, et, par-dessus cette lutte, comme sa fleur, l'amour des harmonies, l'antique *joie* qui naît de notre jeunesse et de la beauté du monde, la même qui mettait une flamme de vaillance dans le regard des guerriers grecs.

En retournant à Rome, j'ai voyagé près d'un marin, hâlé, aux yeux noirs bien ouverts pleins de sensible intelligence. Connaissez-vous l'élan de retrouver dans une physionomie de notre âge les caractères de la nature qui vient de nous émouvoir? Je comprenais si bien en le voyant, que la Grèce fut une pensée marine. Cher ami, c'est notre tour, embarquons-nous.

Adieu. A Frascati les salles où l'on déjeune sont de mosaïques vernies et de murs vert-pâle couleur de ruisseau, sous des voûtes comblées de fraîcheur. Le pain a la santé des fours de campagne ; le légume frit se dore ; la forme des poissons atteint une simplicité magnifique ; on sert des fromages couleur de lis qui sentent le poil de chèvre ; avec un sens exquis des plaisirs de la table, longtemps avant le dessert on pose sur la nappe une jardinière à demi-remplie de fruits qui baignent dans l'eau : nèfles — du Japon — cerises grossies par la transparente limpidité du verre et du liquide ; la vision ne désaltère pas moins que le vin blanc dont je la hausse, parfumé comme un bosquet de roses :

> *Illic omne malum vino cantuque levato*
> *Deformis ægrimoniæ dulcibus alloquiis.*

A Henri M... — Oxford.

Rome.   8 juin.

Manete in delectione mea.

... *Mostra d'arte alla casina del Pincio.* Ce sera bref, car les œuvres n'y exposent pas le visiteur à de copieuses réflexions et je veux éviter de paraître, en pleine Rome, par une récidive, verser en art dans le modernisme.

La Mostra s'ouvre dans un décor de citronniers en fleurs et de polownias en graines. Au-dessus du perron une marquise balance des bandelettes à bout rouge comme les pendeloques de cerises qu'on vend en ce moment dans les coins d'ombre. Ainsi dès l'entrée nous avançons sur le terrain de Lucullus, — et peut-être de Messaline. Or la chair flétrit l'inspiration.

Un seul artiste nous reçoit : Selva, — dont le nom me rappelle que vous avancez à pas de géant à travers la forêt dantesque. Dessins, ou rondebosse, ses personnages, tous seul à seul, s'enlacent eux-mêmes et se replient sur soi dans un souci de passion. Ce maître accuse les spasmodiques illusions du narcissisme. Toutefois la femme est son héros unique. Une plastique slavoégyptienne campe des torses de sirènes et des croupes félines entre quatre membres d'une indolence aiguë, sous des têtes aux lèvres indoues. Vous voyez cela. En quoi la *casina* se révèle bonne voisine de notre villa Médicis qui, depuis l'Homme en rose, — il ne faut pas se le dissimuler, — est devenue l'ombilic de l'orientalisme romain. La plus saisissante de ces statues est une *ignuda* seyant sur ses talons, la gorge en avant, dans l'attitude des sphinx. De la poitrine aux genoux, un rectangle de pierre inculte mure le mystère de cette « féminité ». Serait-elle inviolable? Mais la tête se renverse, tend les lèvres, ferme les paupières... On n'a jamais dit plus clairement que l'être qui paraît nous dérober le secret de l'univers, en réalité nous le demande, et que c'est le principe mâle qui détient le mot de l'énigme. Ce morceau de matière encore informe signifie le lieu de la création future opérable par l'homme. Cette tête osseuse et charnue, aspiratrice, se retrouve en quelques bustes de cire, — des portraits, tels qu'ils doivent être, c'est-à-dire le contact du rêve d'un artiste avec une forme extérieure qui s'y apparente, — d'une intrépidité animale digne des mahométanes.

Il est notable que ce sensualiste, robuste, à l'italienne, invertit l'androgyne antique : sur des corps féminins, de nerveuse opulence, il dresse des têtes masculines. Les proies de plaisir qui sortent de ses mains, la passion quelquefois s'attriste en elles de n'être pas comblée; mais plus souvent, l'insatisfaction du désir n'est qu'une preuve de sa force et comme une nouvelle cause de vigueur.

Dans l'aérienne demi-rotonde où, sur un fond d'arbres, s'isole une de ces créatures d'or entre des treillis de petites roses, on reçoit une impression d'art synthétique, tout-lieu toute-époque. Ce résultat convient à Rome.

Ses fusains, nus de femmes toujours, idées de statues, plaisent pour être, les meilleurs, autant d'intuitions plastiques ; on y sent le choc du cœur devant un bel instant corporel ; d'autres, hélas ! ressortissent trop docilement au goût du jour, quelques figures semblent déplorer de n'avoir pas assez de membres pour se tordre ; d'autres de loin en loin, méditent, le pied à la main ; ce sont les penseuses. L'art de rétracter une jambe et d'allonger l'autre en équilibre compensateur, à l'instar d'ibis mal endormis, base l'attitude entière sur une dissymétrie dont le reste du corps ne peut soutenir le style qu'au prix d'un effort visible. Il me semble que les gestes, surtout très passionnés, s'effectuent sans autant de peine — car leur difficulté rabaisserait nécessairement l'attention de celui qui les tente, de l'objet provocateur, à lui-même, c'est-à-dire de l'amour à l'égoïsme. On cherche un peu loin aujourd'hui les harmonies inconnues du corps humain.

Le reste de l'exposition tient en quelques lignes : sur papier blanc, les monuments de Rome à la tache de Chine, intéressant, — par Marini. Les bébés ronds de Spadini — fusain et sanguine — s'allaitent un peu trop visiblement aux maternités de Carrière, qui paraît influencer pour longtemps les essais ultramontains. En qualité d'Italien et d'animalier ce pastelliste réussit les singes. Les tableaux de Deiva de Angelis — oh ! — huiles et pâtes au couteau, se passent sur des toits où les tuyaux des cheminées, d'une longueur homicide, se démantibulent ingénument à feindre les colonnes antiques. Ainsi comprise, la vision de Rome est tout à fait dominatrice. Pasquarosa — nom fallacieux — fait payer cher aux demi-fous son impressionnisme vivement barbare. D'ailleurs toutes les œuvres ici s'estiment avec audace; il est évident que pour un Romain l'art est sans prix. Aux écoutes dans les couloirs, l'exposant guette l'amateur : Arachné parmi les mouches. Auparavant il a fait pour son avantage circuler parmi les journaux quelques élogieuses manchettes. *Bada, bada!* On cherche le dialogue où Mercure poserait sur l'épaule d'Apollon une main diligente. Vraiment ce groupe manque ici, et quel beau sujet, — d'après l'antique!

La Vénus de Cyrène, dont vous parlez avec un enthousiasme communicatif, nous jette dans les aventures. Elle fut naguère emmitouflée. On raconte partout à Rome que les ardeurs de M. Venizelos ne tardèrent pas à la dévêtir d'une façon définitive. Nantie de cette précieuse légende, une jeune fille polonaise, curieuse d'art, me pria de tenter dans le musée des Thermes auprès du professeur X... une requête décisive :

Signore Direttore, non si protrebbe vedere, per favore, la Venere di Cirene?

— Impossibile, Signorina; e nascota. Questo l'abbiamo rifiutato, pochi giorni fa, al ministro Martini!

— Davvero! Signore Direttore, per gentilezza, non si potrebbe del tutto verderla neppure un istante? Sono Polacca, questo Signore che Lei cognosce, e francese. In nessun modo possiamo sperare?

— *Forse che si... I Francesi, tuttora, sono nostri amici... Si Lei vuol tornare un altra volta... questo lo faro per cortesia.*

Entre les bosquets de renoncules et les haies de buis du jardin, la petite Polonaise, sautant de joie, piquait l'air de son ombrelle : « Pensez, Monsieur, si je suis contente ; j'ai réussi mieux qu'un ministre ! »

Or, les jours qui suivirent, un administratif retour de prudence induisit le professeur à déplorer l'excès de ses chevaleresques promesses. Il eut, au rendez-vous, le regret de nous faire annoncer son absence qu'il ne tempérait par aucune instruction auprès du personnel. J'ai fait, vous le pensez, un beau tapage, — qui n'a point su toutefois réduire la déesse, habituée sans doute à des fureurs olympiennes autrement retentissantes. *Clamabat turbulentus ; nec audiebatur vox ejus foris.*

Je me console parmi les délicieuses mythologies de la Farnesina. Les midis de juin sont éclatants. Les murs au ton d'ocre et les tentes brunes bordées de blanc font palpiter une couleur si forte que sur eux le soleil même semble de l'ombre. Rome, à la splendeur méridienne sous le ciel bleu, voilà le grand tableau de Dieu, et de ses fils. Soyons tout amour devant la Création, et toute fermeté vis-à-vis de l'homme puisque c'est par lui que le mal est entré dans l'œuvre divine.

A Henri C...

TIVOLI.   12 juin.

Et præceps Anio ac Tiburni Lucus.

Il faut voir la villa d'Este en ces dernières années de solitude, avant que le Sénat et le peuple
de Tibur y aient porté les mains. La vieille architecture de gradins et d'arbres s'y fait plus obscure,
touffue, à mesure que le palais qui la couronne
prend une pâleur plus éthérée. Le parc engloutit
l'âme dans le sommeil de sa nature somptueuse
plus forte que l'œuvre humaine dont elle est le
mausolée. Lauriers, lierre, buis, yeuses, cyprès et
pins, yucas géants, sous le tunnel des feuilles luisantes un nocturne de végétation méditerranéenne.
Presque plus d'allée, — presque pas de fleurs.
En haut, dans la dernière salle avant de passer
aux jardins, le regard s'attarde sur deux camaïeus
bleus et deux camaïeus verts des Saisons. Ce sont
des ombres s'effaçant, des visages de dieux qui
rentrent dans le rêve. Mais, par la fenêtre, quelle
violence du soleil aux feuillages. Plus il darde,
plus l'opacité forestière se nourrit. A travers la
nature monte sans jamais tarir une puissance de
jeunesse que le faste humain seul imprègne de
mélancolie parce qu'il fait tomber sur elle une
illusion de temps passé. Malgré l'empiétement la
perspective développe note à note l'accord d'une
ligne de jets d'eau dans une allée de cyprès;
l'échelle de mousse pointillée de petites cloches
d'eau, garde une *loggia* inaccessible au fond du

ciel d'été. Abri de choix pour les loisirs d'un Frago : de nos jours l'épaisseur accrue des taillis ne peut que favoriser davantage la sieste et l'espièglerie. Promenons-nous le long du bois… loup, y es-tu ?… Voici le quadrilobe d'une fontaine désuète où le soleil en plongée blonde fait frissonner des algues ; au centre de la vasque quatre volutes qui s'adossent en se renflant suggèrent des grenouilles énormes, reines pétrifiées du peuple qui coassait au bord de la margelle et qui clapota globalement à mon approche. Preste giclure ! Bavant par-dessus des lèvres de pierres rongées, l'eau suinte le long des sentiers ; le sous-bois sent la vase et les bêtes de marécages. La lumière sablée me descend par magie au fond d'un aquarium. Pour en sortir, il faut suivre des voûtes de *capelvenere* qui accrochent leurs tigelles aux cheveux et laissent choir parfois sur l'épaule une goutte familière, côtoyer une rampe d'eau de neige à travers des bambous… Un mascaron, jaseur autrefois, offre dans sa bouche ouverte une corbeille de fougères ; un nain clochant, bouffon des seigneurs d'autrefois, m'offre avec un sourire sans feinte quelques roses qui restent. — C'est ici, et à Frascati, ici plus grandement, parmi ces eaux qui jouent et s'éteignent une à une, dans la délicatesse de l'air stagnant où la chaleur semble un parfum, devant le rêve de palais qui pose au front des verdures une bandelette de marbre, — c'est dans ce site, où la mort fait le style et la nature l'attrait, que l'art d'Henri de Régnier dévoile sa profondeur et qu'on y trouve, au milieu du beau silence italien, comme un symbole de la France.

Vers la fin de l'après-midi, à travers les ruelles et leurs échappées sur des courettes grisailles où s'ouvre dans un angle l'arceau de l'escalier, nous cheminons le nain et moi en trébuchant contre les cailloux du pavage, non sans apercevoir, comme dans notre bourg de Cahors, entre les chevauchements des vieux toits, la montagne colorée cintrant la gorge. Que de grabats charbonneux dont l'œil ne peut sonder l'abîme s'accommoderaient facilement en gîtes de sorcières! La multiplicité des plans, leur échelonnement, l'air de vétusté des murs, des charpentes, le sérieux des personnages à leur métier dans la baie d'un *mezzanino*, la physionomie compliquée et ancienne que forment les gens avec leurs maisons, tout cela fait du village un trésor d'estampes qui se gravent dans l'esprit en le chargeant comme une composition de Dürer.

Mais plus bas, c'est-à-dire plus profond, au pied des chutes de l'Anio qu'il sied d'appeler ici le Teverone, on retrouve dans l'étroitesse du cirque et le contre-jour des verdures l'original de maints tableaux français. La rumeur des jets étagés complète les réminiscences pittoresques. L'art des villas voisines eut le goût d'imiter poliment la nature. Au soleil la poussière d'eau pétille comme une boisson gazeuse. Malgré l'été et la gorge chaude, l'air qu'on aspire est désaltérant. Le chant grégorien résonne sous ces orgues naturelles : son timbre mâle arrive à surpasser le frais grondement des nymphes matrones. L'odeur saline des ombelles assaisonne le creux aux parois blondes que le soleil remonte. Avec un battement d'audace, un vol de pigeons traverse les fusées de vapeur, s'éploie et va s'appliquer aux pans de roches que domine, là-haut, l'ombre ronde du petit temple corinthien.

Les voûtes des cavernes, sorte de chutes pétrifiées, ébauchent un amas de formes humaines et serpentines, un rêve de Pythie : on y distingue, parmi les flocons de nuages marins, des croupes, des muscles, des queues glissantes, des têtes que l'expression commence de pousser, — un chaos de tritons michelangelesques qui entraîne l'esprit à se figurer la genèse du Crépuscule et du Jour de Florence. Ils font comprendre aussi la puissante fiction de Neptune et de son cortège en fugace équilibre sur les nappes de l'eau, — ici un Neptune cabire dans la parenté de Vulcain. La vraisemblance du mythe enchante et donne un peu d'effroi. Un dieu de plus entre dans notre méditation, avec la force de ses roches torturées, l'écume et le tournoiement glauque foncé de ses rapides, la crinière de ses précipices d'eau plus blanche que la neige.

Comme je partais, le guide ramassa pour me l'offrir un long croissant violet et poudreux, une gousse, qui fait songer, lissée entre les doigts, au fourreau de cuir d'une lame d'Orient. Dans le ravin, elles pendent par myriades à ces arbres, frères de l'acacia, qu'on nomme partout les arbres de Judée. *Del paese dove nacque Cristo*, expliquait-il en me le remettant. *Nascetur Christus in Be-*

thleem, in Nazareth annunciabitur... Toute la terre sainte prophétisée du haut de ce *tempietto!*

Adieu, cher ami. C'est la fête du cœur virginal... *Et dilectus meus mihi, qui pascitur inter lilia.* A Tivoli, les lis ce sont les nénuphars.

A Henri C...

ROME.   15 juin.

Et tunc veniens offeres munus tuum.

Tandis que vous endormez votre solitude à la transcendance alpestre, nous entrevoyons des choses rares, nouvellement exhumées, encore humides et ternies de la terre qui les préservait, — ce qu'on appelle une fraîche découverte. Une habile intrigue nous a conduit dans les entrailles du Palatin aux maisons souterraines du premier siècle *ante Cristo.* On y descend par des gradins d'une hauteur impitoyable. La comtesse L..., pas très ingambe et pas latine, qui pilotait notre petit groupe, — et s'en écartait aussi de temps à autre, pour glaner quelques résédas, — s'y exaltait la volonté; recherchant en vain l'appui de parois trop distantes, elle gardait entre deux souffles la force de dire en manière de présentation, et pour nous entraîner à l'épreuve : « C'est un escalier républi-

cain, Messieurs, c'est un escalier républicain. »
Bravo, *contessa.*

Nous avons trouvé à peine débrouillées de leur
gangue des bordures de fresques où la pourpre
alterne avec un bleu d'outre-mer incroyablement
vif et profond. Comme il arrive, les scènes à personnages, les paysages, les fins décors sont presque
effacés ; mais les bandes d'encadrement maintiennent pour quelque temps cet éclat concentré
qui passe à l'air, que je n'ai vu tel nul part ailleurs
dans Rome ni dans Pompéi, et qu'il sera peut-être
bientôt impossible de rencontrer à l'état pur. Au
sortir de terre le *commendatore* B... nous a conviés
dans son cabinet de travail du Casino Farnèse à
goûter le fragment de *puella victrix*, — corps d'une
très jeune fille sous une tunique en tourbillon, —
que lui valurent ses dernières fouilles. J'aime cette
archéologie aérienne, et ses fruits.

Sous les thermes de Titus, nous avons, par
extrême faveur, traversé — et de quel pas ! — les
couloirs, les cabinets, les salles de la Maison d'or
de Néron nouvellement déblayés. La grande iden-
tification qu'on croit y avoir faite serait celle du
lieu précis d'où Michel-Ange vit extraire le Lao-
coon. Depuis longtemps, sous une voûte vaguement
éventrée des thermes, les gardiens — rubiconds
— désignent au visiteur la célèbre place. Mais ils
auront erré. Quant à la récente mise au point, elle
lèverait tous les doutes : n'a-t-on pas retrouvé en
effet au plafond de la chambre dégagée une fresque
dont les excavateurs de 1506 auraient pris le soin
d'esquisser les lignes sur le relevé qu'ils prirent

de la salle entière, relevé dont l'original se conserve aujourd'hui aux Uffizi? La confrontation,
paraît-il, engendre l'évidence. Le professeur M...
se met en devoir d'exposer au long cette rectifi-
cation sensationnelle. Déjà, il en laisse soupçonner
l'intérêt; mais il évite avec beaucoup de circons-
pection toute confidence capable d'étendre sur sa
pensée l'ombre d'une inquiétude quant à la prio-
rité de ses publications. Ces craintes,—indice à la
fois d'une glorieuse passion d'archéologue, et d'un
italianisme averti, — précipitent fâcheusement au
cours de la visite les pas de l'éclaireur et impriment
à sa lampe des balancements intempestifs. Un mur
dégradé, on nous le livre largement en lumière ;
mais la paroi des fresques intactes, il ne lui est
donné de nous atteindre qu'au travers du plus
rigoureux clair-obscur : si l'intrus s'avisait d'y
trouver pour son compte un peu de vérité...! Sur
l'iconographie mythologique, silence, messieurs,
silence! Par ailleurs, on croit avoir déchiffré sous
une arche basse le *grafitto* de Giovanni di Udine, le
décorateur élève de Raphaël, qui serait venu affi-
lier au style pompéien de ces antres les motifs des
Loges et de la Farnesina. Autour de cette trace,
les autographes d'artistes notoires ont aussitôt
fleuri par miracle. C'est ainsi qu'on peut lire, entre
quinze autres, un vigoureux *Pietro Fiorentino*,
signé d'hier ; cela saute aux yeux. Bientôt toute la
Renaissance italienne sera descendue dans cette
cave. Voilà de quoi écrire un roman historique.

Il y a pourtant une partie très belle : le carrefour
(en déca-ou dodécagone, je ne sais plus) d'où

rayonnent par des portes rectangulaires toutes les
galeries esquilines. L'impression de logique
architecturale y prend un élan magnifique. La
puissance de la synthèse étreint l'esprit : c'est
comme un résumé des voies romaines. Dès qu'on
atteint ce lieu, le chemin confus qu'il a d'abord
fallu suivre se compose comme spontanément, se
reconstitue et se concentre. Le dédale tout à coup
s'illumine dans tous les sens : on vient d'en trouver
le foyer. Sous sa coupole, cette salle, qu'on voyait
de partout comme un but, devait-être le sanctuaire
d'une statue sans prix de César ; aujourd'hui un
soubassement de terre noire marque la disparition ;
mais, autour de la percée aérienne qui rappelle
l'œil cyclopéen du Panthéon, un cercle de coquelicots sur le ciel bleu rétablit la polychromie de la
vieille voûte.

... Dehors, à l'horizon d'un plateau de fourrages,
le Colisée, tout seul, couronne murale posée sur
un grand pré. Cher ami, il faut être venu ici pour
savoir comme il est vrai qu'une œuvre antique au
milieu de la nature florissante met dans le cœur
une harmonie qui ne peut plus s'effacer. *Benedictus
qui nobis tribuit intellectum. Alleluia!*

A Henri M... — Oxford.

OSTIE.   17 juin.

Nautisque mari quæsentibus vitam.

Je voudrais vous donner l'impression d'un voyage à Ostie. Elle résume ce qu'on peut sentir de la campagne romaine à la fin du printemps. Malgré les moissons presque mûres qui s'espacent comme une mer blonde devant l'outre-mer méditerranéen, et malgré les pinèdes de Castel Fusano, de Castel Porziano qui suspendent autour du Levante desséché leur nuée tabulaire, une vieille, oh! vieille tristesse domine encore pour quelques années la nature qui cherche à revivre, qui cherche à dissiper une hérédité de désolation. Une torpeur altérée par le siroco appesantit les rares fermes éparses, les osterie — *osteria di Malafede*; nous voici prévenus — et les pauvres habitants. Qu'ils sont beaux, timidement accueillants, ces pâtres jaunes, couleur du Tibre, qui dirigent leur troupeau du haut d'un cheval avec un geste de lancier! Les poulains bruns, d'une maigreur ancestrale qui résiste à toutes les pâtures, les moutons dispersés dont la toison s'épaissit à mesure que les prés s'améliorent, le cavalier rustique cerclant au loin ses bêtes, c'est la Camargue telle qu'on en voit l'image dans les géographies d'enfants. La végétation répand une odeur d'acidité sauvage, fine comme l'anis. Les bœufs se couchent lentement, avec une sécurité de repos que la solitude autour d'eux ne peut pas démentir. *Tutus bos etenim*. Leur robe au ton de tuf parsème de taches grises d'aspect minéral le pacage broussailleux qui les contente. La lyre de leurs cornes s'élève sur l'horizon. Ils sont les derniers rois de Rome.

Ostie, un pâté de maisons, ultime refuge contre la famine ; et un peuple d'enfants tapotant aux fenêtres les treillis métalliques tendus contre la *zanzara*. Les vêtements bâillent de tous côtés sur une peau hâlée de soleil et de crasse ; les plus beaux corps ont la sécheresse musculaire d'une fonte antique.

Les fouilles d'Ostie sont elles-mêmes infiniment délaissées. Ni curiosité, ni travail. C'est un bonheur. Aucune règle administrative n'en distribue l'entrée. Tous les jours, tout le jour, gratuitement ; — rassurez-vous cela ne durera pas. On y circule à son gré, guidé par cet instinct qui conduit chacun au-devant de ce qui doit le surprendre et le conquérir. Imaginez, à travers la tranquille confusion des cases de briques, sous un ciel de *nuages bleus*, la percée de la voie décumane, si modestement large, si droite, avec ses pavés polis comme des galets qui jettent sous le soleil la lueur d'une carapace d'acier. Tout le long de son alignement des colonnes en travertin coloré de fer ou d'argile pareilles aux portants d'invisibles courtines, répètent leur témoignage. Cette grande rue où ne passe aujourd'hui plus personne garde sous la lumière de juin une majesté charmante et aussi, tout immobile, je ne sais quelle gaieté qui semble chanter la survie, l'agrément de reparaître au jour. Les pétales des roses et les briques des maisons empourprent sa pudeur. A son flanc, sur le champ un peu vague dont elle précise un côté, dressez la victoire aux ailes reposantes qui glorifie son isolement; cette matrone, si vaste dans sa robe, suspend encore sa marche au souvenir d'Athènes; détournant le regard du bouclier où la main s'appuyait, elle semble fixer au loin une flotte invisible, et l'attendre. *Duc in altum.*

Dans les thermes triomphe Poseidon sur son quadrige d'hippocampes avec Amphitrite dont l'écharpe est cintrée par le vent du large et le glissement des dauphins. Les tritons brandissant le trident s'enflent les joues à la bouche des conques; plus d'une agile néréide leur échappe au galop des boucs marins. Quelle expansive, quelle débordante vivacité! Puissance de l'eau et du grand air! Attraction qui métamorphose les bêtes terrestres : tous les animaux, sauvages ou champêtres, se terminent en poisson. Ici, comme dans l'âme antique, les dieux sont liés à la vie de la mer; leur allégresse flotte sur la tempête.

Du monticule de ses propres débris le temple de Vulcain se dégage, cube de briques dont les faces, seules d'Ostie ancienne, ont passé les siècles sans jamais plonger dans les profondeurs du terrain. Le dieu n'a pas plié à son destin l'œuvre que les hommes lui ont dédiée. Sans doute il l'habitait toujours, et, par la voûte effondrée, regardait l'Olympe. C'est la grandeur de ce temple d'ouvrir aujourd'hui sa blessure vers l'horizon de l'eau. Il semble que l'inspiration de la pleine mer trouve un écho entre ses murailles, qu'une salubrité magnifique y a chassé la poussière des décombres.

Ad mare descendet vates tuus. C'est elle enfin qu'on sent toute proche au vent salin qu'elle pousse. On suit une allée d'ormes : on traverse des buissons constellés de genêts comme sur une lande bretonne. Le temps s'est voilé, le vent monte avec une enivrante violence... Un enfant celte avec nous : comme ses yeux sont teintés aujourd'hui — c'est le reflet de la mer. On le regarde : la voici. A l'horizon un mince trait d'émeraude, — le cercle vert. Plus près l'eau paraît sous le ton minerai de cuivre qu'elle revêt au large de Marseille les jours de foudre. Puis trois ourlets de vague glauque et neigeuse mouillent sans fin la plage, y déployant un éventail d'écume. Le sable est chaud dans la paume des mains, vrai lit de sommeil où le corps s'enfonce. Sur sa poudre noire, une trame de grains blonds, diligentés par le siroco, file comme un rideau qu'on tire. De petites dunes en bon ordre alignent leur crête audacieuse : *reggimento d'Italia.* Pas l'ombre d'un arbuste, les frênes et les tamaris s'écartent de la côte; des baraques de baigneurs, une *osteria*, si nues qu'elles font la plage plus déserte. Mais, au milieu de l'abandon, une jeune fille en flanelle claire, toute visible dans l'étoffe que l'air fait battre; sa blancheur au bord de l'eau se mêle à celle des vagues et sa voix au bruit de l'eau qui déferle; elle ouvre les bras pour appeler davantage l'air autour de son corps; elle rit de joie avec une si saine et si pleine jeunesse dans l'enveloppement du vent et de la mer! Que cela est beau, cher ami, beau comme une adolescence homérique.

Étendu sur le sable qui me criblait les yeux, j'y ai tracé le nom d'Énée parmi les papillons de coquillages mauves, souhaitant de faire un jour, en sens inverse, son voyage, à travers les mêmes enchantements. Déjà mon imagination s'y prépare; dans cet après-midi de la fin du printemps, sur la plage latine que gravirent les Troyens, je me sens vraiment prendre le point pour le départ. Déjà je suis parti : *atque etiam cum manent corpore, anima tamen exulant et vagantur.* Est-ce pour Athènes, pour Tyr, pour Carthage? — Alexandrie aussi. A ma fortune, un présage : pendant que je médite cet avenir près d'une barque pourpre plantée dans l'arène, une vague forte, et prompte, atteint le sommet de la pente, submerge le bord du plateau et vient couvrir à mon côté le compagnon de cette journée, un livre d'Italie qui instruit des Anciens. Aussi longtemps que dura notre sieste il n'y eut pas d'autre vague semblable. N'est-ce pas que la prise de possession marine peut s'étendre de l'œuvre que la mer inspira jusqu'à la pensée qui découvre, à quelques semaines d'intervalle, le sens de la vie antique et le rivage où descendit sa tradition? N'est-ce pas que la Tyrrhénienne m'invite et que les dieux,

Amphitrite ou Neptune, me souffleront le vent favorable?

Hic oportet tacere...

Au revoir, cher ami, sur le seuil de la Grèce.

A Henri C...

Rome.   *San Giovanni.*
Sicut sagittam electam.

Que je vous conte ceci dans le feu de la trouvaille! Un affaissement de la grande voie ferrée Roma-Napoli vient de faire découvrir près de la Porte Majeure, le long de la voie prénestine, à treize mètres sous terre, une basilique païenne qui peut remonter au second et même au premier siècle de notre ère et dont les trois nefs en berceau, avec l'abside médiane en demi-coupole, sont entièrement revêtues à la voûte comme aux piliers par les plus beaux stucs mythologiques transmis jusqu'à présent du monde antique. Les célèbres tombeaux des Pancrace et des Valérien sur la via Latina, même la maison romaine de la Farnésine, sont ici dépassés, et de beaucoup. — De Porta Maggiore après avoir longé pendant quelque cent mètres le remblai de la ligne, on

entre en terre par un échelonnage à pic que les
dames n'osent pas éprouver; comme dans un
puits de mine on s'enfonce à la recherche du
trésor. Une galerie qu'il faut suivre le dos voûté
à travers des châssis en trapèze mène au seuil primitif au-dessus duquel un lucernaire en tronc de
cône, aujourd'hui aveuglé, et par où sont des-
cendus l'an passé les premiers piocheurs, éclairait la baie plein-cintre forée dans le tuf. Cette
entrée n'est pas sans grandes analogies avec celle
de l'hypogée flavien au cimetière de Domitille.
De là on accède à un vestibule carré; le plafond,
en calotte, s'orne de compartiments peints à
fresque, rouges ou verts, imitant les marbres, et
de médaillons de stuc, très fins, où l'on distingue
de petits amours pourchassant des papillons, —
gli amorini che cacciano le farfalle, — des biges
de boucs ou de chevaux guidés par des génies, et
quelques Ménades montant ardemment des pan-
thères. L'on se sent déjà gratifié et ce n'est rien
encore. Le professeur Colini, qui expose avec simplicité et sans réticence les résultats des travaux,
invite l'hôte à passer la seconde arche obscure...
Au ton de sa voix, on devient hésitant, comme
par l'instinct d'aborder un mystère... Il y a un
moment d'attente avec la nuit devant soi... Et
soudain, du vestibule franchi, à travers un trou
de la paroi, une vive lumière frisante éveille en
relief devant les yeux trois berceaux intacts par-
semés de sculptures blanches qui font sous les
voûtes comme une jonchée de lis. Cet éclair de
candeur païenne est inoubliable.

Entre les piliers carrés, revêtus aussi, je reste longtemps sans choisir un détail, absorbé par l'étonnement. Quel tact de composition, quelle exquise légèreté, quelle aisance parent ce mystère souterrain ! Petite basilique digne des Catacombes... Éleusis offrait-il un charme plus virginal ? Logis précurseur de ceux que peuplèrent les chrétiens autour du nouveau dieu. *Aram deo ignoto dicatam.* Le plan et l'élévation de nos églises romanes à trois nefs voûtées en berceau, avec leur narthex et leur abside, les voici. L'orante, l'âme des cryptes de Saint-Calixte, elle est ici déjà, en demi-relief, les bras entr'ouverts dans son chiton plissé. Elle est ici, fille d'Athènes, sœur des nikés, sœur de Minerve, — tenant de chaque main une fleur. Et ce sont de fins génies végétalisés qui eussent fait la jalousie de Raphaël, — des têtes de Méduse, lunes échevelées de nuages sous un grand vent. Près d'un trépied mince comme ces tiges florales, que la Toscane a tant aimées plus tard dans ses décors d'arabesques, quelle prêtresse, pareille aux Muses, répand l'eau de l'aiguière ?... Apollon, dans un coin, se venge de Marsias : ainsi périssent tous les mauvais chanteurs ! Puis des guirlandes de danses nues, radieuses de liberté. Puis l'anecdote : des esclaves qui se disputent brandissent en guise de lance des urnes pointues : ils vont se crever les yeux avec le cône de terre cuite qu'on fiche dans le sol — c'est encore la fantaisie des poteries archaïques, ici conservée comme le vin frais ; — les scènes de la palestre se prodiguent et les enfants jouent plus d'un tour au pédagogue. Tant de spirituelle gaieté dans un lieu si secret ! Sous les trois vaisseaux Hermès phrygien guide les âmes une à une : on dirait que la fleur de la vie est ici descendue accompagnant avec le Psychopompe les ombres sur l'autre rive. N'avoir retenu de la Création qu'une délicate ivresse de bonheur, et s'entourer de cette ivresse ; sourire à la mort à travers une œuvre printanière qui défie les années,—suprême sagesse, générosité des races anciennes qui, sachant tout du monde, en élisent le printemps ; seuil du spiritualisme absolu qu'il suffit d'un pas pour franchir. La basilique finie, l'heure du Sauveur était venue, l'heure de l'amant divin qui récompense.

Ultima Cumæi venit iam carminis ætas.
Adspice venturo lætentur ut omnia sæclo !

Que trouvons-nous à Rome ? Les confins de la Grèce pure dans l'affirmation chrétienne. Voici l'œuvre : avoir, selon le langage italien, *greffé* la pousse araméenne sur le rameau de l'hellénisme. Reprenons ces voies délaissées. La science elle-même nous y porte, puisque les plus récentes découvertes, celles que tous ignorent, sont avec nous.

On frémit par instants sous la voûte : c'est, au risque de nous emmurer vifs, la charge des trains qui roule au-dessus de nos têtes. Le frêle miracle alexandrin épaule notre terrible industrie. Çà et là, sur les parois l'eau suinte. Diluées et secouées, ces merveilles qu'un hasard nous restitue jettent peut-être comme le chant d'un cygne un bref éclat avant de s'éteindre. Mais il suffira de l'avoir perçu pour se sentir avancer dans la pensée universelle comme sur une voie triomphale.

Revenus au jour le professeur me fit connaître le long de la Via di Santa Groce in Gerusalemme, à quelques pas de la basilique visible entre les files des frênes, les restes d'un colombarium creusé dans des maisons républicaines. Une urne venait d'en être arrachée et sa poussière répandue sur les gravats. « Oh! dis-je, il ne faut pas disperser la cendre des anciens Romains. » Le professeur et moi, agenouillés sur les décombres, nous avons remis, poignée à poignée, les fragments d'os calcinés dans l'urne de terre cuite. Quelques arches d'aqueduc sous un voile de graminée furent nos seuls témoins... *In nomine patris*... Cher ami, ce serait trop dommage de ne pas pouvoir mettre Virgile au Paradis!

Ipsis, Domine, locum refrigerii, lucis et pacis, ut indulgeas, deprecamur. N'ont-ils pas réalisé, ces païens, le reposoir élyséen du canon de la Messe?

Addio.

Le petit temple-forteresse de Veies, ses divinités en pied et ses merveilleux antefixes, terres cuites du VIe siècle, croit-on, *ante Cristo,* sont un nouveau témoignage de la précoce universalité de l'Égypte — de son ascendant simultané sur la Grèce et sur l'Étrurie, sans doute, pour celle-ci du moins, par l'intermédiaire des navigateurs phéniciens. L'Apollon est d'une sûreté d'académie qui l'égale aux meilleure œuvres de l'archaïsme hellénique. La tête de Faune offre la bouche la plus appétive qui se puisse voir. Les traits de ces sculptures peints en noir sur la terre au vieux ton rose-violacé poudreux, leur donnent un air de ressemblance avec les figurines des poteries. Toutes ont l'œil au globe saillant de ces jours lointains où les dieux, émigrant de la Thébaïde, étaient myopes; une nymphe, le visage tendu par une ossature effilée en biseau, semble-t-elle pas fille de pharaon, voire de négus? A cette date le monde méditerranéen tout entier gravite autour de l'Égypte.

A Henri M... — Oxford.

Rome. *San Pietro.*

Surge velociter.

Les promenades cette semaine sont des adieux. J'ai traîné dans la dépréssion du Forum des heures lourdes. Ces interminables après-midi de torpeur, je vaux *quattro soldi* tout juste, — le prix de Cirillino. — Pourtant le jardin sablé des Vestales est frais comme si l'on y trouvait l'ombre : les roses qui s'y emmêlent à l'entour des rectangles d'eau morte font songer à la villa d'Este ; derrière les statues blanches, des fleurs de grenadiers, tachetant les taillis, éclatent d'indécente rougeur. L'aigre arome des citrons entête. Déchiffrer les inscriptions votives sous le soleil du Cancer, quel effort ! J'y renonce et reste sans rien faire. *Stantes in foro otiosi qui portaverunt pondus diei, et æstus.*

Par bonheur vous m'aurez fait connaître le bar Umberto. Ah ! quel aimable roi ! Outre le *Marsala due uova* dont vous soulignez les mérites, on y goûte une mousse de cacao montée, la *Spagnoletta*, qui fait mes délices.

Je m'en vais. *Tutti piaceri hanno loro fine*, dit le maître de pension pour consoler ses hôtes. Quel beau moment pour quitter Rome, illuminée, au lever de l'été, par la foule des chapeaux de paille, toute rose sous les géraniums-lierres et le ramage des martinets, belle surtout d'une jeunesse en « devise » qui croit à la gloire. *Tota pulchra es, amica mea...* C'est ici qu'on respire la fine ivresse d'une victoire antique.

Addio.

TROISIÈME GROUPE

—

PSYCHÉ

Psyché, voyez où vous en êtes.
PIERRE CORNEILLE.

A Édouard DOLLÉANS

Hommage de gratitude affectueuse.

O divine, salut ; viens à nous qui t'aimons.
Leconte de Lisle.

Parfum de Séléné. — Le Myrte.

J'adore entrer pendant la nuit dans une ville inconnue ; ombre et lueur on en saisit au premier regard cette illusion vraie qui est le fond de son mystère : palmiers, château-décor, le clin d'œil blond des phares promenant son aérienne paresse. La mer plus profondément bleue que la nuit ondule en silence sous une buée de lune. Quel frémissement sacré, et aussi quelle fière certitude quand ce qu'on aimait dès longtemps, enfin devant les yeux, ne déçoit pas, mais au contraire promet, attire, dépasse....

A Henri M... — Oxford.

Naples.   14 janvier.

Et l'éveil jaune et bleu des phosphores chanteurs.
A. Rimbaud. — *Le bateau ivre.*

J'ai passé le matin au musée national voyant l'Aristogiton et un junévile *pugilatore* au torse

grenu, fauve de ton, svelte de lignes. La Callipyge est belle parce qu'elle porte le vêtement
aussi compact que la croupe. Presque toute la
sculpture antique de ce musée, les bas-reliefs
surtout, est un peu épaisse. Ce que le caractère
napolitain a maintenu de lourdeur dans son esthétique à travers les âges et les influences s'autorise
ainsi d'une tradition hellénique. Il est certain
que les bas-reliefs du musée profane au Latran et
ceux des galeries capitolines l'emportent par
l'atticisme. Une comparaison typique : celle de
l'Euridice de la Villa Albani avec la composition
similaire de Naples. Rome est sur ce chapitre la
seule héritière légitime d'Athènes ; le reste est
béotien. Mais pour la ronde-bosse rien qui surpasse
Psyché. La Psyché de Naples est une Vénus probablement ; elle provient de Capoue, cité où les
Vénus devaient être nombreuses — et il suffit de
la rapprocher de la Callipyge pour comprendre
qu'elle fait elle aussi le geste de mirer son corps
dans l'eau avant de l'y plonger. On n'a pas le droit
de parler de la sculpture grecque avant de l'avoir
vue. Cher ami, je deviens dogmatique et intran-
sigeant au dernier ton de l'Italie. « Pauvre Psyché
qui n'a plus de cervelle », dit une femme. Mais
celui qui l'a faite en avait une, il suffit. C'est à
nous de réfléchir sa beauté.

« Quoi ? que regarde-t-elle ? Elle ne sait pas... L'eau ».

Il y a de l'ombre sur ses yeux et une lente
amertume presque virile dans la carrure de ses
traits. — De retour à midi près des quais je voyais

PSYCHÉ (Naples, Musée national)

en lisière des yeuses et des palmiers une ligne
de statues, des hommes nus, déployée toute blanche sur une mer de soleil. Ici l'art et la nature,
au lieu de s'exclure, se marient.

L'après-midi fut en pénombre dans l'aquarium.
Monde merveilleux, — celui où le génie humain
a baigné sa jeunesse. Les bêtes ressemblent à des
fleurs, les cailloux à des bêtes, c'est le milieu des
métamorphoses, le milieu des formes échangées
entre les règnes de la création. Pointilleux et
spiralé je fus probablement jadis quelque hippo-
campe. Il est fort curieux de revoir ainsi les gens
à travers une optique abyssale : on peut choisir
pour leur portrait entre les lis de mer faisant
ondoyer au fil de l'eau leur bosquet jaune de
mille-pattes, les oursins hérissés couleur d'iode,
les colmars diaphanes et myopes au nez fouisseur
qui s'élancent en avant puis en arrière tout au
long de leur vie de poisson, sans changer de
place, le lièvre de mer moelleux comme un papillon de velours et comme un dahlia noir, la brême
au bleu intense et poudroyant de nuit méditerranéenne, sans omettre les seiches acrimonieuses
qui giclent partout leur jet d'encre, les poulpes,
et les très méprisantes dorades. Car ce monde
n'est qu'un vaste symbole. Ainsi l'étoile de mer
au ton vif de corail : *E pure la stella d'Italia, ben-
chè rossa, la stella del mare nostro*, affirmait une
contemplatrice. Il existe dans la collection un
maître turbot demi-deuil qu'on doit à juste titre
soupçonner de connivence avec le *soprastante* car,
s'étalant au fond, il se niche et rejette sur lui un

peu de sable de manière qu'on ne le puisse découvrir qu'en priant ledit gardien de le solliciter au bâton. Ce qui procure à l'homme quelques centimes et au poisson... peut-être une feuille d'algue supplémentaire. Mimétisme et farniente font d'ailleurs de ces turbots une espèce éminemment napolitaine.

Dans cet isolement sous-marin le crépuscule est une magie. A mesure que la lumière se retire, l'eau oxygénée, fusant à travers les bassins, apparaît un jet bleu-de-fée. L'ombre des requins passe et retourne devant les yeux, dans une transparence un essaim de taches noires mobiles. Une autre vie s'éveille : celle des spirographes, petits palmiers mirlitonesques débouchant soudain de leur tige, des anémones qui font frissonner leur chevelure d'Érynnies, celle des congres et des murènes froids, serpents d'eau mangeurs d'esclaves, qui se frôlent ensemble et se soulèvent en spires pour choir comme une algue morte ; enfin, mystérieuse, une vie de fantômes, vapeurs blanchâtres plus fluides que le courant, « ceintures de Vénus » où se fixent pour agrafes les yeux, deux cercles incandescents qui nagent. Sur la rocaille les bulles d'air prennent une diaprure de nacre. L'autre monde : celui où s'entrevoient les secrets marins ; soi-même on tend à s'éveiller un nouvel être au seuil de la grotte de Thétys.

A présent c'est la nuit, la fraîcheur, la lune... Quoi qu'on ait dit sur le fracas de Naples, il y a dans ma chambre un grand silence. Et au fond de ce silence, la mobilité de la mer. *Addio.*

A Henri C... — Vence.

Naples.   15 janvier.

« Amour, appel de vie et chanson d'action. »
A. RIMBAUD. — *Les Sœurs de Charité.*

Quand on retrouve sa chambre à la fin d'une journée de marche en avant, on sait à quel degré un voyage est une lutte contre la paresse de son propre corps, contre la distance, — hélas! aussi contre les hommes. C'est une détente de clore ses volets, puis d'appeler au fond de soi ses compagnons de route.

Donc nous rentrons ensemble de Pompéi. D'abord l'attrait de la course est de voir le Vésuve à travers les *pioppi* dominant la subtile horizontalité des pins d'un parasol de fumée. A tel exemple on comprend l'essoufflement vaporeux des petits chemins de fer et la passion des Napolitains pour les cigarettes.

La voie assez éloignée de la mer traverse à leur sommet de pauvres gais villages : *Portici, Resina, Torre del Greco;* à la montagne qui les menace, vomit sur eux, parfois les consume, ils font une ceinture de blancheur. On dit pour justifier les laves que Parthénope est le coupable; eux sont l'expiation.

Au bas des pentes, dans le cintre d'ombre nébuleux du golfe, les voiles des barques de pêche, une à une penchées, se drapent et se mirent dans le scintillement de l'eau. Que pourrait être ici la sainteté, sinon la joie d'aimer la nature ?

La différence entre la campagne de Naples et celle de Florence s'exprime par l'aspect de la vigne dans les deux paysages. D'abord une similitude : même squelette ; des prés plantés d'érables où s'appuient les ceps. Mais en Toscane la guirlande suspendue par le sarment d'arbuste en arbuste est simple, déliée, d'un fléchissement plein de nerf ; la grâce de la courbe laisse une impression d'activité. En Campanie l'abondance des lianes est épaisse, leur embrassement attire vers la terre pour une chute ; il est un poids. Même sans fruits, sans parfum, les pergolas sont lourdes. Aujourd'hui, vers midi, sur le fond des collines de Sorrente, devant un maigre défilé de porteurs de fagots, le concert d'une flûte et d'une viole amortissait un reste d'élasticité dans une cadence de séduction. Naples est menteuse selon la chair et Florence selon la pensée. C'est pour cela que Florence est reine de volupté.

Pompéi est une monotonie. Longtemps on n'y sent que la mort. Quelque chose de pis que la mort : la fixité dans l'agonie, la pétrification de l'instant suprême. Combien l'ancienne Ostie, que l'on croit si déserte, est charmante, tout en émoi, tout en trouvailles, avec son forum des métiers du port, la frénésie marine de ses thermes, son temple de Vulcain béant et le grand air de la voie décumane ! Comme elle fête, à mesure qu'on la trouve, l'alliance de la délicatesse hellénistique à l'ampleur des Latins. Rien n'a fané sa grâce : elle est comme l'iris au mois d'avril. Au contraire, ce soir, je me suis promené, puis j'ai erré, une couple d'heures, avant d'être ému ; l'ennui gagnait. Pompéi est dépouillée ; il ne reste que des carcasses de boutiques et des cadavres contractés. On y sent fortement la *Sodome qui a été frappée*, l'éternisation d'un crime total résumant tous les forfaits particuliers. Rose quelques jours l'hiver dans son manteau de poudre, elle demeure ensuite neuf mois rigide, étouffante, engloutie dans un silence de plomb et de volcan où plus rien d'humain ne subsiste que la pulsation trouble du sang.

Le choc de damnation s'est répété plusieurs fois tandis que je cherchais à être gai, à me plaire... A la fin, du temple de Jupiter qui domine le Forum, le regard, dépassant les ruines, atteint la campagne, la belle chaîne Amarrata moelleuse d'ombre, qui cerne Ravello ; le Mont Saint-Ange et des villages neigeux à mi-hauteur : Gragnano, Lettere, relais de poste du château d'Anjou. Délivrance d'apercevoir l'escarpement et la chevalerie. En bas la plaine de Castellamare, où les villas-joujoux s'éparpillent, répand dans l'air le bruit lamartinien d'une voix d'enfant et d'un chariot. Parmi le tuf et les briques, un pan de nature sauvage se glisse, une haleine d'herbe en fleurs. J'ai reconnu, à travers ces pelouses un peu folles, une flore familière : le trèfle, la centaurée, « l'herbe au lait ». Joie de retrouver notre nature d'enfance dans la nature antique.

Au moment où les rayons du soleil sont de minces cheveux d'or, debout auprès de l'autel d'Apollon que je n'avais pas cherché, sur une colonne rouge un papillon premier-né palpitant de plaisir au couchant, il m'a semblé, avec le même plaisir que ce papillon, que le dieu me touchait, qu'un trait de la lumière un peu pâle de janvier venait consacrer ma faiblesse. Adieu, notre accord avec le monde est en nous.

A Henri R... — Paris.

NAPLES.   16 janvier.

Middleton's tea rooms.
Via prima salutis Graia pandetur ab urbe.
VIRGILE. En. VI, 96-97.

J'ai passé deux après-midi presque hivernales sur le mont Pausilippe et vous écris en pleine tempête. La mer et le vent font un mugissement de chute d'eau sur des arbres. Vous connaissez le promontoire : entre deux rades, — l'amphithéâtre de Naples aux longs flancs harmonieux et la baie de Pouzzoles toute brûlée de mélancolie. De Bagnoli à Castellamare la campagne est devenue, en raison du foisonnement de la main-d'œuvre et malgré l'absence de minerais autres que sulfurés, une immense métallurgie, un volcan humain; encore un peu de temps, lorsqu'on arrivera par la mer, le *Vesuvio* ne paraîtra plus qu'une annexe des puissantes Sociétés *Armstrong* — *Ilva and co.* Le mouvement usinier recrée le monde grec dans l'atmosphère moderne et, puisqu'on est ici proche des Enfers, il dresse au dieu Héphaïstos un temple dont les cheminées de briques forment la colonnade. De haut, les alignements de hangars vitrés, la rumeur des forges, les gerbes de feux qui brillent même en plein jour du plus vif ton de pourpre, évoquent une beauté cyclopéenne ; le martelage résonne sur le côté d'ombre de la montagne ; les hurleurs prennent une sonorité tubulaire et marine qui semble l'écho des Sirènes. Au large, mer splendide, coulée d'acier. Sur un ponton en échasses qui coupe la plage, les grues accroupies tendant leurs pattes font d'énormes araignées d'eau.

Mêlé aux poissons d'argent sanglants, aux fûts de vin mouchetés de lie, aux barils d'huile, je me suis assis près des pêcheurs qui écartent d'un pied nu les mailles de leur filet pour les recoudre avec une alène. Le soleil laisse en s'effaçant un silence salubre et doux ; il éclaire par plans de retraite le Pausilippe touffu qui déverse dans l'air sa double essence de romarin et de myrtilles. Sur la route que je vais reprendre de grands garçons viennent qui ont jeté en tas sur leur tête, dans une corbeille de roseau, une glane de bois sec : on respire au passage leur chair d'odeur salée ; leurs pieds rose-rouge, ton de crevette et de corail, rythment à la lueur du couchant le port de leur charge. C'est le poids qui fait la cadence De si tranquilles danseurs sans le savoir... L'accord de la carnation humaine avec un paysage comme celui-ci, où se déploient et se composent les quatre éléments, réalise la plénitude selon les sens ; il fait connaître l'œuvre des dieux et les dieux à leur œuvre. D'ici quelques semaines, quand il fera tiède, à la tombée de la nuit, il n'y aura plus rien de rose dans la rade, que le corps des baigneurs, et la bouche du volcan.

L'instant après le coucher du soleil, sur l'autre versant face au Vésuve, c'est l'heure. Le ciel et l'eau s'embrument de lilas, un peu comme à Paris vers la fin de l'automne, mais plus radieux malgré l'abondance de fumée. Capri en proue et le Vésuve renversant ses vapeurs, deviennent en même temps couleur de perle. Naples est une conque de madrépores émergeant sur une bordure de cèdres — et malgré cela, pas du tout affiche de chemin de fer. — *A mano a mano*, le crépuscule descend dans un camaïeu de cendre oriental où l'espace et la mer se confondent. Plus obscure la montagne flotte ; ses pentes s'allongent, vont s'éteindre, dormir... au cratère, elle gonfle les bouffées d'un nuage qui reste blanc tout seul, d'un blanc de lis au milieu de la nuit : coucher d'hiver.

.... Il manque indéfiniment quelque chose....

A Henri C... — Vence.

MARE CHIARO SPIAGGIA.

Le jour tombe ; je viens de descendre à la plage
et voudrais joindre à ce papier l'image de la
petite église de Mare Chiaro absolument seule
devant la mer et d'où l'on a, au pied de son clocher,
une vue non pareille : la trajectoire du Pausilippe
bombée comme un dauphin et le large vis-à-vis de
Capri. Çà et là, au loin, les orangers font des
bouquets de renoncules d'or. Il y a sous l'église
une crypte à l'abandon qui peut servir le soir de
gîte à des bêtes. Au fond, près de l'autel, on n'entend plus rien, que le choc de la mer à travers
l'épaisseur du sol. C'est une des plus fortes sensations de rythme et de grandeur qu'il puisse y
avoir au monde, une sorte de confrontation de la
pensée divine avec la force cosmique. A la sortie
du souterrain, sur le tympan de l'escalier, sainte
Claire accueille, un lis à la main, en vêtement de
franciscaine ; son voile enroule dans le marbre deux
plis en cornets, sa hanche esquisse une courbe ; on
reconnaît en elle l'élégance parisienne du XIVᵉ siècle. Et l'on ne se sent plus du tout étranger en
reprenant la descente vers la mer.

Par une rampe on arrive au-dessus des vagues
dans un cirque de tuf pourri couleur de mousse et
de muraille ; des touffes d'aloès, de jonc, de
roseaux, vêtent les parois à pic. La mer, tout de
suite profonde, d'une limpidité d'émeraude, oscille
sur un semis de galets. On voit venir le dos de la

vague ; quand l'ondulation bute au socle, elle y épanche en grondant une nappe de neige. Passé la ligne du cap, le reflet d'un crépuscule tendu de nuages fait de la mer une immense plaine rose.

Tout près d'ici, il y a l'embarcadère : une conque de sable où, bâille un hangar ; à la haute mer les barques peuvent être ramenées par le flot jusqu'à l'entrée de l'abri : quelques-unes seulement vont dormir ce soir dans leur cabane, les autres, échouées en rang sur la petite grève, attendent d'être emportées par la mer à la pêche ; les câbles, les lignes, les filets, les paniers, tout est prêt ; la pénombre sur les coques régulières, l'odeur de l'air et des pêcheries donnent à cet instant de repos avant le risque un charme presque douloureux. On est pris pour les choses d'une tendresse grise, septentrionale. On comprend que le mystère de la destinée soit éternellement figuré par celui de la barque sur l'eau. On comprend la fraîche profondeur et la justesse de cette image antique.

Cher ami, je n'y vois plus. La brise fait siffler les joncs, la mer devient violente. Si j'étais sage, il suffirait de desserrer un peu les doigts : le vent abattrait cette feuille dans l'écume… mais c'est un geste depuis bien longtemps démodé et ma sagesse est que vous soyez avec moi.

A Henri M... — Oxford.

NAPLES.   20 janvier.

« Il sent renaître en lui la jeunesse du monde. »
LECONTE DE LISLE. — *Dies Iræ.*

Ce matin j'ai parcouru la collection des bronzes d'Herculanum ; dans la disposition actuelle du Musée on y accède par une galerie de bustes romains qui retient malgré l'impatience. Leur ensemble constitue le complément, en bronze aussi, des marbres capitolins. Sauf une série de têtes asymétriques affligées d'une joue gauche rentrée et d'une joue droite en ballon — tel au xive siècle français le groupe des statues strabiques à Saint-Denis ; le caractère le plus marqué d'une école de sculpture est son canon d'anomalies — sauf cela, les figures ont une concision qui leur confère l'authenticité expressive. Comme ce sont des figures d'hommes de valeur, elles tracent le portrait d'une civilisation. A trois degrés, je me rappelle surtout Jucundus, tête de l'eunuque flasque et jovial, parfait serviteur ; Scipion l'Africain, réfléchi du crâne, méprisant des joues, au total méthodique et dur, instrument social façonné par Rome au bénéfice de sa domination ; puis le pseudo Sénèque, bossueux, le poil pleureur, la bouche et le regard altérés de comprendre, — Rome à l'école de ceux qu'elle a vaincus. Les races d'étrangers reçoivent à leur tour des artistes fondeurs l'empreinte romaine ; aux Ptolémées des airs de dictateurs... Cléopâtre dans le souvenir d'Antoine figurait sans doute une Lucrèce domptée. Rongées par une pathétique lèpre de bronze les figures de ces hommes de combat ont attiré depuis leur mort les attaques du temps.

Étreint par ce réalisme rocheux, on arrive d'un coup à l'enfilade des salons pompéiens où se détachent les petits bronzes sur des tentures café. Admirables tons, celui des vieilles fontaines où le métal humide est devenu pareil à la mousse ; puis, plus rare, celui de l'oxyde bleu-sombre dont le velouté et la chaleur tamisent sur les muscles nus comme une poudre de mer. Ainsi qu'à son affabulation l'idée de conflit préside aux groupements de la zoologie grecque : à Pompéi la seule fresque passable peint une série de combats entre poissons : pour que le tableau soit achevé il manque seulement de réconcilier leurs appétits sur le corps d'un esclave. Par leur vivacité spirituelle les bêtes surpassent ici la ménagerie du Vatican.

Que d'élans, de bonds, galops allongés, corps en flèches : la panthère, retroussant sa moustache en jet d'eau, le lion qui rechigne, les lévriers... Pour les suivre un éléphant gambille sur ses pelotes et s'évente à toute oreille, fermant la marche malgré tout. Au tempérament agressif répond le naturel inquiet : les chèvres fleuries de vert-de-gris, la paradeuse antilope et d'autres coursières dont on entend dire au passage : *Sono le gazzelle.* — Dans le genre napolitain un corbeau cracheur et deux chiens qui se grattent, eux aussi.

De là, en s'élevant à peine, les bambins des vasques avec leurs cheveux en tire-bouchons, leur toupet ; l'un d'eux qui prétend retenir un dauphin tout en glissant lui-même, porte par sympathie une perruque à nageoires. Des mines de petits faunes bien nourris, bien abreuvés... est-il certain que le mascaron, ou l'urne, ont jamais versé que de l'eau? L'*amorino con l'oca* présage les *putti* plantureux de Raphaël.

J'aime Vénus hors du bain épurant ses tresses, le satyre qui fait gicler d'une outre le liquide avec un recul de lutteur ; j'aime Narcisse au doigt trop long pour ce ressort plastique dont Florence par Ghiberti fut l'héritière.

La savante délicatesse où l'on se meut contraste avec l'énergie simplificatrice des bustes. Cet art, à mesure qu'on s'y plaît, repousse l'œuvre latine. Deux génies si contraires, celui qui raffine et celui qui virilise, semblent l'un à l'autre impénétrables. Pourtant, ainsi qu'il arrive en pareil cas — le type du Dionysos phrygien — hellénistique, les Vertus de l'atelier gothique-renaissance de Michel Colombe, etc., — si la synthèse, improbable, s'opère, elle pousse un chef-d'œuvre ; une beauté, inconnue jusque-là, soudain nécessaire, se produit. L'Hermès assis du musée de Naples incarne dans une individualité vivante l'union de Rome avec Alexandrie ; il est le fruit du grand mariage méditerranéen. En lui la race d'amour qui ne recherchait plus que l'aiguë poésie de la chair est repétrie par celle que le goût de la force occupait surtout de structure. C'est à la solidité et au jeu de ses os que la séduction de sa forme prend une fleur nouvelle. S'il repose cet Hermès, qui a presque le visage d'Auguste juvénile, c'est qu'il vient d'atteindre d'un coup d'aile un des sommets de l'art antique.

En quittant le musée on plonge dans le bruit parmi les joueurs de sous, les vendeurs de figues : sur la chaussée un âne ébouriffé emporte au galop une charge de balais. Son zèle bouscule des harengères qui, sans égard d'aucun péril, vident par une digitation véhémente et avec des grincements de sistre une querelle dont un maigre poisson fait l'enjeu. De la chronique alexandrine au IIIe siècle *ante Cristo*, à la scène de genre d'aujourd'hui dans un port quel qu'il soit de la Méditerranée, il n'y a pas de différence.

Ne suis-je pas un peu en Égypte? Ma pension est peuplée de fellahs. Les salles coptes du musée sont closes et c'est dommage, car leur existence est ici indispensable. Mais à travers la collection d'Herculanum j'ai remarqué des bœufs à têtes étroites avec des membres raides, une robe couleur de tourbe; ils ont l'air de momies. Par l'agilité un peu desséchée de leur corps, par les yeux surtout, blancs et noirs, ivoire et bronze, les pugilistes viennent d'Abyssinie directement. Comme on comprend ici, en Grande Grèce, que l'empire de Rome fit l'unité du monde antique!... Puis il le donna à l'Église.

Or le Nil, que le musée me cache, hier soir, je l'ai retrouvé : au théâtre San Carlo où l'on donnait *Aïda*. La Carina — pas une barque, une actrice — agrafée sur l'épaule d'un voile qu'agitait le vent du fleuve et des coulisses fut pour moi une *Iside* source de frissons. Elle marche d'un pas silencieux plein de souplesse qui fait tinter les franges de sa robe; dans la passion comme elle froisse la bandelette qui pend à ses cheveux! Elle a reçu des dieux une voix qui s'élance en éclairs, puis redescend comme une mouette sur l'eau et ravit par une lointaine vocalise jaillie du fond de son petit corps éthiopien. Grazie. Hélas! l'orchestre étire Verdi; peu capable de majesté, ses élargissements tournent à la mollesse; rien n'est soigné, tout va d'instinct. Ici la nature est trop favorisée; on ignore l'effort pour la beauté; on ignore que la représentation dramatique exige une contrainte d'ensemble sur les dons naturels. Pour qu'un artiste mûrisse et s'achève, il est salutaire qu'il ne soit pas trop doué. Une soirée de théâtre à Naples le démontre : on y chante, on y danse, cela vibre, cela remue; mais la raison intérieure de l'œuvre, l'intelligence de ses lois, le soin chez les interprètes de s'effacer chacun dans la discipline qu'elles exigent, *niente, affato niente.* L'abondance même de leurs dons et de leurs ressources, non seulement les prive de goût, mais leur rendrait plus difficile un sacrifice partiel dont ils ont le bonheur de ne pas même soupçonner la nécessité. Leur tempérament répugne d'ailleurs à la violence sur soi-même. D'où leur grâce qui évoque par la monotonie des figures de ballets la lenteur amoureuse et la pauvreté d'invention des cultes de Phrygie. C'est une double loi que si le plaisir des corps éveille la coquetterie plastique, principe de recherches désintéressées, principe d'art, il nourrit en même temps la paresse, principe d'inertie. Cette fatigue avant l'action transforme par instant les rythmes chorégraphiques en corvée de galère. — La chair n'est pas la source vive de l'art; elle ne sait que provoquer l'art désespérément afin de réagir, et, s'il se pouvait, d'échapper à la mort complète où elle tend. La gracilité entreprenante des petits danseurs correspond seule à *l'allegro* du vieux Verdi. Somme toute, le spectacle de San Carlo est une comparution de gens vains qui échangent de la gloire. Mais pour nous qu'importe! qu'il nous suffise d'entendre, sous la cadence du marteau quand le caveau se ferme, la voix d'Aïda, merveilleusement pure, chanter la lumière et l'amour.... Puis elle tombe, la petite amante, comme un souffle d'azur. Nous aussi, ses frères de cœur et d'âge, nous avons été emmurés près d'elle sous les maîtres du jour; mais plus heureux que Radamès voici que nous commençons de soulever la pierre du sépulcre.

A Henri C... — Vence.

NAPLES.   Sainte-Agnès.

« Afin qu'il y eût dans la nouvelle barque quelque chose de l'ancienne. »
LAMARTINE. — *Graziella*.

J'ai fait la traversée de Naples à Sorrente. Deux heures en mer, sur un *vaporetto* qui fut la *Princi-*

pessa Mafalda, une princesse grise aux flancs courbes de mouette. Le spectacle délicieux est celui des voilures au port; carguées elles arquent légèrement comme des calames antiques, ou des plumes d'oie pour écrire sur l'eau; au large, déployées en triangle, elles semblent un essaim de papillons sur une plaine de bluets.

Le voyage commence digne d'un paquebot : on embrasse de haut la mer en proue. Mais il s'assoupit en cabotage. Dès qu'on a coupé le golfe, on s'arrête en vue de chaque anse. De vieux pêcheurs à cheveux gris, homériques et garibaldiens, les pieds nus roses, viennent à la rame prendre les passagers, les barils d'huile, les paquets de salaisons, les cordages.

J'aime ce qu'il y a de libre dans un voyage marin. Sur le chemin de fer, à l'étroit, on a d'un bout à l'autre à peu près les mêmes voisins en petit nombre, huit au plus, sans compter quelques relations de couloir. En bateau, les compagnons de route et un peu de destinée, ce sont tous les passagers. L'isolement sur l'eau, la communauté temporaire du risque créent une fraternité inconsciente. Le bateau est l'image d'un organisme vivant, il a une sorte d'âme qui se reflète en ceux qui le portent, et les rapprochent. Le nôtre était clair et tranquille; il décrivait avec soin, sans se presser, sans ralentir, un sillage pareil à la courbe de la rive; il ne hurlait jamais. A bord chacun se sentait devenir un « passager » de la *Principessa*.

En même temps qu'il fait naître entre les voyageurs une intimité momentanée, le bateau laisse à chacun d'eux beaucoup d'espace : loin d'être cloué dans son coin, chacun, s'il le veut, de la proue à la poupe et du pont aux soutes, l'a tout entier. De cette indépendance l'accord d'ensemble tire sa durée. Un groupement, pour n'être pas précaire, doit entre ses membres ménager de l'aise. Le chemin de fer est pénible, parce que, rapprochant les corps beaucoup plus que ne le comporte l'état mutuel des sentiments, il contrevient par le frottement matériel à l'éclosion de la sympathie ; à l'encontre d'une intimité, il impose une promiscuité. La vie à bord revêt le caractère très rare d'être une sincérité sociale : elle maintient chaque homme sous sa propre étoile.

Enfin le paysage marin, par ce trait constant d'être simple et illimité, arrache les individus à leur égoïsme pour les élargir à leur maximum d'horizon. Sous son influence l'homme fermé lui-même se sent une conscience incomplète, inachevée... Il regarde ses proches avec un sentiment d'attente, de candeur.

Pourtant il faut croire que cette disposition à l'amour n'est qu'un des mensonges de la mer, car le moindre naufrage abonde en férocités ; sur le pont, il est facile de numéroter du regard ceux qui, pour assurer leur salut, perdraient les autres. La pensée ne s'exerce tout à fait dans le réel sur un navire que si l'on a consenti en y montant le sacrifice éventuel de sa vie.

Pourquoi est-ce une loi que la beauté du monde soit trompeuse?

A Sorrente, une beauté est de voir sur les marines, le matin, quand le soleil monte, les femmes et les filles des pêcheurs court-vêtues, le châle sur l'épaule et parfois un foulard de coton autour des cheveux, haler pas à pas les filets au rythme des pieds nus. La coiffure en bandeaux, l'œil noir dans un visage ovale, elles ont inspiré au siècle dernier bien des miniatures de famille. Les jeunes hommes ont l'œil translucide, la tête serrée des faunes. On sent en eux cette précieuse incapacité de vaine gloire qui n'a son égale en Italie que parmi les habitants de Fiesole. La renommée de leur pays n'a rien changé d'essentiel à leur manière d'être. L'universelle Sorrente reste un hameau rocheux. De même que dans la vallée de l'Arno, en regard de Florence, l'étranger reconnaît plus d'humanité spontanée, un témoignage de la vie plus sûr et plus fécond chez le vigneron et le marinier de Campanie qu'au milieu des gens de Naples. Il est vrai que le premier effet d'une civilisation soit de fausser en l'homme sa nature, et de lui inoculer l'agent le plus subtil de la mort spirituelle, *cioé*, la vanité. Ne comptons de vivants que ceux qui ne prétendent pas à représenter quelque chose. Si l'on demandait ma plus chère impression de Sorrente, je dirais que ce fut à la nuitée dans la rue déserte de San Agnello entre les jardins en terrasse, deux enfants enlacés, ramenant un âne dont le gentil sabot tintait sur les dalles.

Addio; je vous offre, cueillie sur le cap, au vent, près d'un petit temple d'Hercule, la première anémone.

A Henri M.... — Oxford.

Naples.   Saint-François-de-Sales.

« Sous leurs ongles royaux la mort des petits poux. »
A. Rimbaud. — *Les Sœurs de Charité*.

Le temps épouvantable qui règne ici me chambre
des loisirs. Aux ports, jeux des eaux marines sur
la marge de tous les bassins ; les rues de Naples
sont glissantes, comme ces mots *sdruccioli* qu'un
Français ne peut pas prononcer ; chaque promenade
y devient un risque de chute. En mer la course des
crêtes d'écume et le battement des alcyons éparpillent des fleurs de neige sur la touche sombre
de chaque vague. Les oiseaux abaissent leur vol,
piquent l'eau de leurs pattes et du bec, se posent,
ondulent sur les remous comme d'impérissables
barquettes. La nuit, des bourrasques tourbillon-
nent autour de ma chambre ; les rideaux frisson-
nent, des haleines d'air marin passent au-dessus
du lit ; comme dans le beau conte d'Isabelle il
semble que notre maison ait levé l'ancre ; on se
sent plonger dans un sommeil plein de santé.

J'ai passé une matinée d'étonnement dimanche
entre le marché et le port à Santa Maria del Carmine. Les manches brunes des *Cappucini* et leur
barbe verminifère y exhalent la vénération de la
Vierge du Carmel avec un embrasement d'éloquence et un transport d'attitudes qui font verser
au peuple en une heure plus de larmes que n'en
répandit en un demi-siècle notre littérature romantique. La foi active prend ici plusieurs carac-

tères d'autant plus curieux pour nous qu'ils nous
sont extérieurs. Chez ceux qui bâtissent elle se
joue depuis plus de deux siècles dans un style
contre-courbé plein de froissements et de saillies,
suave de nuance, crème de rose, tel un gâteau
bénit, dont Sainte-Thérèse à Chiaia est par sa
façade un exemple discret. Ce style que les gens
de goût méprisent d'un commun accord sous le
nom de rococo atteint parfois les grâces de notre
Louis XV, quoique, à la ressemblance du tempérament napolitain, il soit en général plus abrupt et
plus capricieux. Ses bizarreries mêmes ont un ton
de bienséance, — ses atours une sorte de facilité
sacerdotale qui s'harmonisent au culte de saint
Charles Borromée et à la piété voltairienne de la
cour des Bourbons.

Dans ce décor, parmi ces vasques à coquilles, la
religion du peuple bouillonne, déborde. En voici
à ce qu'il semble les traits : elle est superstitieuse
à base de paganisme ; aux pieds de chaque statue
le croyant se trace devant les lèvres un nombre
incalculable de vertigineux signes de croix ; il se
livre à des fléchissements, à des baisers multiples.
Plus qu'ailleurs en Italie le rôle du geste dans
l'expression des sentiments ici prédomine ; la floraison du culte des Saints, l'abondance des autels
privilégiés relèvent du particularisme des anciens,
de la dévotion aux dieux lares, aux *genii locorum*.
Le salut qu'on adresse à l'effigie du saint parfois
encore se trace à la manière antique : le fidèle
porte sa main levée vers l'image, puis la retourne
sur son propre front et la descend contre sa

bouche. Ensuite par une inflexion prompte d'esclave il se précipite dans la paume creusée de sa main, y colle ses lèvres comme pour y boire avidement l'eau désaltérante de la grâce. Les saints que ce peuple foisonnant invoque de préférence sont avant tout des exemples de pureté : saint Joseph, saint Antoine de Padoue, — des mères modèles : sainte Anne, — et par inquiétude prophylactique ceux qui préservent des épidémies : saint Lazare contre la lèpre et tous les maux de décomposition; contre la peste saint Roch; saint Antoine ermite contre le feu intérieur. La nature volcanique du pays communique à l'image du feu une grande éloquence pénitentiaire; la peur de l'Enfer est effective; presque dans chaque église on voit figurés des corps nus en proie aux flammes, indice d'une dévotion vésuvienne aux âmes du Purgatoire. Au temps d'Énée le supplice de la seconde vie était moins rougeoyant.

La religion populaire est crapuleuse; les haillons, la saleté, l'astuce... le fanatisme ne retranche rien aux instincts. Au contraire il y a prurit. La croyance est en eux du même ordre que la sensation. Loin d'exercer sur le naturel un effet disciplinaire la prière et la foi opèrent en excitatrices. Au musée San Martino, un missel en s'ouvrant devient un pistolet. — Ils étreignent une statue et aussitôt ils crachent sur une effigie tombale : *Spuitur in ore angeli*, voilà le symbole chrétien du peuple de Naples.

Elle est espagnole — la religion toujours : — poupées géantes affublées de satin broché, pathétisme sanguinolent, les sept douleurs, les cinq plaies, l'*Ecce homo*, les scènes cruelles de la Passion, cœur dégouttant sous les épines, larmes rouges, os croisés, crâne de mort, tout le sombre tourment de notre xve siècle. *Ex voto* de zinc, couronnes, colliers, bracelets, cabochons, verroterie, pendeloques, chapelets, gros bijoux, sonnailles, lumignons, scapulaires : un ruissellement d'accessoires; le génie du dérivatif et du détail. La raison du catholicisme est absente de ces églises.

Enfin elle est pathologique, par l'excès de sa tendance au drame, par son amour épuisant de la mort, par l'empressement des femmes et leurs contemplations autour des corps de cire, troubles dans leur transparence, et d'un lymphatisme scrofuleux; par les pieds, les mains, les organes qui se balancent auprès des cierges en témoignage d'une guérison. On se croirait à Dupuytren devant certains autels. L'ostentation de la laideur maladive et de l'infirmité est un crime dans la patrie des dieux.

De ces pratiques se détache parfois, rarement, la vraie prière : c'est quand on voit la nuque hâlée et le col bleu des marins en arrêt devant sainte Lucie. Eux prient davantage du regard, et dans ce sentiment de la puissance surnaturelle que nourrissent les voyages au long cours. Seuls parmi cette répugnante cohue ils gardent une physionomie de loyauté et de cœur; on les sent, la plupart, capables de jouer leur vie pour en sauver une autre. Vu l'entourage une telle possibilité marque plus qu'une étape, presque un changement de nature.

Sorti d'entre les hardes sauf de toute bestiole, j'ai compris, mais sans en rien laisser paraître, que ce miracle n'était pas le moindre de la *Santissima Vergine*.

A François C... — Tunis.

NAPLES.   Saint-François-de-Sales.

> Zut alors,
> Si le soleil quitte ces bords!
> A. RIMBAUD. — *Michel et Christine.*

Quand la nuit tombe, bravant l'hygiène et les piqûres, je me risque dans quelques églises. Sous l'éblouissement des gloires dorées, des candélabres et des autels ardents, on y distingue à peine une troupe obscure de chaises couronnées de boules qui sont des têtes. Prodige sombre, impression d'un soleil noir. Au reflet de cette funèbre illumination se pressent sous des cheveux de jais des visages livides où les yeux font briller le fanatisme de la phtisie. Troupeau de moribonds qui tentent d'échapper au mal dont ils sont la proie en se jetant hors d'eux par une prière aiguë. C'est le peuple des passionnés sinistres de l'Espagnolet.

De fait on se sent à Tolède au milieu d'un syphilitisme inquisitorial. La statuaire alentour n'est que musculature déchirée. Les bouches des patients — des échancrures — se prennent à hululer ensemble, à crisser comme des fifres d'enfer une supplique inarticulée qui se cogne aux murs et tournoie vers les joliesses du plafond. Fléau d'apocalypse, râle du puits de l'abîme. Estropiés, amputés, rachitiques, galeux, fiévreux, lépreux, pestiférés peut-être, toutes les tares, les plaies ignobles de la ville vénérienne, les yeux épuisés d'humeur qui se renversent pour chercher sainte Lucie dans le ciel, tout cela rampe, pourriture grouillant de vermine, grelottant de névrose et de froid à travers ses haillons. Ils haussent avec effort des têtes démanchées, saccadent des bouts de béquilles, poussent un horrible *Miserere* qui fait fuir les prêtres. Ne reste en face d'eux, au cœur du feu, que l'hostie, pâle sous l'excès de lumière, parfaitement circulaire, simple, sans défaut. Seule la force d'un dieu peut contenir une clameur d'appel aussi condamnante, certifier contre la difformité et la torture corporelle l'ordre et la splendeur de la création. Humainement de telles larves sont au-dessous même de la pitié; du moins c'est ainsi qu'en use pour sa commodité le paganisme des classes bourgeoises. La faute de Naples c'est que l'œuvre des hommes y ait consisté à flétrir la nature. Dans ce paysage souverainement beau, beau d'une ampleur rythmée et d'une sérénité où se mire le génie des dieux, la race humaine apparaît médiocre, viciée, riche de vanité,

vide de cœur. Ici s'affirme l'antinomie **entre**
l'univers sensible et le monde spirituel; ici on se
convainc que la beauté intérieure résulte d'une
maîtrise sur la nature. Si la constante séduction
d'un paysage amoindrit ceux qui le peuplent, c'est
que les deux ordres esthétiques tentent en sens
inverse. Dès lors un jeune homme est harmonieux
s'il sait réaliser chaque jour en soi l'équilibre
entre ces deux beautés.

A Henri C.... — Nice.

Naples.   Saint-Ignace.

Il fuoco sotto la neve.

Vous me faites grief de négliger les couvents.
Justement je sors d'un cloître de chartreux, celui
de Saint-Martin. Oh! il ne fait pas beaucoup penser
à l'évangélisateur de chez nous. Il est vaste pourtant, mais d'un attrait mondain; il apprivoise
l'hôte par un ameublement de l'espace. Son plein-
air est comme un coup de brise marine sur un
camail. Conçu moins pour abriter un instant le
repos d'un coureur de barbares que pour encadrer
dans ses arceaux entre deux intrigues, le loisir
amoureux d'un théatin, il montre l'élégance et
l'aménité ecclésiastiques d'un temps où le sacer-

doce était une des carrières de la courtisanerie. Le marbre de sa colonnade — minceur aveuglante au soleil — enchâsse une verdure funèbre et vernie au cœur de laquelle on voit fleurir, même en hiver, un semis de têtes de mort sur un bosquet de roses. Jeux de la mort et de la grâce, marivaudage qui tourne court et finit en corbillard broché. A Florence les cloîtres ont une candeur de géométrie dominicaine ; à Rome celui des Thermes est une retraite attique ; ici le cloître dissimule sous les atours de la société de Jésus la volupté méditerranéenne et macabre de l'Espagne.

Le gros temps de cette semaine achève de se noyer sous une trombe ; un double arc-en-ciel franchit les collines. Le soleil frisant la mer baigne Naples d'une phosphorescence au ton de soufre. La chromatique de ces couchers d'orage me plonge dans une sorte de magie planétaire : lueur d'un Enfer sans mouvement, d'une désolation où il y a de l'eau, où il y a des arbres, les térébinthes, dont l'aspect et la senteur relèvent moins de la nature que de la chimie. La mer s'éteint, la suggestion machinale de la ville monte. Diaboliquement inerte, elle demeure quelques instants orange-feu, flamme de punch, sur le fond améthyste du Vésuve ; elle colore la nuit, elle s'électrise et crépite globe à globe à mesure que les étoiles éclatent. Malédiction.

Depuis huit jours le Vésuve chargé d'hermine ressemblait à un sommet des Alpes et se faisait ainsi plus attirant. Au départ, dans le tramway, un *cavaliere fumatore* m'ayant d'un revers de doigt poudré de cendres, je ne doutai plus que l'ascension dût réussir. A travers le réseau des vignes sans feuilles et des amandiers en fleurs, j'ai regardé enfantinement tout le long du chemin, grossir la gueule blanche. A midi, malgré l'altitude, on respire une tiédeur de sève : les lauriers remplissent l'air du même parfum capiteux qui se dégage de leurs feuilles quand on les casse. Aux pentes inférieures du volcan s'étalent de grands climats d'yeuses et d'oliviers; sur le talus un tapis de prêles arborescentes et de plantes grasses, la *rampicante* toute en racines traçantes et en tigelles. Même aspect végétal jusqu'à la croûte poreuse des coulées, endiguées de murs perpendiculaires, avec leur dartrure, leur couleur de tourbe, d'ivraie sèche... On se sent suspendu au-dessus du golfe. J'ai goûté à l'étape un vin limpide, âpre et bistre, qu'on dirait filtré à ces laves.

Le cratère déroulait ses bouffées chaudes dans le silence de la neige; impression de quiétude et de confort qui bannit du souvenir les estampes horrifiques du musée Saint-Martin. La neige où l'on enfonce jusqu'à mi-jambes facilite pourtant la marche; il paraît qu'elle surplombe en certains endroits les lèvres du cratère et qu'en se fiant à elle on s'engloutit. *Caro Signore, diceva la guida, mi ha fatto paura ; stia cauto, che io sono responsabile della sua vita !* Cet effroi, hélas! n'est qu'une flatterie propre à induire celui qui s'y laisse gagner à une *mancia* digne de son illusoire prouesse. De même, dès les premiers pas sur le revers intérieur, le guide affirme que vous êtes parvenu à mi-chemin du fond, dont la plate-forme fendillée s'horizontalise pourtant très bas sous vos pieds. Erreur d'optique, presque au fond, dit-il ; il suffirait de sauter avec un bout de corde.... en sorte que l'explorateur improvisé puisse au retour faire chez soi son petit Lamartine et conter avec persuasion : « Je suis descendu, glissant, roulant, m'accrochant, jusqu'au fond du cratère ; les guides refusaient de me suivre, j'ai sauté d'insondables crevasses ; les flammes qui s'élevaient le long de leurs parois me léchaient les jambes, les émanations sulfureuses m'attaquaient à la gorge, etc. »

Les petits cônes adventices ravinés de soufre liquide tapent comme des gaudes en ébullition ; ce sont eux qui propagent une odeur d'alcali où s'affadit subtilement l'air mais s'allège la poitrine. Çà et là, au passage, des bouches de chaleur réchauffent les mains : on marche, on s'emmitoufle... j'ai tracé votre chiffre au coin d'un champ de neige sous les coups d'une clochette qui battait à Torre del Greco.

L'impression la plus neuve est celle de la réalité du feu intérieur ; répercutées par l'écho du creux les poussées du *magma* donnent un bruit d'avalanche courte avec un trébuchement en profondeur. Le reflet des flammes mêle aux tourbillons des gaz un transparent rose qui égaie, surtout qui éveille la joie de sentir à travers le grondement laborieux une lueur d'innocence. Adieu : l'Enfer selon l'antique nature est moins épouvantable que suivant l'imagination d'un *parroco* napolitain.

A Henri C... — Nice.

NAPLES.   11 février.

Templi velum scindetur
Sibylla Cumana, quæ Amalthea dicitur.

En vérité, *carissimo*, comment répondre à votre lettre mieux que par le graduel de ce matin qui semble écrit pour nous : *Flores apparuerunt in terra nostra, tempus putationis advenit, vox turturis audita est. Surge et veni in petræ foraminibus, in caverna maceriæ...* C'est à travers les pierrailles cuméennes que je vous aurais entraîné : un froid éblouissant de soleil ; à huit heures, tout seul sur la route, je me sentais glacé jusqu'au dedans des os. Le ciel était glauque et la mer azurée ; impression d'hiver total sous une royauté de lumière. De loin en loin dans l'armée des perches de vigne, des touffes — inexplicables — de pêchers fleuris.

Aventuré dans la campagne, soudain une vasque grise m'enveloppe ; le dallage de la *via litoranea* luit entre des grappes de cactus géants et des crinières de romarins. Quelques débris d'architecture y dispersent un camaïeu de cendres, celles du phénix à en juger par la profusion et l'éclatement des plantes qui les cachent. Une brèche du bassin permet d'entrevoir, sous un gazon couleur de chloré, l'abrupt de l'acropole. Or l'on y aboutit par une pente de sentier si délicatement insensible qu'une fois au sommet, embarrassé dans les buissons qui cinglent, on la cherche encore, plus haut. Mais non, c'est bien là. Voici la proue rase où la vue d'un seul coup se libère au milieu de la nature sauvage. Car le miracle de Cumes c'est ce parfum de sauvagerie dans un pur paysage de Grèce. A mes pieds, de Gaëte à Ischia, l'arc des dunes, tendu dans l'air, semble-t-il, par les crocs de l'Epomeo et l'encoche du cap Circé. Au bas du premier, comme dans une gueule d'ombre, les trois villages clairs de l'île; l'autre, l'enchanteur, et le rocher papal de Gaëte, se vaporisent en éther sous un voile de neige. La senteur des résines monte dans la brise du large dilater la poitrine. L'air est encore plus vif qu'au départ, mais ce n'est plus de froid. Ce qui rend cette grandeur émouvante c'est de voir mouiller sans fin le long des sables la blanche douceur des vagues. Ici le chant de la mer est un enveloppement aérien d'une fraîcheur de feuilles où la voix des marins d'autrefois murmure à l'oreille le secret de son lyrisme toujours fort. La bande des pinèdes et ce qu'on dit à leur propos de la chasse au sanglier rappellent par instant les abords d'Ostie; à d'autres le paysage redirait les loisirs d'Arcachon. Mais il est autre chose : ni le cosmopolitisme d'une station de plaisir, ni la vieille fièvre et la nostalgie n'altèrent l'empreinte d'ascétisme et la clairvoyance de la côte de Cumes. Mère d'une civilisation elle a fait tout entière retour à la nature. Parmi les anémones, les violettes, les capucines de roche couleur d'orange et de parfum amer, elle enseigne que la sagesse antique fut la première fleur humaine. Si vous saviez, cher ami, le long

des blocs de l'enceinte, la qualité du silence où
l'on passe, l'émoi d'avril hivernal qu'on y goûte.
Pas de bruit; quelques couleuvres glissent dans les
fourrés. Un chant de coq, au bas, près d'une
ferme; un appel dans les vignes. Enhardis par un
peu de tiédeur, les rouges-gorges s'ébrouent et
commencent à pépier; à travers les lianes le murmure passager d'une abeille. Puis un cri, un cri
de chez nous, le trait de deux ailes aiguës...
comme il est faux de dire qu'une hirondelle ne
fait pas le printemps.

Au revers de la colline, le sol d'un temple. Ses
dalles creusées de fosses lui donnent l'air d'un
cimetière. En un sens tout est mort ici, les
hommes et les dieux, l'œuvre des hommes et des
dieux. Les ruines de Cumes se sont enfoncées
dans la mer. Mais dans le présent que nous
sommes il n'y a nécessairement que de la vie. Ma
vie quant à sa forme est filiale de ce désert printanier.

C'est ici que s'effectue pour moi l'ultime
démonstration socratique το ζῶν εκ τοῦ τεθνεῶτος.
L'homme que je souhaite unirait en soi-même la
pénétration intelligente de Socrate à la charité
spirituelle de Jésus. Selon la nature nous ignorons
la mort, selon le Christ elle est vaincue. Il n'y a
donc pas de raison pour ne pas sentir affluer en
nous la divine jeunesse. Les Grecs qui l'ont pos-
sédée se sont éteints : ils étaient le printemps du
monde. Puis, selon que l'avait prédit la Sibylle, le
voile du temple s'est déchiré; nos destinées ont
apparu au-dessus de la nature caduque. Élevé par

la philosophie, Socrate mourait plein d'assurance.
Nous, par la révélation, notre vie échappe à la
mort. Au flanc de l'acropole, dans une de ses blessures, à l'entrée d'une petite caverne, j'ai trouvé,
parmi les plantes gonflées transparaissant d'un suc
odorifère et sirupeux, un parterre de ciguës; elles
ont mêlé à la joie de ce jour un frisson de
triomphe.

A Henri C... — Nice.

NAPLES.   9 février.

Sed terræ graviora manent.
VIRGILE. Eu. VII, 84.

Giornata pericolosa, cher ami, beaucoup d'air,
suivez-moi bien. Nous sommes partis ce matin
vers la région phlégréenne. Nous ? — A l'entrée
des enfers on ne s'aventure pas sans guide. Or
celui-ci ne valait rien : il m'aurait damné volontiers. Le chemin de perdition est aujourd'hui une
large rampe rose, avec deux églises en bordure :
l'une, comme il sied, porte à son tympan sculpté
des âmes plongées dans le feu purgatoire; l'autre
déroule une dédicace :

Archangelo Raphaëli viatorum duci.

Voilà le conducteur véritable; mais je n'ai pas reçu jusqu'à ce jour la grâce de Tobie.

Averti, rassuré, le *viator* débouche dans un cirque de pierres ponces où pâlit la Solfatare. Il avance sur le glacis, attiré par le chuintement plein de vigueur que fait la vapeur en pression... Soudain un cyclone épousant la forme du cratère m'arracha livres et bâton, et parmi les cartes déchirées, me jeta au sol. Terrassé donc, par le vent des oracles, je glissai avec lui vers le gouffre de fumée, sans pouvoir m'accrocher à rien, jusqu'au lieu où, ayant buté contre un tas de pierrailles, je me sentis suffoqué par la tiédeur après l'avoir été par l'ouragan. Parmi les feuillets en lambeau j'ai mesuré combien la science est faible, en regard de l'inspiration, et compris au milieu des volutes que le rôle pythique n'allait pas sans péril. Autre merveille : sous l'excitant d'un feu de margotins, les éboulis se mettent à gazer de tous leurs pores ; la colline devient une sorte de chaudière ensorcelée, ou bien, à la douceur du soleil de février, une cassolette. En petits tourbillons le sable danse. Ce qui me plaît le plus dans ce phénomène c'est qu'il a dérouté toutes les explications... Car le labyrinthe ne livre ses détours qu'au bien-aimé d'Ariane.

Les monuments anciens de Pouzzoles sont gais. L'amphithéâtre évase un repos de gazons ; il n'est pas maudit, comme celui de Pompéi, et n'a rien retenu de la tragédie, sinon que son grand axe est une fosse où gisent des colonnes dans leur suaire de cannelures. Sous les galeries on se sent comme

dans un cellier de village, entouré de mottes
végétales, d'herbe fraîche. Quelques violettes dans
les ronces : on écarte les ronces, en se piquant,
pour cueillir les violettes. — Dans le bas quartier
près de la rive, au balancement de ses roseaux
paludéens, le temple de Sérapis entraînant les
demeures voisines, pareil à celui de Philæ, s'enfonce dans l'eau. Qu'il est beau, ses tambours
renversés dans l'eau trouble et ses colonnes
debout traçant une couronne aérienne ! *Tempietto*
à demi submergé qui sent l'algue et la vase;
œuvre humaine digne d'être entraînée par la convoitise d'un dieu de la mer. Mais il ne faut plus
que les dieux se retirent; ne sommes-nous pas
venus?

Par ses ruelles encrassées, la lessive, la marmaille, les pentes torses, le bruit de l'eau, Pouzzoles ressemble à Tivoli. Émanations et anfractuo-
sités, romantisme sibyllin. Sur le port, une foule
éparpillée se dandine parmi les nacelles : *I Puteo-
lani auspicando l'avvenire*, explique à point une
inscription. En leur pays tous sont prophètes.
Peut-être que, à la ressemblance de beaucoup de
gens, ils continuent d'attendre la barque de saint
Paul qui depuis bientôt dix-neuf cents ans est
arrivée.

De Pouzzoles un poulain couleur d'humus m'a
porté d'un trait, crinière flottante, jusqu'à Baïes.
Ce fut une envolée.

... Une vigne s'enchevêtre, arborescente, dont
un garçon, l'œil lourd entre les branches, émonde
les pousses, lie les rameaux en tirant un jonc de

la botte qui pend dans son tablier. Des plants de fèves entre les ceps. Contre la colline deux voûtes au bâillement rose, deux bouches en même temps lasses. Ce temple est une étable où reposent sur des tas de paille et de maïs une vache à la langue améthyste, un bouc blanc que les petites filles nomment Gennariello — c'est ici le lieu de rappeler que San Gennaro est le patron de Naples — et une *capretta* : Négrine. Un coq enjambe vaillamment des cercles de tonneaux. Quelques fagots de chêne dressés pour la nuit abritent ces bêtes. — L'ombre d'une porte me sollicite... Oh!... une calotte de briques, spacieuse, résonnante, dont l'orbe plafonne à ciel ouvert dans un cadre de prêles. Aux parois chante goutte à goutte une stillation et quatre niches en croix cintrent des mares qui s'éloignent. Plus rien du monde, c'est un sanctuaire, rien que l'envoûtement et la percée vers le ciel... Une légère crainte antique dans le silence... Un piétinement choque le sol feutré, le chevreau paraît ; il hésite, biaisant de l'œil, un billot de bois entre les pattes ; il gagne au milieu de la salle un bosquet de sureau — *sambuco* — que l'effondrement de la voûte a fait croître ; je regarde se froisser les feuilles au coin de son museau ; on dirait d'un bambin camus dévorant à pleines lèvres une salade. Sur son échine l'air soulève ses poils longs. Il arrache nerveusement les tiges, sabote autour du buisson pour éviter que je le touche, entend chevroter sa mère, met aussitôt ses oreilles dans les feuilles et double son repas. Même, par une curiosité plus

vive que sa défiance, il vient tirer du bout des
dents jusque dans mes bras quelques bribes. Ont-
elles meilleur goût?... Que ne suis-je au début des
siècles un jeune chevrier !

Le port de Baïes abrite contre le gros temps
des escadrilles de bilancelles qui font ensemble
osciller leur deux mâts. A travers le réseau des
bastingages on voit blêmir, au fond du golfe, la
plage triste de Pouzzoles. Ce soir les haleurs
étaient rares ; il ne restait que les choses, à leur
place habituelle, chacune sous le vent, isolée dans
son destin ; autour d'elles les vagues voletaient
d'une rive à l'autre comme un parti égaré de
palombes. Les terrasses grises, le tumulte dominateur de la mer sur l'homme engourdi d'indifférence
et de froid, répandaient dans le paysage une sorte
de réminiscence bretonne où la cadence des goélettes indiquait seule une race plus légère. Me
retournant j'ai vu tout proche, comme la raison
des flots, un dernier temple, au front crépu, aux
parois ravinées sous un écroulement de genévriers
en fleurs.

Crise : le Putéolan à margoulette qui enlevait
son petit cheval par une tringle passée sous l'os du
nez prétendit, sur un mot imprudent de louange
en faveur de l'attelage, à une *mancia* incalculable ;
pour appuyer son dire il requit suivant la coutume
l'opinion publique ; coiffeurs, maraîchers, *came-
rieri*, tout ce qu'on peut compter d'oisif en Italie
sur la place d'un village ; une nuée d'enfants tin-
tamaresques vinrent donner l'assaut àma capote et

trépigner de tous leurs doigts aux vitres du tramway. Ce que voyant, les gens honorables de la loca-
lité s'affligeaient : *cosa dirà questo forestiere quando
tonerà nel suo paese ?* S'il réussit à duper son
client le cocher pour s'en rire dit qu'il l'a fait Français. *Stia sicuro ; questo vetturino del diavolo non
mi avrá fatto francese.*

A Georges P... — Au Château de Broglie.

NAPLES.   Sainte-Agathe.

Je suis allé lire votre lettre dans la Normandia,
la petite île du château de l'Œuf. On y accède par
une jetée munie de grosses piles qui aboutit
directement sur l'enceinte extérieure de la forteresse. C'est un château de terre en alvéoles de
tuf, et en lits de mortier, qui se pulvérise entre
les doigts, mais résiste aux vagues. Poreux de
près, il prend d'un peu loin un profil tabulaire,
un air de résistance, renforcé par l'obliquité des
courtines. Le même profil, encore plus net et
d'une simplicité plus décidée, trace en plein ciel
au-dessus de la ville, le château Saint-Elme qui
est le parafoudre de Naples. La couronne du *Castel
del ovo* s'altère d'un aménagement en caserne.
Pourtant la nuit, lorsqu'on regarde les nappes

d'écume fuir et retomber le long de sa base, on éprouve un plaisir à voir en même temps scintiller au sommet les fenêtres des chambres de marins.

Sitôt le pont franchi on se sent dans l'île. Proche de la côte et de la cité, au point de paraître faire corps avec elles, c'est pourtant un autre milieu, ayant ses habitudes, ses métiers, sa physionomie : un coin de campagne en mer. Il y a là une *piazzetta* charmante le matin : un dallage en triangle, limité par des maisons seules, entre lesquelles on découvre très haute la ruche moussue du fort. Pour mieux asseoir l'île, pour se conformer à son aspect de défense, les maisons s'enfoncent elles aussi dans le sol par un soutènement de biais et l'arcature aveugle de leurs corniches simule des machicoulis. A leur pied entre les dalles, sortent des ceps qui se ramifient en *pergolas* devant la porte. Un tabernacle de la Madone s'ouvre sous l'une des treilles. En tous sens d'une façade à une autre, des perches et des cordeaux tendent une lessive qui se balance entre des pinces de bois dressées comme des oreilles d'âne. Au milieu de la place, pour fontaine, une vieille barque à demi couchée ; des poules s'y lustrent. Cris de chardonnerets en cage, d'enfants qui se chamaillent, le *soprano* d'une chanteuse de music-hall stimule le bruit frais de la mer. A côté, un petit quai, — l'embarcadère, encombré par les étaux portatifs des marchands de coquillages, et par la terrasse des restaurants d'amour où l'huître et le citron coupé bâillent au reflet du vin des îles entre quelques plantes maigres. Des mariniers clouent des mâts. On entend claquer une jonchée de moules : dans l'eau de mer, entre des pilotis, elles, sont suspendues par des chapelets de chanvre ou immergées dans les paniers d'osier qui oscillent au courant ; des dorades flottent dans des nasses, dans des tonnelets à claire-voie ajustés ensemble par un radeau. Les goélettes amarrées pèsent sur l'eau... Toute une captivité qui se dandine. On est bien là ; on est content de manquer d'occupation ; j'ai passé une heure au soleil contre une barque neuve qui n'a pas encore touché le flot. Les gens trouvaient ma présence naturelle, et continuaient tranquillement de travailloter. Si bien que ne dérangeant personne, je me sentais du pays, — l'un des êtres réunis là, laissant filtrer en soi à travers son mécanisme quotidien le loisir de n'être pas mort. Petit reposoir hors du monde où l'on est tout surpris de trouver à l'état vrai la vie, — un délicieux rudiment. On ressemble à des arbres qui sentiraient remonter la sève, et dont les feuilles commencent de se dérouler à l'air. Vous voyez, cher ami, que je ne suis malgré tout pas trop éloigné de vos forêts.... que nous pourrions peut-être de l'un à l'autre échanger deux printemps...

A Henri C... — Nice.

Casamicciola d'Ischia.   14 février.

> La terrible chose
> Que Saint-Valentin.
> Verlaine. — *A Poor young shepherd.*

Oh ! qu'il est dur quand il fait froid de se lever à la chandelle. Le chrétien qui assiste à la messe de l'aube abonde en mérites. Un café grillé, — je sens encore sur la langue la brûlure des grains moulus, — un morceau du pain cuit dans l'île et l'ascension commence : huit cents mètres à gravir, le géant Typhée qui s'est enseveli sous cette crête a le goût somptuaire des Napolitains. Temps sombre ; la montagne fume ; elles fument toutes par la complicité des nuages quand ce n'est plus par le feu intérieur ; il leur souvient qu'elles sont nées volcans. Après deux heures de grimpée, le paysage ne cesse plus d'être immense. La mer restait couverte, mais je l'en aimais davantage : c'est dans le ton de nos hivers qu'elle me laissait entrevoir la coupe de dunes du golfe de Gaëte. A mes pieds les embruns rendaient Ischia plus solitaire et plus visible. Le silence est ici un bouquet de nature qui fait battre le cœur. Être dans une île, dans un monde séparé du monde, dans une paix sans bornes qui ne ressemble pas à la paix des nations, tour à tour cela m'enchante et m'effraie. La tombée du soir est tantôt un dôme de plomb que rien ne pourrait soulever, tantôt une liberté charmante où les fleurs, les petits cris d'oiseaux et les voix contadines me caressent. L'alternative de peur et d'expansion me plaît.

Le guide a dix-sept ans : bel âge pour égarer. Le long du chemin, oubliant son rôle, il part seul dans sa montagne... Je l'entends raviner des éboulis avec une baguette de châtaignier qu'il vient d'écorcer au couteau. Il chante, reparaît plus haut entre des touffes de genièvre, près d'une source gelée. Là il m'attend, et d'un peu loin fixe dans les miens ses yeux noirs pleins de flammes. Le sourire des yeux communique à ses traits une sorte d'animation ancienne qui en accentue l'extrême jeunesse. Le miroir broyé de la source grésille en même temps sous nos talons. A l'entrée des grottes, cintré sur le grand ciel, il fait partie de son pays. Déjà le cabotage l'a conduit d'un bout à l'autre de la Tyrrhénienne. Sa vie toute simple, naturellement livrée aux forces qui l'entourent, trahit la survivance de l'unité maritime d'il y a deux mille ans. Les îles ont pour patrie la Méditerranée. Dans le même sens, en écoutant à la paroisse, les filles du village nasaliser selon le rituel les hymnes que nous connaissons, j'ai vérifié une fois de plus que le lien des civilisations occidentales entre elles et avec la pensée antique est l'œuvre de l'Église.

Au sommet : un oratoire de montagne creusé dans le tuf et signalé au dehors par une *campanella* branchée entre deux pillettes de pierres. Cette disposition schématise en architecture le plus rudimentaire clocher-arcade... Tout était clos. Pour voir l'effigie de saint Nicolas, il fallut vio-

lenter un vantail. Auparavant nous avions à notre
décharge appelé avec beaucoup de patience le
moine gardien, exploré et battu la cime, apostro-
phant vers tous les points de l'île en son dialecte
rocailleux : *frate Filomèlè, frate Filomèlè* ! c'est-à-
dire, n'est-ce pas, frère Rossignol. Nulle autre
voix que la rumeur éloignée des vagues... (Chateaubriand — pardon); notre frère Rossignol
s'était envolé; sur cette pointe éventée, l'hiver a
pour lui trop de rudesse. Une ressource pourtant
restait : celle d'ébranler la campanella ; rugueux,
sourd d'apparence, son airain vibrant de haut sur
le bouclier de la mer, fait au premier choc résonner l'île; trente-trois mille âmes en sont frappées,
entre autres celle du frère vagabond qui, du cap le
plus reculé qu'il en reçoive l'écho, s'achemine
sans tarder vers sa montagne. Fondée par une connaissance intuitive des lois de la réflexion sur les
calottes convexes, cette légende reflète comme un
miroir à la fois la petitesse de l'île et l'infini circulaire de son horizon. Elle m'a paru si digne d'être
vraie que je n'ai pas ébranlé la cloche.

Quant à frère Philomèle, inventons sa journée.
C'est ici l'Ombrie abrupte, sur les flots... Depuis
un mois il ne voit mie, la neige, la bise. L'excès
de solitude commence à lui tendre le cœur; sa
provision de pain s'épuise. C'est le milieu de
février ; bientôt l'isolement obligatoire de carême.
A son éveil temps glacé. Il se dit ; « Ce matin
non plus la Providence ne m'enverra personne. »
Frère Philomèle pousse une grosse pierre derrière la porte de la chapelle, tourne la clef dans

l'huis de sa cellule et déserte l'ermitage pour descendre saluer ses frères au couvent franciscain de Foria.

Crépuscule. Par les lacets, le *frate* remonte ; quelques heures de couvent n'ont pas manqué de rouvrir en lui la source d'allégresse. *Quante preghiere si affreterà di fare nella sua capellina!...* O terreur! la porte en est forcée! quel génie malfaisant, quelle méphistophélique vigilance ont surpris son départ? Ah! il n'aurait pas dû, il n'aurait pas dû... N'a-t-on pas ravi le saint, brisé les ampoules de terre cuite, profané les reliquaires mis en lignes par lui dans l'armoire avec tant de précautions?... Les démons, les brigands... Non, rien, l'ordre... *Dio sia benedetto!* Alors...? Un ange peut-être a déplacé la pierre, écorché sa main au montant de bois, imprimé ses pas ardents sur les dalles. Car il est assez dans l'usage des anges qu'ils visitent les oratoires à l'heure où ils les savent vides pour faire déplorer à ceux qui en ont la garde la fantaisie de leur absence.

Holà! tout cela est trop irréel. Le frère de Saint-Nicolas n'est peut-être occupé qu'à vendre du vin blanc.

Joie campanienne : midi, le pain bis, les figues, le vin de la montagne sur la montagne dans un gobelet d'étain. Mettons que l'étain soit de trop; mais il ne faut pas plaisanter le reste. Il y a deux noblesses : l'une consiste à diviniser la jouissance par le lyrisme, l'autre à la vaincre.

A Henri C... — Nice.

Casamicciola d'Ischia   Sainte-Martine.

Tolle quod tuum est, et vade.

Il y a eu à Naples une revue au bord de la mer.
Le quai cintré, le château, la pluie imposaient à
son déploiement le cadre et l'atmosphère d'une
cité du Nord. L'artillerie de campagne, semblable
d'aspect à la nôtre et les chevauchées de bourgui-
gnottes complétaient le dépaysement: une parade
le long d'un port de la Manche. Le vêtement
militaire s'alliait si bien à la verdure grise des
yeuses que les haies de pioupious, dos à la mer,
formaient d'un peu loin la clôture naturelle des
plates-bandes de la *villa nazionale*. Outre les trois
armes, défilaient les carabiniers, les fusiliers
marins, les bersagliers et les pupilles de la *Nun-
ziatella*. De plus on avait ballonné de chemisettes
rouges le récréatoire garibaldien : genre groom
de grand hôtel anglais. Sauf cette note, c'était
bien. Pour se rendre vaste, l'État-Major s'était
aligné sur la demi-lune qui s'avance en mer, les
épaules dessinées dans le fond blanc des nuages ;
l'éparpillement des mouettes et des vagues déta-
chait le col des chevaux, chevaux-marins, mais à
crinière peignée, comme dans une mythologie
d'Ovide ; chevaux de Caligula : les mieux dressés ont un port consulaire ; les sonneries de
cuivre, l'air salé, leur inspirent des fringances.
Le gonfanon bleu des lanciers de Novarre palpi-
tait à travers les escadrons de piques. Individuel-

lement les troupiers ont l'âme fantaisiste, ils
marchent sans rigueur ; mais d'ensemble la mise
en scène, nettement réglée, ignore l'imprévu de
la dernière minute. Curieux compromis, l'un encadrant l'autre, entre le sens du dispositif général,
de la figuration si l'on veut, et le goût personnel
du laisser-aller. Le mouvement s'effectue vite,
avec des temps de répit, des vacances, qui
appellent à l'éclosion les enthousiasmes ; si bien
que la spontanéité de l'assistance s'incorpore
au spectacle. La mienne fut d'ambitionner l'âme
bondissante d'un trompette. Les officiers d'or-
donnance avaient passé l'écharpe à glands bleu
turquoise qu'on voit en suspens dans une
chambre florentine que je connais, à la panoplie
de Giosuè Borsi. Par là il semblait que cette jeunesse cavalière, si loin de moi, digne de l'Apollon nu qui flâne entre les palmes, prenait avec mon
labeur un rapport invisible.

A Henri M... — Oxford.

Casamicciola d'Ischia.   1er mars.

« νήσους αποπεμψαντες ».

Platon. Banquet, VII.

Une île est presque un cloître, surtout en Campanie où les arcades roses transparaissent dans

chaque vallon entre les rameaux de la vigne. A la mesure de ses propres rives telle que Dieu l'a faite, elle est un cloître de plein-air que l'eau, l'espace, le silence baignent d'un triple infini. Quand le vent *libeccio* dévale avec son grondement de tonnerre, que le crépuscule très lent finit de tomber, que le bateau n'est pas venu de Naples, on se trouve enfin séparé de tout, hors des relations humaines, hors de l'histoire, au milieu, au sein d'une nature florissante où chaque moment suffit. Votre lettre a été pour moi un de ces moments qui font la nature plus touchante parce qu'une âme proche s'y exprime.

Ma chambre a des fenêtres pour toutes les directions du soleil, une galerie vitrée domine la marine pour les nuits de lune. La résonance des bruits du dehors et leur pureté vont au cœur. Le matin, tout en lisant, mon oreille suit sur la route le piétinement décroissant des ânons qui montent la farine, ou celui des *zoccoletti* en bois de chêne quand une nuée de gamins dévale vers la jetée. Dans la paix semée de murmures d'oiseaux siffle tout à coup le fausset de la vendeuse de salade : *lattu...ga,* — l'appel d'une femme qui dirige sa chèvre : *tè, tè, tè, tè,* avec la variante dure : *ca, ca,* c'est-à-dire ici. Quand ma vieille hôtesse échevelée rit à l'écho des corridors, je sens approcher la Gorgone. Frisson, pour bientôt rentrer dans le charme, avec les longs appels d'enfants : *Camiglia ! Gigino !* d'un accent traîné qui débraille un peu les voyelles, mais où flâne et chantonne la tendresse.

L'articulation des voix d'hommes répète la lutte
des vagues et des rochers. Tantôt le timbre
déferle, mouille les consonnes, les polit, les use,
les engloutit dans un clappement qui met sur les
lèvres un cercle de salive : *Ischia, Paradisiello*.
Tantôt à la rencontre des sifflantes il devient brus-
que, rauque, il fait écueil : *abascio* pour *abasso*,
chuintante accompagnée d'une émission gutturale
qui imite un engouffrement de vent. Parmi les
syllabes faciles héritées des colons d'Ionie ces
rugosités surprennent : l'âpreté sémitique y survit ; sans doute il convient d'y noter les traces d'une
occupation phénicienne.

Les promenades sont adorables : rien que des
pergolas gazonnées par le *trifoglio* et toutes bleues
de bourrache. Entre les vignes, sur les gros
pavés des sentiers, l'éraflure du bâton ferré se
mêle aux coups voisins du sécateur et de la pioche.
Ici le promeneur est un peu le compagnon du
paysan. Le crépuscule déploie une immense modestie : les paroisses s'ouvrent dans les hameaux,
les oratoires au milieu des vignes : une ou deux
ombres y sont prostrées, la veilleuse brille ; la nef
s'obscurcit chaque fois que quelqu'un entre. Une
jeune fille s'agenouille, relève de ses épaules à
ses cheveux une écharpe de coton et commence un
chapelet. Entre l'insulaire et l'étranger baigneur
il se forme, le temps de cinq dizaines d'*Ave*, une
fraternité secrète : deux créatures, qui se taisent
entre elles et communiquent l'une à l'autre par le
même amour ; — une fraternité bercée au calme
de l'île et comme recueillie dans la sonorité du

soir. Être venu de loin, et se trouver d'accord avec ce que l'on trouve plus qu'avec ses compatriotes, étonnement de cela ; réalité d'une civilisation catholique préétablie aux ridicules particularismes modernes. Par la porte on entend des pépiements de chardonnerets, une douce clameur de jeux, et plus loin, au milieu d'une humidité d'herbes, le coassement des reinettes. C'est l'hiver fini, le Seigneur pour tous. D'autres veilleuses s'allument sur l'eau : le fanal des barques de pêche coloré et constant comme une luciole marine.

Après le dîner la servante accroupie devant ma cheminée anime le feu d'un coup d'éventail. Les rondins d'eucalyptus répandent à travers la chambre leur parfum blanc, suspendent sous le plafond une brume, et pleurent. *Dolore di legno che spegne le fiamme.* C'est le deuil de quelque dryade. A l'église aussi la douleur funèbre se voile d'aromates... Le feu s'assoupit ; comme il fait froid, je me couche. On retire la lumière ; comme il fait nuit, je m'endors.

Adieu.

A Henri C... — Nice.

CASAMICCIOLA D'ISCHIA.   Santa Felicità.

L'après-midi, couché au-dessus du village sur une terrasse naturelle, je regarde, le long de l'horizon, des monts de Procida au cap *Circiello* se détendre l'admirable conque de Gaëte. Tout proche, l'amphithéâtre délicieux de Lacco détaille les frêles armatures de ses plafonds de vigne, son petit village blanc plein de gentillesse qui s'éparpille le long d'une grève et s'adosse à l'énorme amande verte d'un cap. Des pinèdes tablent au-dessus de lui, au milieu d'une légère vapeur d'or, jusqu'au casque phrygien qu'un *Monte nuovo* dresse au ponent sur une bandelette de mer. Çà et là des barques, tirant un sillage, épinglent la surface de la mer comme des araignées d'eau.

La sonorité et la disposition cintrée des vallons font comprendre que le théâtre antique ait été un théâtre de plein-air dont la forme, orchestre, scène, gradins a été suggérée aux architectes par l'orographie de leur pays. La structure même du drame antique et sa prosodie s'ajustent au cadre géographique, si bien qu'une pièce d'Euripide ou de Sophocle est commandée par les caractères généraux du paysage grec, qu'elle s'incorpore à une harmonie de la nature et qu'elle transpose cette harmonie dans le conflit des passions humaines.

L'impression de la sieste est musicale. D'un clocher, aérien en bas, l'heure perle goutte à goutte. Cristallins, ouatés, les carillons se répandent dans l'ombre du cirque de montagne et dans la buée du soleil. J'aime surtout celui de la bénédiction après la messe : il grandit de plus en plus rapide et vibrant pour finir sur un coup d'éclat comme une fusée de joie en plein ciel.

Les carillons changent l'écho des autres bruits de la vie. La note forte c'est le braiment d'un âne qui, répercuté par la paroi du promontoire, imite les résonances nasales d'une sirène de vapeur. Puis des notes plus discrètes ; les sifflements épars des merles et des garçons, le branle d'une charrette, la mélopée des poules qui ont du vague, un courcaillet de cailles précoces, craintives d'être nées trop tôt. Le crissement ténu des premiers moucherons est une mandoline sous les doigts du printemps. Longtemps, enfoncé dans l'herbe, je recueille la chansonnette sans fin, toujours pareille, avec ses silences de désœuvrement qui sont les soupirs de l'espace. L'ardeur naissante du soleil a quelque chose de si intime qu'elle aide à ressentir celle de la charité. Les images s'impriment tout d'un coup dans les yeux avec cette sorte de lueur qui accompagne un grand engourdissement... Il semble que l'atmosphère de la nature soit celle du cœur du Christ.

D'en haut me vient un compagnon, un épagneul fauve ; à le juger par sa taille il n'a pas six mois ; je l'entends descendre en avalanche le long des gradins ; ses pattes encore mal assurées lui permettent de rouler plus vite. Il arrive en boule, et saute juste, on ne sait comment, pour nicher sous mon bras un museau noir avide de caresses. Trop tendre pour être aimé. Puis très à l'aise il s'accommode sur mes genoux, renifle un peu de tous côtés la brise, écoute en sage passer les mouches, reçoit le soleil dans l'œil en regardant le paysage... De temps en temps il se rappelle mon existence et aussitôt s'oblige à toucher ma main d'un coup de languette. Avec l'air, les oiseaux, les frelons je fais partie de sa béatitude. Adieu : il aperçoit un brin d'herbe tentateur et s'y lance avec sa toison de petit lion.

...Le soir les gamins de Lacco me reconduisent. *Sigarette, Signore, per piacere, una soltanto; a me!* — Déçus de ne rien obtenir ils s'attroupent au dernier tournant, se cambrent, et me lapident. Parfois un de leurs projectiles écrase sur le chemin un beau scarabée noir. D'autres me frôlent...

Si ne suis-je pourtant le pire du troppeau

A Henri M... — Oxford.

Casamicciola d'Ischia.   9 mars.

Et moi, bateau perdu sous les cheveux des anses
A. Rimbaud. — *Le bateau ivre.*

Il y a derrière le mont Rotaro, le mont qui tourne, sur un petit plateau forestier au milieu des buissons, une chapelle du Crucifix. Chaque vendredi de carême quelques femmes y montent le matin pour la *vía crucis*. Le *parroeo* d'Ischia y célèbre ensuite la messe, vers onze heures, à portes ouvertes, dans la lumière et le silence de la montagne. Le chemin de la croix est récité à l'intérieur de la chapelle par un petit paysan chaussé de galoches qui porte une hampe de bois noir et par un *frate* franciscain; à chaque station le célébrant médite à haute voix et éteint une chandelle. Les sentiments de participation qu'il essaie de suggérer ont un tour d'ingénuité très vif; on se met à souffrir de tout son cœur. Les femmes d'Ischia, sèches, bronzées, les cheveux tirés sur une tête en amande, composent une assemblée de Phéniciennes. A chaque pause elles psalmodient — *turare gli orecchi per carità* —; d'une voix qui paraît émaner de quelque baril un chantre invisible plafonne.

La messe était celle de saint Thomas d'Aquin, satin blanc. Sur l'autel des cierges neufs embrasés par douzaine éclipsaient la lueur du soleil. C'est dans l'allégresse qu'on relevait brusquement de l'extrême compassion. A la fin de l'office, quand le prêtre s'est retourné pour bénir, l'harmonium, n'y tenant plus, s'est lancé, quoique asthmatique, dans un mouvement de valse uniformément accéléré... *A tempo, à tempo !*

Le déchirement et l'ivresse alternent chez ce peuple la double forme de sa virulence sentimentale. Comme une médaille il a deux faces.

De là je suis parti à travers une bruyère chercher la sieste au son des cloches de chèvres; on ne distingue pas le troupeau, mais seulement les touffes de feuilles qui bougent sur tout le flanc de la colline : invisible il anime ce dont il se nourrit. Les insectes s'éveillent; les beaux papillons safranés se mêlent dans le vent de mars aux dernières feuilles sèches. Dès qu'on s'assied, de gros criquets fusent et pétillent en tous sens comme si l'on était devenu le centre d'émission d'une gerbe d'épis; une terreur absurde m'empêche de les saisir entre les doigts : aux yeux qu'ils font je crois qu'ils vont me mordre. Le lézard, long comme une jeune couleuvre, glauque et or, soleil à travers l'eau de mer, est moins inquiet, moins fuyant qu'en Toscane; ses yeux cerclés très doux surveillent l'homme avec intelligence; il le connaît : on le sent prêt aussi bien à la confiance qu'à la retraite; quant aux crapauds, arlequinés de clair, ils viennent bâiller jusque sur vos souliers avec une assiduité désobligeante. Ainsi l'indigène est pacifique : même au fond des recoins les bêtes ne se méfient pas trop de lui. Cette bienveillance entre les créatures nous rapproche du paradis terrestre.

De ce lieu on parvient aisément à la pointe du *Montagnone-montem excelsum valde* — d'où la vue se divinise : toutes les îles, deux golfes vaporeux émaillés de cases blanches — Naples et Gaëte; la neige des Abruzzes au ton fleurs de pêcher, flotte dans l'espace comme une couronne de vierge... *Et ostendit ei omnia regna mundi et gloriam eorum.* Le *dæmonius meridianus* est ici difficile à vaincre.

Après midi, lorsque le temps est calme, la pro-

menade se ralentit d'elle-même, pareille au déclin
souriant, à la montée de la sève, à l'émanation des
premières senteurs. Face à la pleine mer, à deux
milles du village, une grotte bleue s'ouvre dans la
falaise. Pour m'y conduire huit hommes ont tiré
du hangar où elle hivernait une barque aux flancs
de colombe. Après un premier sillage dans le
sable la quille a mouillé. Un pêcheur a brossé la
cale, assujetti les avirons, fixé les hampes. C'est la
barque de Turillo. Il vide à m'attendre l'eau qui
bouillonne par les jointures du bois. « Elle se gon-
flera en naviguant », dit-il. L'étroite casquette de
Naples qui le serre aux tempes répand sur son
visage entier l'ombre de ses paupières ; je ne vous
ferai pas autrement son portrait. *Via!* La première
course de l'année, le régal du passager porte-bon-
heur... La proue géante du cap nous ensevelit
bientôt sous son mutisme. Quelle petite chose
nous voici, lui baisant les pieds, frôlant la falaise
fendue comme par un foudroiement de Titans,
terriblement droite, fleurie de giroflées sauvages
dont les têtes frémissent dans le vide ; d'un coup
la mer est devenue toute bleue, magique, saupou-
drée de tuf dansant ; au fond, des touffes argen-
tées chatoient ; notre *navicella* se glisse entre des
blocs presque à fleur d'eau couverts d'une toison
de lichen, le *crespola*, mousse de rouille... Enfin
la falaise bâille et nous avale ; les rames relevées
s'essuient ; la barque immobile devient le secret
de la grotte. Séparés du monde par l'épais silence
de la montagne et par le murmure endormeur du
flot, — libres, libres de tout... Le petit marin

cherche dans mes yeux ce que je suis venu découvrir ici... La défense.

Adieu, *in cinere et cilicio*. La poussière d'encens brûlé qui s'écroule en croix sur le front le premier mercredi de carême insinue au cœur un amer parfum.

A Henri M... — Oxford.

CASAMICCIOLA D'ISCHIA

Reminiscere.

Il pleut ; les *gite* continuent sous la pluie. Quel est ce prince dans Shakespeare qui dit au plus aimé de ses solistes : « Arrête ; ce n'est plus aussi délicieux que tout à l'heure — *Tis not so sweet now as it was before?* Pourtant c'est encore délicieux. Mon compagnon, le même, a su ne pas se familiariser. Sa réserve le rend aimable. Le matin on glisse une collation dans les grosses poches de sa veste ; puis en route avec le bâton ferré, pour une pointe en défi dans le ciel quotidien. D'un regard Turillo fait appel à ma loyauté avant de nommer les montagnes : *questa punta qui? noi la chiamamo, la chiamamo...* — il fait semblant de chercher pour se donner le temps de délibérer s'il doit dire — ... *il Cacciatore, signore, cosi la chia-*

mamo noi. C'est peut-être un mensonge. Des attraits si divers offre le chemin que rarement je touche le but. Il garde sa promesse. Sans doute l'art du bonheur consiste à ne pas joindre avant la mort le but humain qu'on rêvait à sa vie.

Si l'on va vite, on ne cueille plus de fleurs ; encore moins on les regarde, car il faut bien plus de temps pour les voir que pour les cueillir : quatre violettes enfoncées dans une touffe de mousse, quatre petites sœurs assises dans le trou d'un vieux mur. Trancher une tige, c'est prêter main-forte à la mort, flétrir la seule chose qui resterait fraîche quand l'univers serait sali : une corolle. Mystère que tout désir en agissant produise la mort. Ces étonnements ralentissent le pas. Turillo, qui ne s'en soucie, me devance. Il moissonne en prodigue les violettes grises à tiges noires qui ressemblent à de sveltes filles en corset de satin, et les jacinthes qui depuis quelques jours entr'ouvrent leur gaine sur des litières de feuilles sèches : *Signore, il fiore di Sant Antonio* — dit-il. N'est-ce pas plutôt le lis ? Et après une aspiration didactique il ajoute : *Quanto profumo !* La fleur ne sent rien, il dit cela par habitude. En caravane d'exploration, et de reconnaissance, nous escaladons les roches par les sentes de chevriers. Les fourrés de houx et de rostinelle retiennent pour péage une gouttelette de sang. Que de perles ce matin limpides ou rosées ! L'éclat de la mer, de la verdure, du tuf dénudé imprime aux couleurs une intensité d'opposition presque cruelle. Sauvagerie du printemps du sud ! *Fa male agli occhi Signore !* dit l'enfant en plissant les paupières ; il attend mon ombre et, d'une mine endolorie, s'y blottit.

A midi, hissés dans l'espace sur un cap — toute pointe de montagne est un cap — le déjeuner : des fruits. Autour des oranges éparses, le vent de la mer agite l'herbe. Croquant des noix, étirant des figues entre ses jolies dents sans défaut, le jeune Ischiote arrache à ce gazon des touffes qu'il disperse au-dessus de lui en rouet de menues lanières. J'aime son insoucieux appétit. Un point sombre dans nos relations : il s'est laissé persuader par une feuille de chou que l'Italie est à la veille de déclarer la guerre à la France. Donc je vais devenir son ennemi. Subitement il me regarde avec tout le recul de sa race pour une race étrangère et moins noble. Pendant quelques instants l'abîme se creuse entre nos vies tel qu'à nos pieds... Quand il aura vingt ans, Turillo se fera marin sur un vaisseau de guerre.

Poi, scendiamo. Les gradins suivent les bords escarpés d'une Lave — tout ce qui coule de la montagne a reçu le nom de *Lava*, que ce soit l'eau d'un torrent ou la roche en fusion, *la coulée* volcanique — les massifs de menthe et de myrtilles évaporent une odeur épicée, aquatique, bouquet des Nymphes qui semble captiver le murmure de l'eau et le bond des cascades. Les joncs, les roseaux se cinglent entre eux sous des brises différentes. Au bruit du sol, au bruit des branches qu'on écarte, la *ranocchia*, petite grenouille musicienne qui joue une note comme sur un verre d'eau, se tait pendant que nous passons. Des renoncules mettent dans un recoin embaumé l'accent des chrysanthèmes. Plus d'une fois mon petit guide, résigné, se retourne, cherche d'un œil responsable où peut s'être égarée ma singulière lenteur ; il patiente ; puis il m'aperçoit, me regarde descendre sans oser me sourire, mais le cœur dans les yeux et si, à cause de lui, mon pas se presse un peu sur les cailloux, il le sent : *Adagio*, dit-il, *Signore, adagio !*

... Quelquefois la nuit, quand il doit être très tard, l'île plongée dans le sommeil, le silence plus profond que la mer, un autre Compagnon me touche, apaise mon éloignement, remplit ma chambre de confiance, de tendresse... *Signore, adagio.*

A Henri C... — Nice.

CAPRI, LA DOUBLE,

Bonum est nos hic esse.

Que je vous conte mes navigations ! d'abord une courte escale à Naples, un *sacchetto* beige au poignet, l'air du bourgeoiset de campagne qui fait emplette. Or c'était par hasard — par hasard pour moi — la réception du général Diaz. La ville frémissait de *bandiere* et de passion gentille ; ondées, soleil. On ne peut imaginer la molle

Parthénope, combien alerte, pimpante et talonnante! De la soie, cher ami, par-dessus les éperons. C'était le triomphe de la jeunesse militaire pleine de *self-love* et de hauteur.

Pour aborder à l'Immacolatella le matin vers dix heures il faut quitter Ischia *prima del giorno*. On s'assied sur une borne de l'embarcadère à demi effrayé par les câbles qui sortent de l'eau et serpentent sur les escaliers de la jetée comme des pythons marins. Aux confins du plein et du vide les ombres de bateliers et de barils roulent ensemble. Une barque les recueille — passeront-elles — et s'éloigne vers une autre ombre immobile, l'air d'un juge, celle du gros bateau clignant d'un œil son fanal terne hissé au mât comme une vieille étoile en détresse. Le jour peu à peu se traîne sur une mer désargentée où les barques de pêche d'un noir absolu essaiment par compagnies. Leur nuit de travail achevée elles viennent au vapeur en décharger le fardeau. Il semble que ce soit la mer elle-même qui jette en paquets dans notre cale la salaison pour ses riverains. Un mousse s'assied au milieu des passagers ; son accordéon leur soupire toutes les bribes du golfe. Le poisson frais et la *canzonnetta per l'amore di Napoli*.

Ces derniers jours ont été lavés par la pluie d'équinoxe, une pluie qui tombe dru, belle de rythme comme le pas d'une troupe. Muée en étuve la terre fume ; une moiteur sulfureuse passe à travers les fleurs, envahit maladivement la poitrine, y provoque une sorte de délassement qui n'est au vrai que la volupté de la fatigue. Les

citronniers lustrés par l'eau désaltèrent le regard.
Dans ce crépitement de chaudière le seul bruit
céleste c'est la cloche, encore plus ouatée, sans
liaison, angélique. Près de le plage où la mer
reste d'un calme étrange sous l'averse, à la chapelle des marins, le jour à peine levé, chaque
nouveau matin réunit une fois de plus les fidèles.
Un prêtre simple de charité et de voix — *giovane
di primo ordine* — dispose le corps neigeux du
Christ entre des girandoles où six et six flammes
tracent le cercle des apôtres. L'empressement de
ces petites lumières peint l'ardeur des *premiers*
chrétiens. Proche d'elles les pêcheurs hâlés, au
poil gris, un béret entre les genoux dans leurs
mains pendantes, les femmes du port qui se sont
toutes en même temps voilées d'une écharpe de
fil au signe de croix liminaire de la messe, louent
ensemble et célèbrent, avec une naïveté de foi
dont rien ne peut donner l'idée tant qu'on n'en a
pas éprouvé tout contre soi la réalité. Leur confiance pour le Christ, pour la Vierge, les Saints
protecteurs est aussi spontanée, aussi indiscutable
que les sentiments naturels de filiation. La préférence intellectuelle dont le rationalisme nous a
légué l'héritage et qu'il nous a forcé de maintenir
pour le combattre avec ses propres armes, nous
fait volontiers omettre ce qu'est le *don de la foi*.
Ici, le matin, dans cette assemblée où tous font
corps autour du Christ, où sont présents, Jésus, les
douze apôtres et quelques autres pêcheurs d'aujourd'hui, on comprend que le temps n'est rien,
l'histoire rien, l'opinion des hommes rien. *Il n'est*

que la nature, le Créateur, la docilité — cette
fraîcheur de l'âme qui ne connaît que sa propre
expérience — et l'enivrante intelligence, celle qui
ayant fait sacrifice et litière de ses méthodes d'instruction, de ses facultés classées, de son trésor
banalement acquis, s'illumine, après une longue
traversée, directement au mystère de l'Être, au
foyer de l'Esprit divin.

D'Ischia vers Capri cinq heures de large sur une
mer enflée par le souffle de mars, ayant pour vent
la tramontane, pour barque la Fortune et le Français pour rameur : *il francese* — émigré, il a vécu
vingt ans à Marseille, cela suffit à son baptême.
— Au large nous avons hissé les voiles dont le
double coutre en cap fauchait obliquement les
vagues ; tandis que j'écopais au moyen de vieilles
boîtes à anchois, le marin contait la nuit du tremblement de terre de 1883 dans son village,
l'éboulement sourd des cases, les plaintes d'effroi et d'agonie partout dans l'obscurité... Le
cimetière de Casamicciola, d'un romantisme si
anglais sur son promontoire certifie cette peinture
Lady... and her son... Le vent nous sifflait à
l'oreille : temps gris, ciel d'autrefois. Entre la
courbe du bordage et celle de la contre-vergue,
l'œil découpait Capri dans un croissant marin :
grise aussi, sur un midi rose, cendre de Pompéi.
A la hauteur de Vivara notre barque en croisa une
autre, désolée celle-ci, prisonnière entre ses filets ;
les bateliers avaient de leur poids bon présage ;
mais la capture était aussi du goût des *trafili* dont
une bande venait de se jeter dans les mailles,

déchirant le tissu, engloutissant à la fois par un brigandage abominable le fruit de la pêche et son instrument. Telle était l'aubaine que ces gros parasites bondissaient à la crête des vagues comme les dauphins de Grèce : l'ondulation de leur dos relevait celle de la mer ; une nageoire çà et là perçait l'écume et soudain fous de convoitise ils se lançaient tout entiers hors de l'eau, gauchis en parabole, giclant autour de la barque alourdie et du groupe abattu des pêcheurs. « Hélas ! dit mon homme, de tous temps le gros poisson a mangé le petit. » — J'ai fait serment de ne tomber sous la dent de personne.

Cette rencontre me fut de triste augure : la mer prit ensuite de grandes amplitudes. Malgré des recherches pleines de science pour asseoir au moyen d'un bloc mobile le centre de gravité de l'esquif, malgré les coups d'aviron du Français qui guettait l'abordage des crêtes, les pièges du dévalement et, debout, oblique vers la proue, faisait levier sur ses pieds nus, la carène pénétrait parfois dans l'écume ou saccadait au vide ; des paquets vinrent me saler la langue ; bientôt il fut impossible de se tenir autrement qu'accroupi dans la cale ; il fallut se résoudre à veiller au gouvernail et laisser faire le vent. En vérité nous n'étions plus qu'une coque dans la main terrible de Neptune. *Equinozio.* L'île reculait toujours. Le mal de mer, si rare en barque — c'est l'écœurante fumée des machines qui le provoque sur les paquebots — commençait à m'étreindre. La voix du batelier émise toute proche derrière ma tête m'arrivait pourtant à l'oreille comme d'un lointain incalculable : *Ma non e cattivo tempo, Signore,* assurait-il, — sans doute pour apaiser les dieux. *Un pó di mareggiare... guarda come si avvicina l'isola; siamo quasi giunti... un oretta soltanto... niente di piu.*

Comme j'étais enfin sans résistance l'île cessa de fuir. Je la touchai du pied... Voici du romarin, le bleuet de Capri.

A Henri M.... —, Oxford.

CAPRI.　　Saint-Gabriel.

Et dans un fol amour, ma jeunesse embarquée...
RACINE... ET ROGER GAILLARD.

Ce matin, sur la marine, le long du mur jaune où sèchent les filets, la mer roulait en chantant des myriades de petits cailloux. Toutes les gemmes d'Orient diluées. Plaisir à se glisser dans une coque blanche sous l'aviron d'un marin lunatique, Amalfiote à l'œil aigu — *highly recommanded to any « forestiere » in need.* Il connaît admirablement la ceinture des grottes — *sono molto pratico del mio mestiere, Signore :* — celle du Vésuve où s'élève un volcan de tuf en miniature vis-à-vis du grand volcan sombre qui sommeille sur l'autre rive; celle du Binocle, du Tonneau, de la Crèche, celle de la Tête de Mort. J'en passe. Dans le chenal de *grotta azzurra* notre élan fut empreint d'une telle fantaisie qu'une fusée d'air et d'écume plaqua violemment le canot sous la voûte. Incrustés par le vide, nouveau coquillage. A la retombée, nous aperçûmes les accessoires de l'expédition nageant à la dérive : carnet d'éloges et béret du matelot, plus une *Vie des Césars*, par mégarde à notre bord, qui, faisant retour à des habitudes séculaires, paraissait baigner avec délices. La chaloupe se mit en chasse entre ces diverses épaves que nos bras nus argentés par l'eau repêchèrent au moment où elles coulaient à pic. Mortifié et vengeur l'Amalfiote aussitôt lança la barque d'une brassée de rame formidable comme une flèche au cœur de l'azur.

A fond de cale, on rouvre les yeux en plein rêve, c'est le palais des fées : l'eau paraît un peu savonneuse; les fées à l'exemple de Nausicaa, viennent sans doute de faire la lessive. Si la terre tremblait et que l'île s'enfonçât un peu quel engloutissement divin! Dans l'ombre miaule un ressac de vent à travers des cavernes que personne encore n'a découvertes et qui, par des fissures, envoient sous la voûte leur souffle sibyllin. L'eau semble éclairée sous un ruissellement de lune par une phosphorescence bleue de Méduse. Les stillations y font perler une pluie de petits astres. *Stella matutina, vas spirituale;* c'est le bleu du vitrail de l'arbre de Jessé à Chartres, celui des papillons des champs, celui des fleurs sidérales :

bleu de pervenche et de romarin, bleus combinés de myosotis, de clématite, d'aconit, de campanule et de liseron. C'est le bleu des nuits de Sindab, le marin. *Si canta.* La barcarolle prend sous la voûte une captivante sonorité de désespoir. « L'azur, l'azur, l'azur... » Eh bien! l'avons-nous pas retrouvé?

A Henri C... — Nice.

CAPRI.   San Giuseppe.

Sequar te dilectum meum in altum.
De Imitatione. III-VI. 6.

Un mot, tant cette journée de bourrasque est belle. De ma fenêtre on découvre une petite chartreuse campanienne avec la boursouflure grise de ses terrasses et, au bas d'une oblique verte de colline, le Faraglione enfonçant dans l'eau son reflet. Autour de ce roc-aiguille qui fait souvenir de Saint-Michel du Puy la grande mer amoureuse, toute bleue sous les nuages, balance un anneau d'écume. D'un coup l'ondée d'orage se précipite avec une rumeur de cascade, nappe sur les carreaux, vaporise le paysage à travers une poudre de santal. Sous ma fenêtre les palmes cinglées froissent entre elles en chantant; les cèdres et les troènes se convulsent dans la giboulée. Mars, mars de notre printemps du Nord, mais plus vaste dans ses caprices; ma chambre pénètre dans un brouillard livide où la foudre passe comme un trait de soleil. Alors, de nouveau, par zones, la mer se dévoile et se diapre sous l'averse jusqu'au cintre de l'horizon. Tout près, comme au bord des yeux, un rayon met de la flamme à travers les gouttes d'eau qui scintillent au balcon.

Je me sais un peu gré de partir tout seul — jamais seul — encapuchonné. Le sentier grimpe entre des murs revêtus de larges géraniums dont les feuilles prodiguent à chaque bond du vent leur parfum de terre mouillée. Le vent salin qui picote au visage! Sur les abrupts l'*erba lattea* secoue éperdument ses touffes vertes qui ressemblent à des chapeaux de dames anglaises émus d'indignation. La mer est tigrée. Le Tiberio, palais éventré, ouvre sur moi ses yeux dévorants. Je m'y risque. Entre plusieurs salles, l'une plus profonde, plus étreinte par la montagne, forme retraite : c'est une nef en rectangle dont le berceau crevé distille des gouttes pondérées qui viennent en jasant s'écraser sur une mare. Cloc, cloc, une onde, une onde, silence. Derrière le fond, le vent de la haute mer bute contre un rocher de trois cents mètres à pic. Rumeur impériale, toute-puissance enveloppante... Cloc, cloc.... Sur l'humus de la voûte éboulée des traces de lierre, un arum, un entrecroisement de ronces qui s'accrochent au manteau pour mieux se balancer... Être une plante fragile entre des murailles bâties par des hommes forts....

Le jour s'efface; une odeur de tuf marécageux accuse celle des verdures; je me sens descendu dans un tombeau ouvert, au creux d'une paix où se recueillent et se purifient de robustes appels d'enfants qui montent jusque de la plage... L'écho du passé...

Voici, à la pointe du cap, la case blanche du secours toute seule dans l'air comme un reflet d'Orient. Au niveau de ses terrasses une femme debout parmi les décombres anciens foule à ses pieds l'orgie tibérienne : une Vierge d'or vis-à-vis de l'immense paysage grec : il en va de même dans l'ordre de l'esprit, où l'Église héritière d'Athènes domine à travers les siècles les impérialismes de la luxure et de la force.

Je me suis enfoncé dans les gazons gorgés d'eau entre les buissons d'arbousiers et les palmes d'anis, pour boire de la pluie aromatique, pour me tremper au bien-être des tissus verts, des tiges de sève, pour sentir couler aussi dans mes veines de la rosée au lieu de sang. J'aurais voulu devenir Nymphe. Le résultat fut que mes vêtements s'alourdirent, que le retour sur des crêtes de pavé glissant fut maussade... Lorsque, pendant un long effort, on a cherché à se joindre à la vie, il arrive soudain que la nature se venge et vous accable. Pourquoi? pourquoi ressembler par nécessité à ces clairs coquillages qui en ondoyant montent un instant du tapis de varech, s'ouvrent en haut pour bâiller et pour boire, et y redescendent?

Rouvrant le livre à la même page, voici : *Fati-*

*gatus, non lassatur... sed sicut vivax flamma sur-sum erumpit...*C'est un rejaillissement, ce n'est pas une réponse... *Cosi sia.*

Au sculpteur Edouard F....

CAPRI.   21 mars.

Ne me plaignez pas; l'exil a des attraits : *sopra-tutto* celui de pouvoir imaginer son propre pays comme le plus désirable *inter gentes*. On ne peut aimer la France sincèrement que d'un peu loin. C'est que, à mesure qu'on s'éloigne d'elle dans l'espace, on rencontre autour de soi des esprits en qui vit la conscience d'une France de plus en plus repoussée dans le temps. L'astronome fantaisiste Flammarion, que je n'aime guère, a écrit que, s'il nous était donné de fuir vers les étoiles suivant un rayon terrestre sans perdre de vue notre globe et avec une vitesse supérieure à celle de la lumière, nous verrions se dérouler à rebours l'histoire de l'humanité jusqu'aux origines même du monde. Tout le passé est présent quelque part. A moins de frais, et sans quitter notre croûte, on peut éprouver cette loi, non plus dans l'ordre des sens, mais dans celui de l'entendement. A Florence, l'an dernier, l'atmosphère mouvait aux alentours de

1789; à Capri c'est plutôt Régence ; espérez, je vous prie, que dans la Palestine nous débarquons au temps des Croisades. Pour expérimenter ce qu'est foncièrement la France il faut du recul. En instantané, c'est à force d'éloignement qu'on met au point l'image nette. La plupart des touristes expéditionnent au Kamtchatka pour en rapporter à Paris un divin engouement au bénéfice de la civilisation kamtchadalienne. Mettez, cher maître, que j'ai planté ma tente en cette péninsule fortunée pour y découvrir, au milieu des ours et des fourrures, ce qu'est au juste notre pays ; et vous recueillerez au moins dans ses intentions, sinon dans ses effets — car l'esprit est prompt, *sed carnis infirma* — le sens de mon voyage.

Maestro gentile, addio, je souhaite à vos méditations le printemps qui commence ici.

A Henri M... — Oxford.

NAPLES.   29 mars.

Me voici sur le chemin du retour :

> .... Tant de mortels à toute heure empressés
> A nous faire valoir leurs soins intéressés.

vous expliqueront que mes ressources s'épuisent. Ma santé gâtée par trois mois d'intempéries sans feu, chancelle. Capri, le soir à mon balcon, est déjà l'ombre d'un adieu. J'aime la rectitude de l'horizon marin qui passe sans fléchir au pied de ses rochers. Les bruits vifs du soir à Naples, angélus, tramways, sirènes, qui se diluent et se noient dans le silence de la mer, rappellent un instant ma dernière course à travers l'île, par le dédale campanien, sous l'escorte d'un *dog* blanc qui aboyait aux mouches — sympathique comme un gros moine en chaire — et de Costanzella sa maîtresse, une fillette sans bas qui chantait des rondes à cœur essoufflé en remuant le bout du nez et les cils. Les rafales du siroco jetaient à nos oreilles le double mugissement de la mer et des vaches. Quand la petite chanteuse eut épuisé son répertoire, elle s'en alla. Seul au bord du vallon, vis-à-vis de la falaise d'Anacapri, je fus étreint tout à coup, sans savoir comment, par une certitude étrange, qui était que, en ce moment même, si j'avais le courage de le vouloir, une force s'offrait à me transposer *à travers un espace qui n'est pas celui que l'on voit* sur l'autre versant. Je m'y serais trouvé sans avoir été visiblement transporté dans l'air naturel, mais comme ayant absorbé de mon regard la distance que supposait l'image. Aucun danger, la chute n'était même pas concevable. Et de me retrouver sur les éboulis d'en face je n'aurais pas ressenti de surprise. Ne jugez pas que ce soit folie; il y a des lois inconnues qui sont dans le sens des transports mentionnés par les saintes écritures. Être déplacé *en esprit* devient une réalité quasi expérimentale. C'est seulement

au retour à l'état ordinaire que j'ai eu la sensation
de me trouver proche du vide physique ; alors un
peu de vertige est venu, plus qu'en temps normal,
j'ai pris peur et me suis reculé ; une heure avant,
sur le tranchant d'un abrupt, j'éprouvais combien
notre vie, si vaine en regard de nos souhaits, est
malgré nous sacrée : « Tu ne tenteras pas le seigneur ton dieu. » La manifestation qui suivit d'une
mystérieuse capacité de transport fut comme la
contre-partie, inattendue, et hors de ma volonté,
de cette tentation.

La dernière après-midi d'équinoxe, je l'ai passée
dans la grotte du dieu Mithra. C'est une gueule
béante pourvue d'une seule dent, qui fut un
temple. On s'y ensevelit malaisément, devant une
échancrure de mer, parmi une rocaille désolée :
Jonas renvoyé entre les fanons de la baleine aper-
cevant le ciel et l'eau ; ou bien aussi quelque
pygmée entre deux feuilles de salade sur la mo-
laire de Gargantua. Au loin la pointe Campanelle,
nez sévèrement rasé, genre *vetturino di Contessa* ;
et l'îlot des Coqs à demi submergé laissant percer
sa crête. La mer était de givre. Or brusquement
un de ces tourbillons du vent du Sud capable de
précipiter les imprudents arracha d'un coin de
roche la branche d'un olivier malingre, et un pauvre
pétrel qui avait mal su choisir sa retraite. Ce fut
pour le brin de feuillage et l'oiseau, par plans d'air
et par vides, une chute de quatre cents mètres en
parabole jusqu'aux vagues. De cette calanque où
le gros temps évoquait toute la sauvagerie d'un
lieu inhabitable, il était instinctif de saisir en cette

frêle perdition le symbole de la paix des peuples. Colombe marine et rameau d'olivier tombent dans le monde à la merci du vent. *Cum fortis armatus custodit atrium suum in pace sunt ea quæ possidet.* La paix est le fruit de la force. La paix sur les biens spirituels ou terrestres ne s'acquiert et ne se maintient que par la force de ceux qui sont aptes à les posséder. En remontant, face à un paysage du golfe de Salerne digne de parer le bonheur du plus généreux des hommes, le passant lit non sans surprise à la porte d'un *villino* :

Inveni portum. Spes et fortuna, valete (Bon voyage
M. du Mollet).
Nil mihi vobiscum est. Nubite nunc alios.

On n'est pas plus hospitalier. Vient à l'esprit une vive intention de commenter le faire-part et le souhait à la lumière d'un verset de saint Paul. Mais sur cet ingrat promontoire les *graffiti* sont prohibés.

Adieu, je vois ma vie en bleu-foncé : le ton de la Méditerranée à l'ombre des Faraglioni.

A M. Edouard D... — Paris.

Mai.   Saint-Pie.

L'étourdissement de l'Italie résulte d'un manque
de contrepoids ; il n'y a là-bas qu'un type de
jeunesse : celle des armes, l'officier ; le *tenente*
est proprement l'incarnation unique de la *nuova
gioventù* — celle qui a rêvé d'une seconde Iliade,
un peu travestie, — *i guanti e la sciarpa,* —
l'aigrette pourprée. Ces guerriers sont beaux et
ils déploient un faste d'apparences héroïques.
Très neufs, ils se montrent spontanément impérialistes comme pourrait l'être Barrès par dilatation mondiale du moi... Quand pour vaincre on
n'a qu'à paraître... Mais l'impérialisme de quel-
ques-uns parmi eux n'est pas exclusivement de ce
monde. Leur orgueil, parfois choquant pour un
étranger, est au fond une étourderie pleine de
gentillesse. Ils sont trop curieux du *forestiere,*
de l'impression qu'ils éveillent en lui, pour ne
pas ressentir salutairement parfois à son contact,
qu'ils ont la courtoisie de ne pas éviter, leurs
propres limites.

A mon sens les seuls impérialistes déplaisants
ce sont les loups de Montecitorio qui, si l'on ose
dire, ont façonné par une campagne de presse
pro domo une opinion publique factice et même
contre-nature. Ceux-là sont les porte-paroles
d'une génération antérieure, celle de l'ambition
coloniale, qui ne fait aujourd'hui, comme le
rayon d'un phare, que se projeter du secteur

d'Afrique au secteur européen, — vieux Romains défiants, pétris de convoitise et de prépotence, rivés à l'idée fixe des annexions par la force. Ce sont les tenants de l'histoire ancienne; leur manœuvre illustre une dernière édition des *Annales de Tacite*. Hommes de calculs, de *combinazioni*, routiers de la diplomatie soudoyant dans leur pays, avec une perfidie proconsulaire, les plus vives attaques contre leurs alliés, ils ont partie liée avec l'élément financier, commercial et industriel, l'élément d'expansion... Ils sont responsables de la stupeur où tombera l'Italie dégrisée.

L'armée sur quoi ils étayent leurs prétentions politiques garde plus de retenue, et peut-être de désintéressement. Elle seule, pas dans sa totalité, a le sentiment que son vrai mérite *est d'avoir collaboré avec d'autres peuples à un effort d'ensemble* dont les avantages économiques et territoriaux que va recevoir sa patrie ne sont que les résultats partiels et inférieurs. Par sa réserve vis-à-vis du nationalisme dont elle est le drapeau, une partie de l'armée italienne mérite notre admiration. Étant l'instrument elle reste relativement modeste. C'est elle aussi qui sentira retomber sur son manteau bleu le mépris du peuple fourvoyé. Déjà d'Annunzio, lorsqu'il a demandé aux Vénitiens s'ils étaient prêts à voir de nouveau leurs églises trouées, leurs palais ébranlés, n'a obtenu, on le comprend, malgré ses campagnes retentissantes — qui sont, aussi, surtout de presse — qu'un silence quasi respectueux. D'ailleurs d'Annunzio ne représente pas l'armée italienne : c'est un clairon usé. Ses jeunes frères d'armes parlent de Caporetto aussi volontiers que du Monte Tomba ou de Vittorio Veneto. Ils sont la guerre en action avec ses incertitudes et sa gaieté. On ne sait pas, et l'on rit. Quand le bandeau sera tombé, *cioè* quand l'Italie connaîtra que l'erreur de ses dirigeants de Rome vient de la diminuer dans le monde, qu'elle se retrouvera seule, sans direction, avec un sentiment public bouleversé, un gouvernement battu et le panache de son armée terni par cette défaite, peut-être reviendra-t-elle vers la France comme vers le seul pays qui puisse lui montrer ce qu'elle est. Pareille à un adolescent ivre de ses passions qui cherche dans le regard lucide d'un ami plus âgé sa propre intelligence déçue, elle nous demandera que nous attestions sa beauté, que nous soyons garants devant la conscience des autres peuples qu'elle a voulu quelque chose de noble et de pur. Avec nous peut-être, et dans un autre sens, elle essaiera de reprendre cette foi en elle-même qui vient de la rendre si fâcheusement intrépide. C'est probablement à notre suite qu'elle rentrera dans le concert de la pensée humaine. — L'enfant prodigue vient de partir. Fiume est sa belle courtisane... Et puis, il reviendra. *Et adducite vitulum, et occidite.* Ce jour-là, pour le fêter selon son naturel, le veau que nous abattrons sera d'or.

Une des dernières nuits pendant mon retour, à la gare de Rome, des officiers de terre et de mer, qui attendaient aussi sur des banquettes le train du matin, reconnurent ma nationalité : suivant le courant établi depuis plusieurs mois, et avec cette vivacité qui les rend incapables de déguiser non leur pensée, mais leurs sentiments, ils montrèrent entre eux un peu d'animation distante, à effet, une sorte de défi subtil pour donner à entendre qu'ils sont braves et libres au point de ne pas redouter d'être en désaccord avec nous. Vis-à-vis d'autres étrangers ils ne prennent pas tant de peine. Puis, quand le Français demeure calme, à sa place — ce qui par malheur est rare — peu à peu une curiosité, une coquetterie, un penchant qui fait violence à leur humeur, les assagit, les ramène. Cela est beau comme une séduction.

L'un de ces officiers, celui dont le visage paraissait le plus militairement discipliné, un aspirant de la *Regia marina*, se détacha même du groupe italien : il s'en vint dormir en face de moi ; à l'heure de son départ, au petit jour, me croyant assoupi, il vint, dans un adieu silencieux, frôler de son manteau ma couchette. Ce qui me donnait à prévoir, au plus fort de la bouderie, que nos deux pays se complairaient encore.

A Henri M... — Oxford.

PARIS.   San-Bernardino.

Cette année au mois de février à San Carlo de
Naples, le maître Mascagni, *dell'anima vesuviana*,
donnait une œuvre nouvelle : *Lodoletta*, la petite
alouette. On y entendait, par courtoisie d'auteur,
et par opportunisme, un peintre français, le don
Juan indélébile que nous demeurons devant les
étrangers. Après un temps d'exil cet artiste
venait renaître à Montmartre où ses anciens compagnons de plaisir se hâtaient de lui faire omettre
l'ingénue ; les voix napolitaines et les lèvres de
ces amateurs de jouissance s'échauffaient à
retrouver figurativement la *loro vecchia Parigi*.
C'est vrai qu'une volupté invétérée ne se déride
pas en un jour.

Les pastels de Latour, au Louvre, sont l'image
du Paris d'il y a cent ans et d'hier. Le maître,
qui se présente dès le premier salon et toise son
public avec une vanité fanée, a jauni du front au
jabot et semble tout parchemin. Dans son ambiance, le sourire des philosophes n'est que le
pli délicat de la désillusion. Il ne reste plus, chez
les meilleurs d'entre eux, que le trait ; la poudre
est tombée.

Le monde du XVIIIᵉ siècle est ici retourné, vu
par l'envers. Repus au sensualisme de l'esprit les
gens d'église ne se montrent que trop déplo-
rables. Les jeunes femmes roses et bleues qui
ménageaient par coquetterie autour de leur front

une précoce et fallacieuse blancheur et qui passaient vers dix-huit ans sous la palette de Nattier ou par l'atelier de Frago, on les retrouve à la mine de plomb comme après l'insomnie de la première nuit où se paye la rançon des amours imprudentes. Les paupières plus tirées que les lèvres, pauvres minois; et, pour quelques-unes, un mal secret décolore leur embonpoint. Parmi les actrices la Favart — pas encore Edmée — et Clairon et Camargo sont curieuses parce que leur air enjoué ou méditatif suggère sous le fard un naturel qu'elles n'eurent peut-être jamais, ou qu'elles ont égaré. Sachez, cher ami, que Mlle Fel, si connue pour ses yeux saillants de scarabée, coiffe une façon de casque tricolore, tissu de gaze et de fleurettes, qui fait de sa personne un véritable précurseur de Mlle Lange, une vivandière à paniers. Que disent d'eux ces portraits sinon la flétrissure de la pernicieuse jouissance, celle qui fait des dons de l'esprit le ressort de l'égoïsme, l'instrument pervers de la volupté? Ce que serait la morgue dans les jardins Marly. Pour nous être revenus comme nôtres de tels documents font souffrir. L'éclat persistant d'un regard çà et là rendit pourtant l'Allemagne indigne de les posséder. Il se sera trouvé parmi eux — oh! surprise — un juste pour sauver Gomorrhe. Mettons que ce juste soit Jean-Jacques Rousseau.

Adieu. Cette opinion m'est isolatrice. Nous fréquentons peut-être des civilisations trop diverses pour qu'une d'elles se reconnaisse en nous, et s'y estime. Certes il n'y a que le mulet pour gravir congrûment les montagnes, mais s'il vient en plaine, un jour pour se détendre, les chevaux lui reprochent d'être un âne et les ânes d'être un cheval. — Ce fut la supériorité incontestée du XVIIIe siècle de chérir les bâtards.

A Henri M... — Oxford.

Per ardua surgo.   PARIS, 22 mai.

Musée du Louvre. — Cheminée du château de Villeroy.

Vous savez que l'on vient de traduire au Français *les Perses* d'Eschyle. Beaucoup d'audace et un peu d'opportunité. On frappe les trois coups avec un bélier pour enfoncer préalablement la critique. Je me méfiais d'avance un peu..... Car ce n'est pas en priant les Anciens qu'ils nous entretiennent par voie d'allusions au sujet de nos contemporains que nous rajeunirons la France, ni ressusciterons la Grèce. Simplement il me semble que la guerre universelle, en égalant l'histoire de ces cinq dernières années à l'épopée d'Homère, fait de notre pays une Hellade nouvelle où les premières-nées des œuvres antiques, drames et poèmes, trouvent naturellement leur écho; si bien qu'entre les chants de l'Iliade et ce que nous sommes capables d'aimer dans la vie d'aujourd'hui, il y a, en esprit, identité. La lutte militaire et le triomphe qui la termine ont par un dessein providentiel ramené les jours antiques. L'armée a réincarné la Grèce. En parcourant les maîtres athéniens nous croyons lire ce que les écrivains de nos jours auraient dû savoir exprimer. Selon notre expérience intime, l'homme étant borné, on doit s'attendre à ce qu'il se répète; dès lors il peut advenir que son action présente ne soit comprise et dignement signifiée que par ses frères d'autrefois. Attendu que ce sont les Grecs d'avant l'ère chrétienne qui se montrent les vrais interprètes de notre vie *de relations* (nationale, sociale, mondiale), l'art grec en tous ses modes se trouve du coup descendre pour nous de son piédestal académique, pour entrer dans notre propre naturel : il perd tout artifice, toute pâleur, il n'est ni compassé, ni didactique; son degré d'abstraction dépendra seulement de l'ampleur de notre intelligence, c'est un art qui vient de recevoir le mouvement de notre sang, la couleur de nos yeux; et qui est réellement vivant dans la mesure où nous le sommes.

Or, **il va** de soi, les auteurs de la transposition eschylienne ont reçu de longue date la doctrine du *naturisme grec*. — Et parce que c'est du temps de Zola qu'ils étaient *veunes* ils tirent à bout portant sur l'École des Beaux-Arts et sur l'Institut sans craindre de nous précipiter dans les crudités pittoresques et les veuleries de langage. Ou bien ils fourbissent du style à effet : pièce écrite par et pour des acteurs; — ou bien ils prennent le relâchement pour du sublime. Évoqué par les machinistes Darius paraît de méchante humeur : on l'a dérangé de chez Pluton, « Le chemin n'est pas bon, dit-il, pour remonter au jour. » Un boyau de liaison sans doute, un boyau crotté. — Aussi pour redescendre il prend l'ascenseur. La main sur le bouton : « Portez-vous bien, vieux camarades », dit-il aux vieillards ébahis : « et surtout profitez de la vie ».

> Quand on est mort c'est pour de bon,
> Ding dong daine, ding dong daine !

Ah ! non ! pardon, il n'a pas fini comme cela ; mais pour le sens c'était la même chose.

Sur quoi le chœur se prend à beugler des épodes : ô-ô-ô-ô... naturisme : et M. de Max, que les dames non plus ne se lassent pas d'attendre, paraît enfin, déchirant, dans l'excès de ses maux, sous la forme d'une écharpe exquise, ce qui pourrait nous rester de pudeur. Tout nu sur la cage où l'on souffle, l'assemblée le voit présenter, parmi les rugissements de ses fauves, son... jardin d'acclimatation ; naturisme — sinon d'Attique, au moins de Phrygie. Le roi des Perses a su métamorphoser son échec en bacchanale tentatrice. Il manie le grand art de la consolation.

Pour défiguré qu'il soit, ce pastiche éveille une idée émouvante, nulle part exprimée par fortune, dont il n'était pas indispensable que les transcripteurs prissent conscience, et qui, sous entendue dans l'original grec, se révèle pourtant, et par prétérition même, la raison première, la source de sa beauté : au long de cette œuvre, où ils peignent à l'agonie un peuple rival, les Grecs sont absents de la scène. Leur victoire spirituelle est d'éclairer l'abîme où roulent ceux qui ont failli les écraser. Bien plus, que seraient pour nous les Perses de Xerxès, ceux de Cyrus, si Xénophon ni Eschyle ne les avaient pensés? Leur grandeur est, en menaçant l'Attique, de l'avoir fait surgir, de s'être imposés à son étreinte, de l'avoir forcée à gagner pour elle et pour eux dans l'esprit des hommes un souvenir sans fin. Athènes savait aussi qu'achever de vaincre, c'est séduire; elle enveloppe d'un coin de son ciel, le tombeau de ceux qu'elle a châtiés et dont les appétits, en la choisissant pour victime, rendirent hommage à sa fécondité. En chantant leur écroulement, elle entraîne ses ennemis dans sa gloire. Plus qu'en des élucubrations dramatiques fort précaires, c'est par une inspiration de cet ordre que doit s'achever notre filiation aux victorieux de Salamine et d'Himère. Pas sur les tréteaux, vaine recherche, mais au dehors, à l'air, dans la réalité terrestre d'aujourd'hui... Le rôle actuel de notre pays est d'emporter dans son génie jusqu'à ceux qui ont abattu ses œuvres d'art. Pour avoir failli nous anéantir, les Allemands ont mérité le revers de notre frappe : songez que si les Perses n'avaient pas dévasté l'Acropole, il n'y aurait peut-être jamais eu de Parthénon.

Voilà quelques jours, au Volney, en présence du maréchal Joffre, le professeur Van Dyke, de l'Université de Princetown, prononçait au champagne, quelques paroles de gratitude *per congedo* d'une haute clairvoyance : « *Mon* Maréchal, disait-il — ils sont drôles — nous vous devons cette chance d'avoir fait notre devoir. On va former une alliance pour défendre la France; il existe déjà quelque chose de beaucoup plus fort qu'une alliance : nous avons une amitié. » Après avoir invité la France à « l'énergie d'idées par le jugement », il louait la modestie de ses revendications à la conférence de Paris; il disait que pour l'avenir international elle devait spontanément renoncer à poursuivre l'entière réparation de ses dommages; pour que la paix fût certaine, il convenait que, par une sorte de générosité d'infirmière, elle-même cicatrisât ses propres blessures, et quelques-unes parmi ses ennemis. « Il faut, disait-il, que la France elle-même devienne *l'Ange réparateur : il n'y a pas d'autre moyen.* » Du moins c'est par ce dernier sacrifice, si difficile et si sage, que notre pays connaîtra de nouveau le rayonnement de sainteté qui fut sa parure chrétienne, et dont le souvenir *inter gentes* nous auréole encore.

Une après-midi d'attente, seul dans un cercle, bercé par la rumeur des automobiles sur l'avenue voisine, et par le reflet blond de ses ormes qui mettait du soleil au plafond, je vis s'avancer un Américain bleu de mer, bleu des yeux aux talons, qui tendait devant sa corpulence une main en coupe-vent et, marchant droit sur moi, dans la vaste pièce déserte répétait à chacun de ses pas : « ...*d' morning.* Je souis Mosieu Peg! » N'hésitons pas, cher ami, étreignons la main de cet annonciateur, qui met son nom sur son chapeau. *Good bye*. Je ne souis pas Mosieu Peg… et ceci, vous le voyez, n'est pas une lettre persane.

A Henri C… — Saint-Pierre de Chartreuse.

Paris.   23 juin.

Et ex præcordiis sonent præconia.

Nous avons visité Soissons, oh! lamentable : — un peu du fait des obus français. — La plus belle tour de Saint-Jean des Vignes éventrée de la flèche au sol ; la cathédrale coupée, coupée net au bas de la nef, dévirilisée de ses tours dont il ne reste, à celle du sud, que deux pans d'angles pathétiques dressés au milieu du désastre. Ici on sent l'acharnement de l'ennemi sur la beauté. La ville est relativement sauve dans ses maisons particulières, mais arasée dans ses monuments ; les abords de la cathédrale forment un monstrueux calvaire ; Saint-Pierre, Saint-Nicolas, arrachés, en lambeaux ; plus loin Saint-Léger et de l'autre côté de l'Aisne, le flamand Saint-Waast, éboulement aussi. En nulle autre des villes de guerre, sauf Arras peut-être et Saint-Quentin, on n'étreint aussi fortement la certitude que les églises ont été les points de mire privilégiés de l'occupant. Son tir nous désigne à nous-mêmes l'essentiel de notre génie. Haïr un peuple à mort mène à détruire pas seulement lui, mais son œuvre surtout. A Soissons ils ont réussi.

Pourtant, au bout de l'avenue de la Gare, où les platanes et les frênes intacts tracent sous le ciel une charmante droiture de printemps — la poudre verte des fleurs de frêne se mêle dans le souvenir à l'odeur des tilleuls — au bout de l'avenue, sur la pyramide pour les combattants de 70, que les Allemands de 1918 ont eu la vanité d'épargner, un adolescent de bronze prêt à se dresser, les ailes ouvertes et les cheveux emmêlés d'air, élève encore au-dessus de sa tête la torche de son génie naissant. Au seuil de tant de ruines si profondes, le jeune dieu de la cité reste indemne ; il tourne le dos à ce qui vient de s'abîmer ; il ignore ce qui n'est pas sa flamme... Je ne sais pas vous dire à quel degré l'oubli est délicieux, ni l'ivresse de s'abandonner à la vie, couché l'après-midi sur le mail parmi les trous d'obus herbeux dans le silence d'oiseaux, près du glissement de la rivière, au jeu d'ombre des feuilles et des essaims de libellules. Qu'est-ce qu'un pont écroulé et la poudre des masures dans cette immense harmonie des premières heures d'été?

Quelques petits soldats plus jolis que des filles, tout gosses, tout clairvoyants. Des bœufs très dignes, ayant le sens de la situation ; de rares indigènes définitivement calamiteux... Américains, camions, nuages. Et personne. L'exotisme dans une France désertique. Aucune reprise de l'ancien mode local ; l'activité prend physionomie étrangère, quasi californienne. Pourquoi la vie reste-t-elle sourde comme au lendemain de la bataille? Pourquoi chaque possesseur ne vient-il pas rétablir lui-même sa maison? Calcul sans doute : on attend que ce soit l'État qui restaure ; car l'appauvrissement public compte peu en regard du ménagement des fortunes personnelles. Et si la spéculation politique tendait à faire de ces gravats une sorte de memento pour touristes — *quia pulvis es* — afin de bien perpétuer chez les peuples voyageurs l'horreur pour l'Allemagne...! Creuser le fossé, enraciner la haine, couver le feu d'où jailliront des luttes plus aiguës, travailler pour Satan, — voilà le rôle qu'une complicité universelle dévolue à ces œuvres d'art qui, martyrisées, sont doublement œuvre d'amour. Cher ami, que notre pensée soit, au sein même des décombres, un cri contre leur défiguration spirituelle. C'est déchirée que l'église est l'épouse vivante et le tabernacle du Christ. Pour que le mal cesse, il faut bien que quelqu'un commence à ne plus l'entretenir. Et qui, sinon celui qui l'a « patienté », car il en a l'expérience sans en être l'esclave. On dispute sur l'origine du mal ; désormais l'accord devrait se faire quant à son extinction. La solidité du phare s'exerce à briser les vagues.

Recedant vetera, nova sint omnia, corda voces et opera. Adieu.

A Henri C... — Saint-Pierre de Chartreuse.

STRASBOURG, 1919.

Levita Laurentius
Et pulchritudo in conspectu ejus.

Je viens de gagner Strasbourg en deux heures par le soin du Bruxelles-Bâle, train poste. Le matériel et l'agencement des voies ferrées manifestent la supériorité mécanique de l'Allemagne. Les locomotives à contre-bielle coudée, évitent le point mort avec un air de sagesse. Pour la moindre gare de campagne un long quai-terrasse ombragé de sorbiers. Les halls ont des claires-voies en courant d'air pour l'échappement rapide et la dispersion de la fumée. A Sarrebourg, les quais de terre battue, un de chaque côté de chaque voie, permettent de longer le train à bicyclette pour les communications de tête en queue. Enfin, c'est l'avantage auquel je suis le plus sensible, le chemin de fer n'isole pas le voyageur des paysages qu'il traverse ; tout au contraire il s'emploie à lui en faciliter le défilé : l'odeur des fourrages envahissait librement les baies de la voiture, équilibrée si près du sol qu'elle avait l'air de glisser sur l'herbe et passait avec une aisance délicieuse entre les jardins, entre les taillis. On sent un faire large, spacieux, hygiénique (1), une maîtrise pondérée qui inspire la confiance, un ensemble insdustriel sûr dans ses effets, précis dans ses

1 A Strasbourg, même impression donnée par les architectes de la ville neuve entre l'Ill et le Rhin,

détails, qui ménage par surcroît et comme signe de son achèvement le libre accès de la nature.

Temps radieux ; au départ la couleur des champs à demi moissonnés, répondait doucement à l'aurore. Les guérets en labour prennent un ton de cassis broyé qui offre pour les yeux les plaisirs de la gourmandise. Peu à peu, en se rapprochant du couloir de Saverne, l'argile rose du sol mêle sa poudre aux rayons du soleil. Les prés tremblent sous un givre de carottes sauvages où les petites vaches noires pâturent la rosée..., Près de Mittersheim il y a un étang qui rappelle celui de la Reine Blanche dans la forêt de Chantilly. Passée l'ancienne frontière on écoute retentir de tunnel en tunnel le vacarme tout-puissant de la conquête. Le train s'empresse sur la frange des Vosges brunes, dans le sous-bois des hêtres et des sapins ; pour la première fois il va librement plus loin ; il se hâte: scieries aux planches claires, ruissellement de cascades, clairières et roseraies d'où se découvre en un clin d'œil au sommet d'une croupe, notre drapeau poudroyant dans l'air tout bleu. Les Vosges entières plongent en terre française. Soudain on est en plaine ; elles reculent, bleuissent, rentrent dans le fond du ciel, s'y effacent... Dettwiller, Hochfelden, Brumath, des noms qu'on s'apprend un à un ; le bonheur de respirer dans une pulsation laborieuse l'air à la fois montagnard et fluvial.

De Strasbourg je n'ai d'abord rien vu que la statue de Gœthe, tricorne en main et cravate à la gorge, se pavanant, presque versaillaise, fine comme un jet d'eau. Puis ma chambre avec sa baie-balcon sous un rideau de géraniums, ses meubles de noyer verni, ses images : celle de Kléber, celle de Pierrot, et surtout ses deux étroites vitres hautes au retour d'angle de la baie. Larges comme une meurtrière dédoublée, ces deux fenêtres me ravissent ; dans celle du côté de la ville s'élance et s'encadre juste, des gradins au coq, le clocher de Saint-Maurice avec son horloge aiguillée d'or ; dans celle du côté de l'Allemagne s'allonge, jusqu'au pont de Kehl, la perspective de la Schwartzwaldstrasse, toute droite entre ses marronniers. Une tiède sonorité d'été enveloppe l'appel des moineaux ; le trot militaire d'un cheval s'accroît, et passe ; la *Marseillaise* aussi dans un sifflement chanteur... Et plus rien ; le silence d'une convalescence heureuse, un secret travail de purification, une halte, où l'on sent avec soi la ville renaître, et reposer à l'air, au soleil.

Cher ami, je vous quitte pour mordre en un substantiel *kugelhof* parfumé avec des raisins confits de Malaga — et de Corinthe.

A Henri M... — Sienne.

STRASBOURG, 1919. *Santa Chiara*.

Musique : écoutez la sonnerie des horloges et des tramways, le timbre des gongs à l'église, celui des orchestres mécaniques dans les cafés, à la cathédrale celui des clochettes où tapent les automates de Schwilgué... Ces instruments tintent à la fois mats et frais, sans résonance, comme une bille dans le goulot d'un soda-water, ou un morceau de glace heurtant les parois d'un cornet de cristal. *Es klingelt*. C'est ici un pays de sable et d'argile qui paraît avoir inventé la musique sur verre. Le génie de l'Alsace, à la fois d'architectes et de musiciens, est un équilibrisme géométrique dont la flèche du Münster perpétue la plus hardie réussite.

Le soir, à la lueur du gaz, derrière les fusains d'une terrasse de café, on danse, on valse : fille à fille, garçon à garçon, l'à parté des sexes. La valse de *Faust* invente une subtilité, une souplesse méphistophéliques qui s'élancent et, soudain, se suspendent aux retards d'un lyrisme imprévu. Elle tourbillonne, elle vrille, puis, balancée, retombe en crinoline sur la pointe du pied. Le violon, si ténu, sonde le silence ; la mélodie, fil sonore tiré à rompre, y propage une vibration, la plus intime du cœur, étreinte à la fois d'angoisse cosmique et de reconnaissance enthousiaste à la vie. Les couples tournent avec une grâce ronde, régulière, sans imprévu, qui, insensiblement, les délivre de tout poids, les amène par un miraculeux effet de toupie à l'extrême légèreté ; aucune accélération — une sorte d'apothéose de la monotonie. Singulier contraste entre la lenteur du sang et ce lyrisme de métaphysique sentimentale : l'esprit va loin quand ce n'est plus la chair qui rêve... C'est à Strasbourg qu'est réfugiée la gaieté de la vieille Allemagne.

A Henri C... — Saint-Pierre de Chartreuse.

STRASBOURG, 1919.   *Saint-Hippolyte.*

In pomorum custodiam.

Notre-Dame de Strasbourg est plus belle à l'impression qu'à l'étude. Le déplacement de l'ombre sur son grand corps en varie l'incarnat ; c'est une émotion grave modifiée par le cours des astres, une réflexion de l'ordre sidéral. A l'angle sud-est de la Schlossplatz, le ciel blanchâtre du mois d'août, la cathédrale de grès rose, et les groupes de soldats de ligne qui se pressent au portail de l'horloge pour voir sonner midi, font un immense et doux drapeau. Mais je l'aime surtout aux premières heures du matin quand la buée de l'Ill où elle se voile suspend autour d'elle, sous le soleil de plus en plus haut, une intarissable fraî-

cheur d'aurore et de rosée. J'aime qu'elle fasse
durer jusqu'au milieu du jour le bien-être du soleil
levant. Plus tard aussi, l'après-midi, vers quatre
heures, quand, par-dessus les platanes déjà brûlés
de la petite place, au martellement des tailleurs
de pierres, elle répand dans l'air sa tranquillité;
— si légère dans le calme, optimisme de l'innocence, sourire de la chrétienté. Elle est tout entière
la grande église, — la même qu'on voit figurée en
sculpture au portail méridional, avec sa tunique
de plis droits, sa haute couronne, sa fermeté
combattive par amour, sa jeunesse qui rayonne,
qui parle, qui sait convaincre, son air de victoire
acquise d'avance, où se lisent à la fois la puissance
et le charme de la vérité.

A l'examen on est un peu gêné par une dispro-
portion de hauteur entre la façade et la nef — le
troisième étage des tours est en surcroît — et par
la singularité de cette flèche unique, ce franc parti
d'une disymétrie qui n'est pas l'effet d'une conception d'architecture, mais d'un manque de ressources. La table rase de la tour sud avoue tout
net que les moyens ont trahi l'intention. Sans
doute il y a de la probité à cette confession publique... Pour le sens de la vue c'est un peu de même
que si l'on ne rencontrait plus qu'un Gémeau dans
le Zodiaque, un Dioscure dans l'Iliade. On éprouve
la déception de l'homme qui attendrait en vain un
ami, un frère...

J'ai traversé le petit Rhin en même temps qu'un
lieutenant qui faisait vibrer le pont aux sabots de

son cheval, pour atteindre le fleuve majeur à travers les bosquets de l'île des Épis. Les ponts
d'acier jettent sur l'eau verdâtre une ombre améthyste, et dans ce ton émerge la tête des nageurs
qui vont se poser en aval sur un ponton de cabines
où, de la berge, on peut les admirer à sa guise.
Les plus beaux ont une race allongée, fine de
muscles et d'ossature; la sveltesse de leurs jambes
justifie leur statuaire médiévale et sied, lorsqu'ils
les vêtent, aux bas de coton blanc. Ils ont reçu de
la nature la grâce prudente des cigognes et la chair
rose-brun sourd de leur cathédrale. Le type
accentué rivalise à l'élancement et à la patine
ambrée des Siciliens. — Nombre d'autres baigneurs
exhibent avec sérénité des occiputs d'eunuques,
des bedons proconsulaires. Évidemment, être
chauve, c'est pouvoir devenir découvert de la tête
aux pieds; un chauve m'apparaît aujourd'hui
comme un adepte du nu intégral. Eh bien! même
parmi les piliers de brasserie — *ein grosser* —
l'abondance des chairs maintient dans le port
quelque chose d'ancien, de noble. Les joues
arrondies qui se plissent, le nez prononcé, l'œil de
fer qui précise m'ont rappelé des bustes de tribuns
militaires au Capitole. Que de fois Rome prête à
franchir le Rhin s'est ici quelque temps arrêtée.
Tous debout face à l'eau, dans un alignement
rompu qui marque au milieu du loisir la persis-
tance des disciplines sociales, quand ils supputent
le fleuve, sa fraîcheur, son courant, ils évoquent
à qui les regarde le repos des compagnies de
Drusus comptant le bain à l'occasion parmi leurs

exercices. Étendez à Worms, à Kreuznach, à Cologne, aux provinces rhénanes, aux plaines du Nord, la flânerie solaire, la conversation nue, alternant au plaisir de nager. On ne réalise bien l'engouemeut de l'Allemagne pour Capri qu'en assistant, un jour d'été, aux baignades dans le Rhin.

L'après-midi s'achevant je m'étais assis à l'écart pour voir à mon gré, sans provoquer de rumeur nationaliste, la rive badoise. Vers le Nord les scieries de Kehl, longues bâtisses jaune-saumon, couvertes de tuiles, transbordeurs-cages où s'époumonnent des grues à double déplacement longitudinal et rotatif, piles de planches soulignant la courbe très ouverte du fleuve, petit chemin de fer — l'ensemble très horizontal, et espacé, à la lisière de la plaine. En amont, une file de peupliers accompagne le cours et le dessine jusque sous les nuages. Je ne pouvais m'empêcher de trouver cette rive, quoique étrangère, la plus jolie, caressée par le déclin, avec son miroitement lointain de feuilles sur le fond bleu-obscur de la Schwartzwaldgebirge. De part et d'autre, la similitude entre les paysages, plaine de céréales et de jardins se liant à des croupes boisées d'essences d'ombre, me faisait considérer l'eau moins en limite, moins en barrière, qu'en axe. Deux à deux, vis-à-vis de moi, des baigneurs suivaient l'allée de peupliers.... C'étaient des gens d'Allemagne. L'heure de plonger passée, ils n'y songeaient plus : simplement il est agréable de s'offrir par couples à l'air, au soir qui vient, dans une marche le long d'un paysage fluvial où l'on se sent participer à l'harmonie de la terre. Ces amitiés, où c'est la nature qui est conviée et qui s'exprime, établissent des choses à l'âme, un double courant de richesses.... Or soudain, un groupe se dédoubla, fit halte, et se mit, avec de gros cailloux, à lapider le Rhin. D'abord la scène m'apparut bien à mon intention : j'étais seul; eux aussi, en face. L'ardeur du bras levé, le lancement des torses, je les jugeai une mise en valeur plastique, la gentillesse démonstrative d'êtres qui, estimant qu'on les regarde, multiplient spontanément leur beauté; et je m'en réjouis, n'allant point à penser que l'attrait du geste méritât une interprétation défavorable. Hélas! il fallut trop vite convenir que le jeu n'était pas innocent; l'air amusé d'un Alsacien de passage me le fit entendre, ainsi que la fixité orgueilleuse qui, sur le bord opposé, soutenait l'effet des coups. Ces aimables Badois tentaient symboliquement ma perte et, faute de pouvoir m'atteindre, demandaient aux vagues de porter au moins jusqu'à mon cœur le choc dont ils les perçaient. Et moi qui étais en train de constater que d'une rive à l'autre il n'y avait pas de différence!... Car rien dans le spectacle de majesté mobile et de rectitude, rien dans l'odeur du thym, ni l'oscillation des roseaux ne donne à prévoir la haine... Toutefois il y a le pêcheur à la ligne, et les moustiques. Adieu.

Strasbourg-Héliopolis 1919.

Saint-Louis. — Saint-Louis des Français.

Kléber, on ne l'a jamais vu que de face, général consulaire avec des flots de cheveux à la Greuze, mais en tournant son effigie, voici qu'on lui découvre une perruque lisse à queue raide dans le dos, comme Lafayette en a toujours coiffé, ou Bailly, ou Mirabeau. une perruque conventionnelle, dont l'effet est soutenu par l'éloquence du manteau et par le texte déployé que le demi-dieu de l'Égypte froisse en sa main droite. Souhaitons, cher ami, que ce rouleau soit un papyrus : où le général se faisait fort de porter une idée, il aurait pu en définitive recevoir un enseignement, si... J'aime le petit sphinx accroupi dans l'ombre conquérante; il y pose, au pays du Rhin, le mystère du Nil; sans doute il médite le secret du coup de poignard. Ce qu'il y a de plus beau dans la vaillance, ce n'est pas sa capacité de domination, mais plutôt que, s'offrant à tout ce qu'elle ignore, elle en soit un jour frappée. On entre dans un pays, on va devant soi... Tout à coup, il englobe, il recouvre; on le sent tout autour, on y est plongé; il se dresse derrière par une force de la nature plus puissante que la volonté d'un homme, il redevient le maître; il règne seul.

Sous les marronniers de l'île des Épis, le monument Desaix — un homme sensuel dont la gloire est pure — maintient aux paysages du Rhin le caractère militaire; sans lui on n'y songerait plus. Comment ces mariages d'eau et de verdure, char-

mants de tons et d'une liberté si vaste, éveille-
raient-ils par eux seuls le souvenir d'un passage
d'armée ? — Faire campagne : sentir la nature avec
un cœur de combattant. Faire une marche : sentir
sous son indifférence délicate la nature traduire
le grand moment d'un peuple, en rester colorée,
en recevoir une âme. C'est cela le paysage historique ; c'est le double choc que donne un coin du
monde à la fois témoin du Créateur et témoin des
hommes.

Kléber, Desaix, Kellermann : Strasbourg se lie
à la France par la gloire militaire, celle-là, celle
de 1870, celle d'aujourd'hui ; et par le libéralisme
de 93 qui a dépossessionné les princes d'Alsace. Au
reste Strasbourg demeure foncièrement ville libre
de l'empire romain-germanique, ouverte à deux
langues, deux manières d'être, deux civilisations.
Elle doit à ce double accès son intelligence ; elle
lui devra son rang comme seconde ville de notre
pays, foyer de la nature-science, trait d'union avec
l'Europe. Le coup d'œil du Strasbourgeois brille
d'une finesse de discernement qu'on ne retrouve
pas ailleurs dans la France continentale. Il goûte
la musique, un peu automatique, les sports, les
régates, les bains où l'on se vautre, l'aération, la
charcuterie, la fraternité des tavernes, l'innocence
des familles pullulentes. Et il étudie nos façons
de chaque jour, au restaurant, chez le « friseur »,
quand on entre dans une église, ou dans une
boutique, le soir à la terrasse d'un café, — la conversation, les gestes. Les indigènes pratiquent des
mœurs germaniques, mais leur cœur nous est

proche, et veut épouser le nôtre. Cela on l'éprouve à leur sens de l'ancienne politesse; peut-être ne sauraient-ils plus d'eux-mêmes l'inventer, mais s'ils la rencontrent, ils la reconnaissent, elle leur fait plaisir; ils sont flattés d'y avoir été sensibles; même ils en ont gardé certains traits que nous avons perdus : ainsi à table, ils souhaitent bon appétit en servant le potage — coutume allemande aussi — ils ne mettent une carafe d'eau sur le plateau qu'après en avoir été priés; le vin du Rhin s'offre pur. Ce n'est pas du bord du chapeau qu'ils saluent, mais largement, comme au XVIIe siècle. Si deux hommes qui se saluent ne peuvent se tenir sur le même trottoir, ce n'est pas seulement que les rues sont étroites. — J'aime beaucoup rencontrer au coin des *gasschen* la cornette d'une sœur et le pignon d'un logis. Toutes les maisons de la province sont coiffées comme des Visitandines.

Que n'êtes-vous près de moi! vous sauriez la joie, le soir, quand on revient du Rhin, des grands ciels tièdes, le bien-être des arbres, les couchers de soleil framboisés, qui poudroient sur les canaux un peu sans doute comme à Venise — mettons Venise en hiver pour ménager le pointillisme ultramontain. — Détente de paix où rien, absolument rien n'est motif à pensée; atmosphère d'amour pleine à la fois de prudence et d'ardeur qui fait des tombées du jour en ce mois d'août sur les quais embaumés de tilleul une communion nouvelle de la nature, des vieilles maisons, et des passants. Captive délivrée, la ville étire son bonheur d'être. Ici seulement la civilisation française se manifeste libératrice du *naturel* des plantes et des gens. Ailleurs elle les élague, les contrarie, l'hypocrite. Strasbourg s'est donnée; nous ne cherchons pas à l'accommoder, c'est bien. Mais il faut davantage : une ville qui se donne attend de son Seigneur qu'il lui dise sa beauté.

Il faisait bon entendre vendredi sur la Place Broglie, au vent des drapeaux blancs et rouges, et comme dans la familiarité d'un grand jardin, le récit de l'agonie de Strasbourg, il y a cinquante ans. Il faisait bon fouiller la vieille blessure et rire du mal dont on relève. L'exposé de ces malheurs qu'on n'a plus à taire éveille un rare enthousiasme. Assister détail par détail à la capitulation de Strasbourg au milieu d'une fête strasbourgeoise si tranquille, si définitivement heureuse ! Jouissance du rachat de la faiblesse, jouissance de la vérité précisée. Ces récits d'enfance à mots couverts, n'avoir pas trente ans et les revivre *super tecta* dans le lieu où ils avaient pris source... Le positivisme a des ailes : la réalité a dépassé l'espérance; c'est donc l'esprit qui est le plus fort. Contraste des deux dates où s'entreclôt une époque d'acharnement — notre continuité séculaire émerge et règne.

L'évocation du bombardement de 1870 me rendait présente à la mémoire une des premières gravures qui l'ait frappée, une gravure du temps, où l'on voyait, dans le nocturne d'un ciel étoilé, la flèche du munster tout étroite, resserrée, point de mire où pleuvaient de tous côtés des boulets incandescents. Le cinglement de ces bolides me semblait un désordre des mondes, un paysage du Jugement final. Comment cela avait-il *déjà* pu se produire? Étais-je donc né après le dernier jour? Je remarquais aussi, intrigué comme par un sortilège, que l'église restait indemne, bien qu'ils y tendissent tous. Chaque fois que je pensais à l'image une angoisse encore inoubliée m'y ramenait, afin de m'assurer que la flèche n'était toujours pas abattue. Je me rappelle la joie et l'étonnement de cette incompréhensible sauvegarde... Hier, quelques heures après ce souvenir, j'arrivais à la nuit, sur un pont de l'Ill d'où la cathédrale, un peu comme à Paris du pont de la Morgue, se dégage en plein ciel. Les feux croisés de six projecteurs étoilaient sa couronne. Ce fut, prise entre d'autres projections, cette flèche de l'ancienne gravure — intacte. Au bout du cône de grès blond, le blanc et le rouge du drapeau clairaient sur la nuit. Caresse de ce rayonnement silencieux. Songez que des villages du pied des Vosges et du Nord vers Haguenau, du Sud vers Schlestadt, — de Kehl aussi, et de plus loin en Bade, on voyait au milieu de la plaine l'apparition fixe, notre vigie, le phare de la France qui a besoin de ses plus hautes églises pour incorporer son éclat. *Quasi plantatio rosæ exaltata sum juxta aquam in plateis. Gaudeamus.* Adieu.

o o o o Saint-Denis o o o

J. DARDAILLON, IMPRIMEUR

o o 47, Boulevard de Chateaudun o o